E e
F f
G g
H h
I i
N n
O o
P p
Qu qu
R r
W w
X x
Y y
Z z
Au au
Ei ei
Eu eu
…ng
…nk
…er
…ß

PONS

# Deutschwörterbuch für Grundschulkinder

**Richtig schreiben leicht gemacht!**
**Das Wörterbuch für die gesamte Grundschulzeit**

## Deutschwörterbuch für Grundschulkinder

Bearbeitet von: Petra Bohn, Wolfgang Fitz, Friedrich Weber, Sandra Weber

Illustrationen: Christian und Fabian Jeremies



Kostenlose Arbeitsblätter zum Downloaden unter:
www.pons.de/grundschulkinder-deutsch

1. Auflage 2009 (1,01 - 2009)



PONS Produktinfos und Shop: www.pons.de
E-Mail: info@pons.de
Onlinewörterbuch: www.pons.eu

Projektleitung: Astrid Proctor
Sprachdatenverarbeitung: Dr. Wolfgang Schindler
Einbandgestaltung: Schmidt & Dupont, Stuttgart
Logoentwurf: Erwin Poell, Heidelberg
Logoüberarbeitung: Sabine Redlin, Ludwigsburg
Satz: Satzkasten, Stuttgart
Druck: L.E.G.O. S.p.A., Lavis (TN)
Printed in Italy

ISBN 978-3-12-517543-3

# Inhaltsverzeichnis

Hallo, ich bin Carlotta und das ist mein kleiner Bruder Finn.

Dieses Wörterbuch hilft dir, wenn du nicht sicher weißt, wie ein Wort geschrieben wird. Wir zeigen dir, was du so alles in deinem Wörterbuch finden kannst, damit du bald ein richtiger Rechtschreibprofi wirst!

## Bildwortschatz für den Anfangsunterricht

Auf den Seiten mit dem roten Rand findest du Wörter, die dir beim Schreibenlernen in der 1. Klasse helfen können.

# A a

A a

aber

acht

die Ameise

die Ampel

an

der Apfel

auf

das Auge

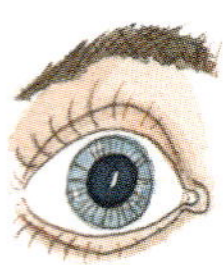

aus

das Auto

aber
acht
die Ameise
die Ampel
an
der Apfel
auf
das Auge
aus
das Auto

# B b

B b

der Ball  der Ball

die Banane  die Banane

der Baum  der Baum

ich bin — ich bin

du bist — du bist

bitte — bitte

blau — blau

die Blume  die Blume

braun — braun

das Buch 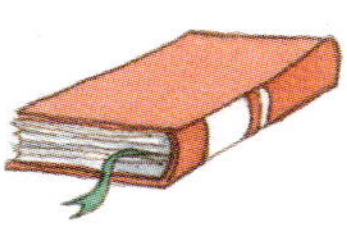 das Buch

# Cc

*Cc*

das Cabrio 

*das Cabrio*

der Clown 

*der Clown*

der Comic 

*der Comic*

der Computer 

*der Computer*

die Currywurst 

*die Currywurst*

# D d

D d

| | |
|---|---|
| danke | danke |
| der Daumen | der Daumen |
| dick | dick |
| der Dinosaurier | der Dinosaurier |
| der Drache | der Drache |
| der Drachen | der Drachen |
| drei | drei |
| du | du |
| dünn | dünn |
| die Dusche | die Dusche |

A B C D E F G H I J K L M N O P Q R S T U V W X Y Z

# E e

E e

das Ei 

eins

das Eis

der Elefant

die Ente 

er

es

der Esel

essen

das Ei

eins

das Eis

der Elefant

die Ente

er

es

der Esel

essen

# Ff

| Ff | F f |
|---|---|
| fahren | fahren |
| das Fahrrad | das Fahrrad |
| fangen | fangen |
| die Fee | die Fee |
| der Fisch | der Fisch |
| die Flöte | die Flöte |
| fragen | fragen |
| der Frosch | der Frosch |
| fünf | fünf |
| für | für |

A B C D E F G H I J K L M N O P Q R S T U V W X Y Z

# G g

G g

| | |
|---|---|
| die Gans | die Gans |
| gehen | gehen |
| gelb | gelb |
| das Geschenk | das Geschenk |
| das Gespenst | das Gespenst |
| die Gießkanne | die Gießkanne |
| groß | groß |
| grün | grün |
| die Gurke | die Gurke |
| gut | gut |

# H h

| | |
|---|---|
| Hh | H h |
| haben | haben |
| hallo | hallo |
| der Hase | der Hase |
| das Haus | das Haus |
| helfen | helfen |
| die Hexe | die Hexe |
| hier | hier |
| hinter | hinter |
| die Hose | die Hose |
| der Hund | der Hund |

# Ii

*Ii*

| | |
|---|---|
| der ICE 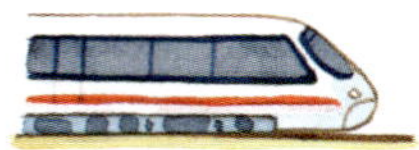 | *der ICE* |
| ich | *ich* |
| der Igel  | *der Igel* |
| ihr | *ihr* |
| im | *im* |
| in | *in* |
| die Inliner  | *die Inliner* |
| die Insel  | *die Insel* |
| er ist | *er ist* |

# Jj

Jj

ja — ja

die Jacke — die Jacke

die Jeans — die Jeans

der Jogurt — der Jogurt

jung — jung

der Junge — der Junge

# K k

K k

kaputt
kaputt

die Katze

die Katze

kaufen
kaufen

der Keks

der Keks

das Kind

das Kind

klein
klein

kommen

kommen

der König
der König

das Krokodil

das Krokodil

kurz
kurz

# L l

L l

| | |
|---|---|
| lachen | lachen |
| das Lamm  | das Lamm |
| lang | lang |
| die Laterne  | die Laterne |
| laut | laut |
| leise | leise |
| lesen  | lesen |
| der Leuchtturm | der Leuchtturm |
| der Löwe  | der Löwe |
| die Lokomotive  | die Lokomotive |

# Mm

Mm

machen

machen

das Mädchen

das Mädchen

malen

malen

die Maus

die Maus

mehr

mehr

die Melone

die Melone

mit

mit

der Mond

der Mond

müde

müde

die Mutter

die Mutter

# Nn

N n

die Nase die Nase

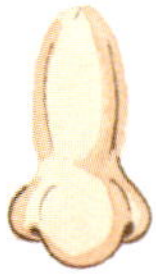

nass nass

nein nein

das Nest das Nest

neu neu

neun neun

nicht nicht

die Nixe die Nixe

die Noten die Noten

die Nudeln die Nudeln

A B C D E F G H I J K L M N O P Q R S T U V W X Y Z

# Oo

O o

| | |
|---|---|
| oben | oben |
| das Obst | das Obst |
| oder | oder |
| offen | offen |
| oft | oft |
| das Ohr | das Ohr |
| die Oma | die Oma |
| der Opa | der Opa |
| orange | orange |
| der Osterhase | der Osterhase |

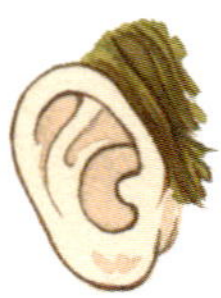

# P p

*P p*

der Papagei  der Papagei

petzen — petzen

das Pferd  das Pferd

pflanzen — pflanzen

der Pinguin — der Pinguin

pink — pink

planschen — planschen

die Pommes  die Pommes

praktisch — praktisch

die Puppe  die Puppe

# Q q

Q q

das Quadrat 

quaken 

die Qualle

der Qualm 

der Quark 

quietschen

das Quadrat
quaken
die Qualle
der Qualm
der Quark
quietschen

# Rr

Rr

die Rakete 

die Rakete

die Raupe 

die Raupe

rechnen

rechnen

reden

reden

rennen 

rennen

der Ritter

der Ritter

die Robbe 

die Robbe

der Roller 

der Roller

rot

rot

rufen

rufen

# Ss

Ss

| | |
|---|---|
| sagen | sagen |
| die Salami  | die Salami |
| der Schatz  | der Schatz |
| die Schnecke  | die Schnecke |
| schreiben | schreiben |
| schwarz | schwarz |
| das Schwein  | das Schwein |
| sechs | sechs |
| das Segelboot  | das Segelboot |
| ihr seid | ihr seid |

# Ss

der Sessel 

sie

sieben

wir sind 

das Skateboard

die Sonne 

die Spagetti 

spielen

der Stern 

suchen

Ss

der Sessel

sie

sieben

wir sind

das Skateboard

die Sonne

die Spagetti

spielen

der Stern

suchen

A B C D E F G H I J K L M N O P Q R S T U V W X Y Z

# Tt

T t

tanzen

die Tasche 

der Teddy 

der Tisch 

toben

toll

die Tomate 

trinken

trocken

der Turm 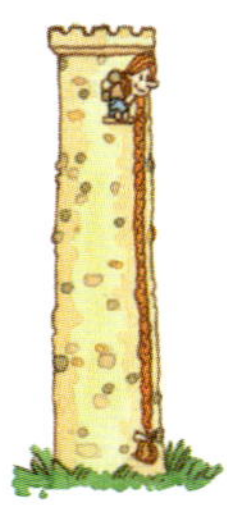

tanzen

die Tasche

der Teddy

der Tisch

toben

toll

die Tomate

trinken

trocken

der Turm

# U u

| | |
|---|---|
| U u | U u |
| über | über |
| die Uhr  | die Uhr |
| der Uhu  | der Uhu |
| um | um |
| und | und |
| der Unfall  | der Unfall |
| unten | unten |
| unter | unter |
| die Unterhose  | die Unterhose |
| der Urwald  | der Urwald |

# V v

*V v*

| | |
|---|---|
| der **Vampir** | *der Vampir* |
| der **Vater** | *der Vater* |
| das **Veilchen** | *das Veilchen* |
| **verstecken** | *verstecken* |
| **viel** | *viel* |
| **vier** | *vier* |
| der **Vogel** | *der Vogel* |
| **von** | *von* |
| **vor** | *vor* |
| der **Vulkan** | *der Vulkan* |

# W w

W w

| | |
|---|---|
| der Wal | der Wal |
| was | was |
| weiß | weiß |
| die Welle | die Welle |
| wenig | wenig |
| wer | wer |
| die Wippe | die Wippe |
| wir | wir |
| die Wolle | die Wolle |
| die Wurst | die Wurst |

# Xx

Xx

das Xylofon

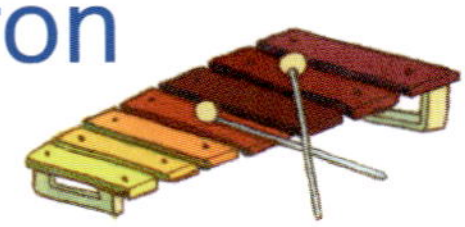

das Xylofon

# Yy

Yy

die Yacht

die Yacht

der Yak

der Yak

# Zz

*Zz*

| | | |
|---|---|---|
| die Zahnbürste |  | die Zahnbürste |
| der Zauberer |  | der Zauberer |
| zehn | | zehn |
| die Ziege |  | die Ziege |
| die Zitrone |  | die Zitrone |
| zu | | zu |
| zuhören | | zuhören |
| zusammen | | zusammen |
| zwei | | zwei |
| die Zwillinge |  | die Zwillinge |

## Wörterverzeichnis für das 1. und 2. Schuljahr

Alle Wörter in diesem Wörterverzeichnis sind nach ihrem Anfangsbuchstaben alphabetisch geordnet.

Wenn die Anfangsbuchstaben gleich sind, dann schaust du nach dem zweiten Buchstaben. Wenn auch die gleich sind, dann schaust du eben nach dem dritten Buchstaben. Und wenn sogar die dritten Buchstaben gleich sind, sind die Wörter nach ihrem vierten Buchstaben geordnet.

Die Farben zeigen dir, zu welcher Wortart ein Wort gehört:

Substantive/Nomen sind blau.
Verben/Tunwörter sind rot.
Adjektive/Eigenschaftswörter sind grün.
Alle anderen Wortarten sind schwarz.

Beispiel:
der Berg
die Berge
besonders
besser
bestimmt
der Besuch
besuchen

Hinter manchen Wörtern steht ein Pfeil ➡.
Er zeigt dir die Grundform. Zum Beispiel:

er aß (➡ essen)

# A a

ab
der Abend
die Abende
abends
aber
acht
achtzehn
achtzig
der Affe, die Affen
alle
allein
alles
als
also
alt, älter, am ältesten
am, am Abend
die Ameise
die Ameisen
die Ampel, die Ampeln
die Amsel, die Amseln
an
andere
ändern
du änderst
anders
der Anfang
die Anfänge
anfangen
er fängt an
anfassen
ich fasse an
die Angst, die Ängste
anrufen
du rufst an
die Antwort
die Antworten
antworten
sie antwortet
sich anziehen
er zieht sich an
der Apfel, die Äpfel
der April
die Arbeit
die Arbeiten
arbeiten
du arbeitest
der Arbeiter
die Arbeiter
die Arbeiterin
die Arbeiterinnen

arm, ärmer, am ärmsten
der Arm, die Arme
der Arzt, die Ärzte
die Ärztin
die Ärztinnen
er aß (➡ essen)
der Ast, die Äste
auch
auf
aufpassen
er passt auf
die Aufgabe
die Aufgaben
das Auge, die Augen
der August
aus
das Auto, die Autos

# Bb

das Baby, die Babys
der Bach, die Bäche
backen
der Bäcker, die Bäcker
die Bäckerin
die Bäckerinnen
sie backt
das Bad, die Bäder
baden
er badet
der Bagger, die Bagger
die Bahn, die Bahnen
bald
der Ball, die Bälle
die Banane
die Bananen
die Bank, die Bänke
der Bär, die Bären
basteln
sie bastelt
der Bauch, die Bäuche
bauen
der Bauer, die Bauern
die Bäuerin
die Bäuerinnen
der Baum, die Bäume
er baut
die Beere, die Beeren
beginnen
sie beginnt
bei

| | |
|---|---|
| | beide |
| | beim |
| das | Bein, die Beine |
| | beinahe |
| das | Beispiel |
| die | Beispiele |
| | beißen |
| er | beißt |
| | bekommen |
| sie | bekommt |
| der | Berg, die Berge |
| | besonders |
| | besser |
| | bestimmt |
| der | Besuch |
| | besuchen |
| sie | besucht |
| | beten |
| er | betet |
| das | Bett, die Betten |
| der | Beutel, die Beutel |
| sich | bewegen |
| sie | bewegt sich |
| | bezahlen |
| er | bezahlt |
| die | Biene, die Bienen |
| das | Bild, die Bilder |
| | billig |
| ich | bin (➔ sein) |
| | binden |
| sie | bindet |
| die | Birne, die Birnen |
| | bis |
| ein | bisschen |
| du | bist (➔ sein) |
| | bitte |
| | bitten |
| er | bittet |
| das | Blatt, die Blätter |
| | blau |
| | bleiben |
| sie | bleibt |
| | blühen |
| es | blüht |
| die | Blume |
| die | Blumen |
| das | Blut |
| die | Blüte, die Blüten |
| | bluten |
| er | blutet |
| der | Boden, die Böden |
| die | Bohne, die Bohnen |
| das | Boot, die Boote |
| | böse |

brauchen

er braucht

braun

brechen

brennen

es brennt

sie bricht

(➡ brechen)

der Brief, die Briefe

die Brille, die Brillen

bringen

er bringt

das Brot, die Brote

das Brötchen

die Brötchen

der Bruder, die Brüder

brummen

er brummt

das Buch, die Bücher

sich bücken

sie bückt sich

bunt

der Bus, die Busse

der Busch, die Büsche

die Butter

# Cc

das Cabrio

die Cabrios

der Cent, die Cents

der Clown, die Clowns

der Comic, die Comics

der Computer

die Computer

die Currywurst

die Currywürste

# Dd

da

dabei

das Dach, die Dächer

dafür

damals

damit

danke

danken

er dankt

dann

daran
darauf
sie darf (➡ dürfen)
darüber
darum
das
der Daumen
die Daumen
davon
dazu
die Decke, die Decken
der Deckel, die Deckel
decken
er deckt
dein Bruder
dem Papa
den Kindern
denen
denken
sie denkt
denn
der
deutsch
der Dezember
dich
dicht
dick

die
dienen
der Dienstag
er dient
diese Woche
das Ding, die Dinge
der Dinosaurier
die Dinosaurier
dir
doch
der Donnerstag
doof
das Dorf, die Dörfer
dort
der Drache
die Drachen
der Drachen
draußen
drei
dreißig
dreizehn
drücken
er drückt
du
dumm
dunkel
dünn

durch
dürfen
der Durst
die Dusche
die Duschen

# Ee

eben
die Ecke, die Ecken
das Ei, die Eier
das Eichhörnchen
die Eichhörnchen
eigentlich
eilen
er eilt
der Eimer, die Eimer
ein Buch
eine Blume
einfach
einige
einmal
eins
das Eis
der Elefant
die Elefanten
elf
die Eltern
das Ende, die Enden
endlich
eng
die Ente, die Enten
er
die Erde
erklären
sie erklärt
erlauben
er erlaubt
der Ernst
erschrecken
sie erschrickt
erst
erste Schritte
erzählen
sie erzählt
es
der Esel, die Esel
essen
das Essen
etwa
etwas
euch

a b c d e f g h i j k l m n o p q r s t u v w x y z

euer
die Eule, die Eulen
eure
der Euro, die Euros
ewig

# F f

die Fahne, die Fahnen
fahren
das Fahrrad
die Fahrräder
sie fährt
fallen
er fällt
falsch
die Familie
die Familien
fangen
sie fängt
die Farbe, die Farben
fassen
er fasst
fast
der Februar
die Feder, die Federn
die Fee, die Feen
fehlen
der Fehler, die Fehler
sie fehlt
die Feier, die Feiern
feiern
sie feiert
fein
der Feind, die Feinde
das Feld, die Felder
das Fenster
die Fenster
die Ferien
fernsehen
fertig
fest
das Fest, die Feste
das Feuer
der Film, die Filme
finden
sie findet
der Finger, die Finger
der Fisch, die Fische
die Flasche
die Flaschen
das Fleisch

fliegen
er fliegt
fließen
es fließt
die Flöte, die Flöten
der Flügel, die Flügel
das Flugzeug
die Flugzeuge
der Fluss, die Flüsse
flüssig
folgen
sie folgt
fort
fragen
er fragt
die Frau, die Frauen
frech
frei
der Freitag
fremd
fressen
die Freude
freuen
sie freut sich
der Freund
die Freunde
die Freundin
die Freundinnnen
freundlich
der Frieden
frisch
es frisst (➡ fressen)
froh
der Frosch
die Frösche
die Frucht, die Früchte
früh
der Frühling
der Fuchs, die Füchse
fühlen
er fühlt
füllen
der Füller, die Füller
sie füllt
fünf
fünfzehn
fünfzig
für
der Fuß, die Füße
füttern
er füttert



a b c d e f g h i j k l m n o p q r s t u v w x y z

# G g

die Gabel, die Gabeln
die Gans, die Gänse
ganz
gar
der Garten, die Gärten
geben
die Geburt
die Geburten
der Geburtstag
die Geburtstage
die Gefahr
die Gefahren
gefährlich
gefallen
es gefällt mir
gegen
gehen
er geht
der Geist, die Geister
gelb
das Geld
das Gemüse
genau
genug
gerade
gern
das Geschäft
die Geschäfte
das Geschenk
die Geschenke
die Geschwister
das Gesicht
die Gesichter
das Gespenst
die Gespenster
gestern
gesund, gesünder,
am gesündesten
gewinnen
er gewinnt
sie gibt (➜ geben)
gießen
die Gießkanne
die Gießkannen
er gießt
glatt
das Glas, die Gläser
glauben
sie glaubt
gleich
die Glocke

die Glocken
das Glück
das Gold
das Gras, die Gräser
grau
greifen
er greift
groß, größer, am größten
die Großeltern
die Großmutter
die Großmütter
der Großvater
die Großväter
grün
die Gruppe
die Gruppen
der Gruß, die Grüße
grüßen
er grüßt
die Gurke, die Gurken
gut

# H h

das Haar, die Haare
haben
ihr habt
der Hahn, die Hähne
halb
hallo
der Hals, die Hälse
halten
sie hält
die Hand, die Hände
hart, härter, am härtesten
der Hase, die Hasen
du hast (➡ haben)
er hat (➡ haben)
sie hätte (➡ haben)
das Haus, die Häuser
zu Hause
die Haut, die Häute
heben
er hebt
die Hecke, die Hecken
das Heft, die Hefte
heil



a b c d e f g h i j k l m n o p q r s t u v w x y z

A B C D E F G H I J K L M N O P Q R S T U V W X Y Z

heiß
heißen
sie heißt
helfen
hell
das Hemd
die Hemden
her
heraus
der Herbst
herein
der Herr, die Herren
herunter
das Herz, die Herzen
heute
die Hexe, die Hexen
hier
die Hilfe
er hilft (➔ helfen)
der Himmel
hin
hinaus
hinein
hinten
hinter
hoch
der Hof, die Höfe
hoffen
sie hofft
hoffentlich
holen
er holt
das Holz, die Hölzer
hören
sie hört
der Hort, die Horte
die Hose, die Hosen
das Huhn, die Hühner
der Hund, die Hunde
hundert
der Hunger

# Ii

der ICE, die ICEs
ich
der Igel, die Igel
ihm sagen
ihn sehen
ihnen begegnen
ihr
ihre Haare

im Haus
immer
in
die Inliner
innen
ins Bett gehen
die Insel, die Inseln
sich irren
sie irrt sich
er isst (➡ essen)
sie ist (➡ sein)

# Jj

ja
die Jacke, die Jacken
das Jahr, die Jahre
der Januar
die Jeans
jede Frau
jeder Mann
jedes Kind
jemand
jetzt
der Jogurt
der Juli
jung, jünger, am jüngsten
der Junge, die Jungen
der Juni

# Kk

der Käfer, die Käfer
der Kaffee
der Kalender
die Kalender
kalt, kälter, am kältesten
die Kälte
sie kann (➡ können)
kaputt
die Karte, die Karten
die Kartoffel
die Kartoffeln
der Käse
die Kasse, die Kassen
die Katze, die Katzen
kaufen

A B C D E F G H I J K L M N O P Q R S T U V W X Y Z

er kauft
kein
keiner
der Keks, die Kekse
kennen
sie kennt
das Kind, die Kinder
das Kino, die Kinos
klar
die Klasse, die Klassen
das Kleid, die Kleider
klein
klingeln
sie klingelt
klingen
es klingt
klug
knurren
er knurrt
kochen
sie kocht
der Koffer, die Koffer
kommen
er kommt
der König, die Könige
die Königin
die Königinnen
können
der Kopf, die Köpfe
das Korn, die Körner
der Körper, die Körper
kosten
es kostet
der Krach
krank
kriegen
sie kriegt
das Krokodil
die Krokodile
die Küche, die Küchen
der Kuchen
die Kuchen
die Kuh, die Kühe
kurz, kürzer, am kürzesten

# Ll

lachen
sie lacht
der Laden, die Läden
das Lamm

die Lämmer
die Lampe
die Lampen
das Land, die Länder
lang, länger, am längsten
langsam
lassen
er lässt
die Laterne
die Laternen
das Laub
laufen
sie läuft
laut
das Leben
leben
er lebt
leer
legen
sie legt
der Lehrer, die Lehrer
die Lehrerin
die Lehrerinnen
leicht
leiden
er leidet

leise
lernen
sie lernt
lesen
letzte Woche
der Leuchtturm
die Leuchttürme
die Leute
das Lexikon, die Lexika
das Licht, die Lichter
lieb
lieben
lieber
er liebt
das Lied, die Lieder
liegen
sie liegt
er liest (➡ lesen)
linke Hand
links
das Loch, die Löcher
der Löffel, die Löffel
die Lok, die Loks
los
der Löwe, die Löwen
die Luft
lustig

A B C D E F G H I J K L M N O P Q R S T U V W X Y Z

# Mm

machen
er macht
das Mädchen
die Mädchen
ich mag (➡ mögen)
der Mai
mal
malen
sie malt
die Mama, die Mamas
man
manche Kinder
manchmal
der Mann, die Männer
das Märchen
die Märchen
der März
das Maß, die Maße
die Maus, die Mäuse
das Meer, die Meere
mehr
mehrere Kinder
mein
meinen
er meint
die Meise, die Meisen
sich melden
sie meldet sich
die Menge
die Mengen
der Mensch
die Menschen
merken
er merkt
messen
das Messer, die Messer
der Meter, die Meter
mich
die Milch
die Minute
die Minuten
mir
sie misst (➡ messen)
mit
der Mittag, die Mittage
die Mitte
der Mittwoch
ich möchte
mögen
möglich
die Möhre, die Möhren

der Monat, die Monate
der Montag
morgen früh
der Morgen
die Morgen
müde
der Müll
der Mund, die Münder
die Musik
er muss
müssen
der Mut
mutig
die Mutter, die Mütter

# N n

nach
der Nachmittag
die Nachmittage
nächste Woche
die Nacht, die Nächte
der Nagel, die Nägel
nah
der Name, die Namen
nämlich
die Nase, die Nasen
nass
die Natur
natürlich
der Nebel
neben
nehmen
nein
nennen
er nennt
das Nest, die Nester
neu
neun
neunzehn
neunzig
nicht
nichts
nie
niemand
sie nimmt
(➡ nehmen)
die Nixe, die Nixen
noch
die Not
die Note
die Noten

A B C D E F G H I J K L M N O P Q R S T U V W X Y Z

der November
die Nudel, die Nudeln
nun
nur
die Nuss, die Nüsse

# O o

ob
oben
das Obst
obwohl
oder
offen
öffnen
er öffnet
oft
ohne
das Ohr, die Ohren
der Oktober
die Oma, die Omas
der Onkel, die Onkel
der Opa, die Opas
orange
die Orange
die Orangen
ordentlich
ordnen
er ordnet
die Ordnung
der Ort, die Orte
der Osterhase
die Osterhasen
Ostern

# P p

ein paar Sachen
packen
er packt
das Paket, die Pakete
der Papa, die Papas
der Papagei
die Papageien
das Papier, die Papiere
die Pappe, die Pappen
passen
sie passt
die Pause, die Pausen
das Pferd, die Pferde

pflanzen
er pflanzt
pflegen
sie pflegt
der Pinguin
die Pinguine
pink
der Pinsel, die Pinsel
die Pizza, die Pizzas
*oder* die Pizzen
planschen
er planscht
der Platz, die Plätze
das Plätzchen
die Plätzchen
plötzlich
die Pommes
das Pony, die Ponys
die Post
praktisch
der Preis, die Preise
der Punkt, die Punkte
die Puppe, die Puppen
putzen
er putzt

# Qq

das Quadrat
die Quadrate
quaken
er quakt
die Qualle, die Quallen
der Qualm
der Quark
der Quatsch
quer
quietschen
sie quietscht

# Rr

das Rad, die Räder
das Radio, die Radios
die Rakete
die Raketen
rasch
rasen
er rast
sie rät

raten
der Raum, die Räume
die Raupe, die Raupen
rechnen
er rechnet
rechte Hand
rechts
reden
sie redet
der Regen
regnen
es regnet
das Reh, die Rehe
reich
die Reihe, die Reihen
die Reise, die Reisen
reisen
er reist
rennen
sie rennt
retten
er rettet
richtig
riechen
sie riecht
der Ring, die Ringe
der Ritter, die Ritter
die Robbe, die Robben
der Rock, die Röcke
rollen
der Roller, die Roller
er rollt (➡ rollen)
rosa
rot
der Rücken
die Rücken
rufen
sie ruft
ruhig
rund
die Rutsche
die Rutschen
rutschen
er rutscht

# Ss

die Sache, die Sachen
der Saft, die Säfte
sagen
er sagt
die Salami

die Salamis
der Samen, die Samen
der Samstag
der Sand
sandig
satt
der Satz, die Sätze
sauber
scharf
der Schatz
die Schätze
schauen
er schaut
scheinen
sie scheint
schenken
er schenkt
die Schere
die Scheren
schicken
sie schickt
schief
das Schiff, die Schiffe
schlafen
er schläft
schlagen
sie schlägt
schlau
schlecht
schließen
er schließt
der Schlitten
die Schlitten
das Schloss
die Schlösser
der Schluss
der Schlüssel
die Schlüssel
schmecken
sie schmeckt
schmücken
er schmückt
schmutzig
die Schnecke
die Schnecken
der Schnee
schneiden
sie schneidet
schneien
es schneit
schnell
die Schokolade
schon
schön

der Schrank
die Schränke
schreiben
er schreibt
schreien
sie schreit
die Schrift
die Schriften
der Schuh, die Schuhe
die Schule
die Schulen
der Schüler
die Schüler
die Schülerin
die Schülerinnen
die Schüssel
die Schüsseln
schützen
er schützt
schwach
der Schwanz
die Schwänze
schwarz
das Schwein
die Schweine
schwer
die Schwester
die Schwestern
schwimmen
sie schwimmt
sechs
sechzehn
sechzig
der See, die Seen
die See (= Meer)
das Segelboot
die Segelboote
sehen
sehr
ihr seid (➡ sein)
die Seife, die Seifen
sein
sein Haus
seine Hand
seit
die Seite, die Seiten
selber
selbst
selten
senden
er sendet
der September
der Sessel, die Sessel
sich setzen

sie setzt sich
sich
sicher
sie
sieben
siebzehn
siebzig
siegen
er siegt
sie sieht (→ sehen)
wir sind (→ sein)
singen
er singt
sinken
es sinkt
sitzen
sie sitzt
das Skateboard
die Skateboards
so
das Sofa, die Sofas
sofort
sogar
der Sohn, die Söhne
er soll
sollen
der Sommer
sondern
der Sonnabend
die Sonne
der Sonntag
sonst
die Spagetti
sparen
sie spart
der Spaß, die Späße
spät
das Spiel, die Spiele
spielen
er spielt
spitz
der Sport
sprechen
sie spricht
springen
er springt
die Stadt, die Städte
die Stange
die Stangen
der Stängel
die Stängel
stark, stärker, am stärksten
stehen

sie steht
der Stein, die Steine
die Stelle, die Stellen
stellen
er stellt
der Stern, die Sterne
der Stift, die Stifte
still
die Stirn, die Stirnen
stolz
stoßen
sie stößt
die Straße
die Straßen
der Streit
das Stück, die Stücke
der Stuhl, die Stühle
die Stunde
die Stunden
suchen
er sucht
die Suppe
die Suppen
süß

# Tt

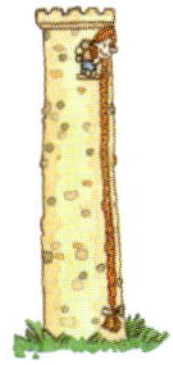

die Tafel, die Tafeln
der Tag, die Tage
die Tante, die Tanten
tanzen
sie tanzt
die Tasche
die Taschen
die Tasse, die Tassen
tausend
der Teddy, die Teddys
der Tee
der Teil, die Teile
teilen
sie teilt
das Telefon
die Telefone
der Teller, die Teller
teuer
der Text, die Texte
tief
das Tier, die Tiere
der Tisch, die Tische
toben
er tobt

die Tochter
die Töchter
toll
die Tomate
die Tomaten
der Topf, die Töpfe
das Tor, die Tore
tot
tragen
er trägt
der Traum, die Träume
traurig
treffen
treiben
sie treibt
trennen
er trennt
die Treppe
die Treppen
treten
treu
sie trifft (➡ treffen)
trinken
er trinkt
sie tritt (➡ treten)
trocken
trotzdem

das Tuch, die Tücher
tun
die Tür, die Türen
der Turm, die Türme
turnen
er turnt
sie tut (➡ tun)
die Tüte, die Tüten

# U u

üben
über
überall
überhaupt
übrig
sie übt (➡ üben)
die Übung
die Übungen
die Uhr, die Uhren
der Uhu, die Uhus
um
und
der Unfall, die Unfälle
uns

a b c d e f g h i j k l m n o p q r s t u v w x y z

unser Haus
unten
unter
das Unterhemd
die Unterhemden
die Unterhose
die Unterhosen
der Urlaub
der Urwald
die Urwälder

# Vv

der Vampir
die Vampire
der Vater, die Väter
das Veilchen
die Veilchen
vergessen
er vergisst
verkaufen
sie verkauft
der Verkehr
verletzen
er verletzt
verlieren
sie verliert
verstecken
er versteckt
verstehen
sie versteht
versuchen
er versucht
viel
viele Leute
vielleicht
vier
vierzehn
vierzig
der Vogel, die Vögel
das Volk, die Völker
voll
vom Papa
von
vor
vorbei
vorher
vorn
vorsichtig
der Vulkan
die Vulkane

# W w

wach
wachsen
er wächst
der Wagen
die Wagen
wahr
während
der Wal, die Wale
der Wald, die Wälder
die Wand, die Wände
wann
sie war (→ sein)
es wäre (→ sein)
wir waren (→ sein)
warm, wärmer, am wärmsten
die Wärme
warnen
er warnt
warten
sie wartet
warum
was
waschen
er wäscht
das Wasser
weg
der Weg, die Wege
wegen
wehtun
weich
Weihnachten
weil
weinen
sie weint
er weiß (→ wissen)
weiße Haare
weit
weiter
welcher
die Welle, die Wellen
die Welt, die Welten
wem
wen
wenig
wenn
wer
werden
es wird
werfen
das Wetter

wie
wieder
die Wiese, die Wiesen
wild
er will (→ wollen)
der Wind, die Winde
der Winter
die Wippe, die Wippen
wir
sie wird (→ werden)
er wirft (→ werfen)
wirklich
du wirst (→ werden)
wissen
wo
die Woche
die Wochen
wohl
wohnen
sie wohnt
die Wohnung
die Wohnungen
die Wolke, die Wolken
die Wolle
wollen
das Wort, die Wörter
die Wunde
die Wunden
wünschen
er wünscht
sie wurde (→ werden)
die Wurst, die Würste
die Wurzel
die Wurzeln
die Wut
wütend

# Xx

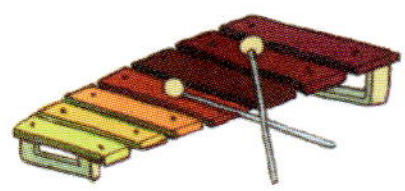

das Xylofon
die Xylofone

# Yy

die Yacht, die Yachten
das Yak, die Yaks

# Z z

die Zahl, die Zahlen
zahlen
zählen
er zahlt (➡ zahlen)
sie zählt (➡ zählen)
der Zahn, die Zähne
die Zahnbürste
die Zahnbürsten
der Zauberer
die Zauberer
das Zebra, die Zebras
die Zehe, die Zehen
zehn
zeichnen
er zeichnet
zeigen
sie zeigt
die Zeit, die Zeiten
das Zelt, die Zelte
die Ziege, die Ziegen
ziehen
er zieht
das Zimmer
die Zimmer
der Zirkus
die Zirkusse
die Zitrone
die Zitronen
der Zoo, die Zoos
zu
der Zucker
zuerst
der Zug, die Züge
zuhören
zuletzt
zum Beispiel
zur Schule
zurück
zusammen
zwanzig
zwar
zwei
der Zwerg, die Zwerge
die Zwiebel
die Zwiebeln
der Zwilling
die Zwillinge
zwischen
zwölf

# Wörterverzeichnis für das 3. und 4. Schuljahr

Alle Wörter in diesem Wörterverzeichnis sind nach dem Alphabet geordnet.

Bei den Nomen findest du normalerweise sowohl die Einzahl als auch die Mehrzahl:

die **Ba|na|ne**, die Bananen

Bei den Verben findest du neben der Grundform auch die Gegenwartsform (Präsens):

**fal|ten**, er faltet

Bei Verben mit schwierigen Vergangenheitsformen findest du zusätzlich die 1. und 2. Vergangenheitsform (Präteritum und Perfekt):

**ge|ben**, er gibt, er gab, er hat gegeben

Adjektive findest du in der Grundform. Wenn sich beim Steigern der Wortstamm verändert, findest du auch die Steigerungsformen:

**grob** Ⓝ, gröber, am gröbsten

Hinter schwierigen Wörtern steht in Klammern eine Erklärung:

**wit|tern** *(= am Geruch wahrnehmen)*

Um ein richtiger Wörterbuchprofi zu werden, musst du diese Zeichen kennen:

➔ Dieser Pfeil führt dich zur Grundform des Wortes oder weist dich auf einen Kasten hin, in dem du zu dem Wort mehr Informationen findest.
er **bat** (➔ bitten)

| Dieser Strich zeigt dir, wo du ein Wort trennen kannst.
die **Am|sel**, die Amseln

Ⓝ Manche Wörter haben schwierige Stellen. Wenn du für das Wort eine Regel kennst, ist es ein Nachdenkwort.
die **Hand** Ⓝ, die Hände
Wenn du mehr über Nachdenkwörter wissen möchtest, dann blätter einfach auf die nächste Seite um!

Ⓜ Wenn es für ein schwieriges Wort keine Regel gibt, musst du es dir merken. Es ist ein Merkwort.
der **Vul|kan** Ⓜ, die Vulkane
Auch zu den Merkwörtern findest du auf den nächsten zwei Seiten eine Erklärung.

# Nachdenkwörter und Merkwörter

In dieser Wortliste findest du sehr viele Wörter. Etwa die Hälfte aller Wörter sind Mitsprechwörter. Diese Wörter kannst du richtig schreiben, wenn du jede Silbe ganz deutlich mitsprichst. Du hörst dann alle Buchstaben, die du schreiben musst. Probier es mal mit den Wörtern

Tannenbaum Badehose Sauerkirsche

Bei den Nachdenkwörtern hilft das laute Mitsprechen leider nicht. Diese Wörter haben eine schwierige Stelle und du hörst nicht alle Buchstaben. In deiner Wortliste erkennst du die Nachdenkwörter an dem Zeichen Ⓝ. An den schwierigen Stellen musst du nachdenken:

- ob du das Wort verlängern kannst

| | | | | | | |
|---|---|---|---|---|---|---|
| *Hun**d*** | ➔ | d oder t? | ➔ | d! | ➔ | weil: die *Hun**d**e* |
| *gel**b*** | ➔ | b oder p? | ➔ | b! | ➔ | weil: *gel**b**e* Rosen |
| *Zwer**g*** | ➔ | g oder k? | ➔ | g! | ➔ | weil: die *Zwer**g**e* |
| *seid**ig*** | ➔ | ig oder ich? | ➔ | ig! | ➔ | weil: *seid**ig**es* Fell |
| *dü**nn*** | ➔ | nn oder n? | ➔ | nn! | ➔ | weil: *dü**nn**e* Haare |

- ob du ein verwandtes Wort kennst

| | | | | | | |
|---|---|---|---|---|---|---|
| *B**ä**cker* | ➔ | e oder ä? | ➔ | ä! | ➔ | weil: *b**a**cken* |
| *H**äu**ser* | ➔ | eu oder äu? | ➔ | äu! | ➔ | weil: das *H**au**s* |

- ob das Wort Sp, sp, St, st, Qu oder qu enthält

| | | |
|---|---|---|
| ***Qu**alle* | ➔ | weil: **immer Qu** oder **qu** |
| ***sp**aren* | ➔ | weil: **immer sp** oder **Sp** |
| ***st**olz* | ➔ | weil: **immer st** oder **St** |

Vorsicht! Manche Nachdenkwörter haben mehr als eine schwierige Stelle, zum Beispiel:

and**ä**cht**ig**, be**stimm**t und Be**stäu**bung.

Wenn Mitsprechen oder Nachdenken nicht hilft, dann musst du dir das Wort merken. Es ist ein Merkwort. Solche Wörter erkennst du an dem Zeichen Ⓜ. Es kann viele verschiedene Gründe geben, warum ein Wort als Merkwort markiert ist. Merke dir zum Beispiel:

- wenn das Wort ein nicht hörbares h enthält
  **die Sah|ne** Ⓜ
- wenn das Wort einen doppelten Selbstlaut enthält
  **die Fee** Ⓜ, die Feen
- wenn das Wort ß enthält
  **das Maß** Ⓜ, die Maße
- wenn das Wort V oder v enthält
  **der Va|ter** Ⓜ, die Väter
- wenn das Wort ai enthält
  **der Hai** Ⓜ, die Haie
- wenn das Wort einen langen i-Laut enthält, der aber nicht ie geschrieben wird
  **der Igel** Ⓜ, die Igel — **ihm** Ⓜ, Gib ihm den Stift.
- wenn das Wort chs oder ks enthält
  **der Fuchs** Ⓜ, die Füchse — **der Keks** Ⓜ *oder* **das Keks**, die Kekse
- wenn das Wort ä oder äu enthält, es aber kein verwandtes Wort mit a oder au gibt
  **der Kä|fig** Ⓜ, die Käfige — **die Säu|le** Ⓜ, die Säulen
- wenn es sich um ein Lehnwort aus einer anderen Sprache handelt
  **das Asyl** Ⓜ, die Asyle — **die Au|ber|gi|ne** Ⓜ, die Auberginen

Auch einige kleine Wörter werden zu den Merkwörtern gezählt, weil man sie nicht verlängern kann und sie mit keinen anderen Wörtern verwandt sind, zum Beispiel:

**ab** Ⓜ — **und** Ⓜ

Vorsicht! Manche Nachdenkwörter sind mit einem Merkwort verwandt, zum Beispiel:

**ab|wech|selnd** Ⓝ (= verwandt mit dem Merkwort **wechseln**)
der **Ka|na|ri|en|vo|gel** Ⓝ (= verwandt mit dem Merkwort **Vogel**)

und viele andere Wörter. Also, denk dran: Sobald ein Wort mit einem anderen verwandt ist, dann ist es ein Nachdenkwort!

# Aa

**Aa**
der **Aal** Ⓜ, die Aale

**Ab**
**ab** Ⓜ
die **Ab|bil|dung** Ⓝ, die Abbildungen
**ab|blit|zen** Ⓝ, er blitzt ab
das **Abc**
der **Abend** Ⓝ, die Abende
heute Abend
Guten Abend!
das Abendessen
**abends** Ⓜ
das **Aben|teu|er**, die Abenteuer
**aben|teu|er|lich**
**aber**
der **Aber|glau|be**
**aber|gläu|bisch** Ⓝ
**ab|fah|ren** Ⓝ, sie fährt ab, sie fuhr ab, sie ist abgefahren
die **Ab|fahrt** Ⓝ, die Abfahrten
der **Ab|fall** Ⓝ, die Abfälle
der **Ab|flug** Ⓝ, die Abflüge
der **Ab|fluss** Ⓝ, die Abflüsse
das **Ab|gas** Ⓝ, die Abgase
**ab|ge|macht** Ⓝ
der **Ab|ge|ord|ne|te** Ⓝ *oder* die **Ab|ge|ord|ne|te**
der **Ab|grund** Ⓝ, die Abgründe
der **Ab|hang** Ⓝ, die Abhänge
**ab|hän|gig** Ⓝ
die **Ab|hän|gig|keit** Ⓝ
das **Abi|tur**
die **Ab|küh|lung** Ⓝ
**ab|kür|zen** Ⓝ, er kürzt ab
die **Ab|kür|zung** Ⓝ, die Abkürzungen
der **Ab|le|ger** Ⓝ, die Ableger
**ab|leh|nen** Ⓝ, sie lehnt ab
die **Ab|leh|nung** Ⓝ
**ab|len|ken** Ⓝ, sie lenkt ab
die **Ab|len|kung** Ⓝ, die Ablenkungen
die **Ab|ma|chung** Ⓝ, die Abmachungen
sich **ab|mel|den** Ⓝ er meldet sich ab
das **Abon|ne|ment** Ⓜ, die Abonnements
**abon|nie|ren** Ⓜ, sie abonniert
**ab|rech|nen** Ⓝ, er rechnet ab
die **Ab|rech|nung** Ⓝ, die Abrechnungen
die **Ab|rei|se** Ⓝ, die Abreisen
**ab|rei|sen** Ⓝ, sie reist ab
der **Ab|satz** Ⓝ, die Absätze
**ab|scheu|lich** Ⓝ
der **Ab|schied** Ⓝ, die Abschiede
Abschied nehmen
das **Ab|schlepp|au|to** Ⓝ, die Abschleppautos
**ab|schlep|pen** Ⓝ er schleppt ab
**ab|schlie|ßen** Ⓝ, sie schließt ab, sie schloss ab, sie hat abgeschlossen
**ab|schlie|ßend** Ⓝ
der **Ab|schluss** Ⓝ, die Abschlüsse
**ab|schnei|den** Ⓝ er schneidet ab, er schnitt ab, er hat abgeschnitten
der **Ab|schnitt** Ⓝ, die Abschnitte
**ab|schrei|ben** Ⓝ, sie schreibt ab, sie schrieb ab, sie hat abgeschrieben

**ab|seits** Ⓝ
abseitsstehen
im Abseits stehen
der **Ab|sen|der** Ⓝ, die Absender
die **Ab|sen|de|rin** Ⓝ, die Absenderinnen
die **Ab|sicht** Ⓝ, die Absichten
**ab|sicht|lich** Ⓝ
**ab|so|lut** Ⓝ
**ab|sper|ren** Ⓝ, er sperrt ab
die **Ab|sper|rung** Ⓝ, die Absperrungen
**ab|stam|men** Ⓝ
sie stammt ab
die **Ab|stam|mung** Ⓝ
der **Ab|stand** Ⓝ, die Abstände
der **Ab|ste|cher** Ⓝ, die Abstecher
**ab|stel|len** Ⓝ, sie stellt ab
das **Ab|stell|gleis** Ⓝ, die Abstellgleise
der **Ab|stieg** Ⓝ, die Abstiege
**ab|stim|men** Ⓝ, er stimmt ab
die **Ab|stim|mung** Ⓝ, die Abstimmungen
der **Ab|sturz** Ⓝ, die Abstürze
**ab|stür|zen** Ⓝ, sie stürzt ab
das **Ab|teil** Ⓝ, die Abteile
die **Ab|tei|lung** Ⓝ, die Abteilungen
**ab|trock|nen** Ⓝ, sie trocknet ab
**ab|wärts** Ⓜ
der **Ab|wasch** Ⓝ
**ab|wasch|bar** Ⓝ
**ab|wa|schen** Ⓝ, er wäscht ab, er wusch ab, er hat abgewaschen
sich **ab|wech|seln** Ⓝ
sie wechseln sich ab
**ab|wech|selnd** Ⓝ
die **Ab|wehr** Ⓝ
**ab|weh|ren** Ⓝ, er wehrt ab
**ab|we|send** Ⓝ
die **Ab|we|sen|heit** Ⓝ, die Abwesenheiten
das **Ab|zei|chen** Ⓝ, die Abzeichen
das **Ab|zieh|bild** Ⓝ, die Abziehbilder
**ab|zwei|gen** Ⓝ
der Weg zweigt ab
die **Ab|zwei|gung** Ⓝ, die Abzweigungen

## Ac

**ach!**
die **Ach|se** Ⓜ, die Achsen
die **Ach|sel** Ⓜ, die Achseln
**acht**
der Achte, die Achte
die **Acht** *(= Ziffer)*, die Achten
die **Acht** *(= Aufmerksamkeit)*
sich in Acht nehmen
**ach|ten**, sie achtet
die **Ach|ter|bahn** Ⓜ, die Achterbahnen
**acht|ge|ben**, sie gibt acht, sie gab acht, sie hat achtgegeben
**acht|mal**
**acht|zehn** Ⓜ
**acht|zig** Ⓜ
**äch|zen** Ⓜ, er ächzt
*Wenn du bei einer anstrengenden Tätigkeit oder unter einer schweren Last viel stöhnen und schnaufen musst, dann nennt man das ächzen.*

der **Acker**, die Äcker
der **Ac|tion|film** Ⓜ

## Ad

**ad|die|ren**, sie addiert
der **Adel**
**ade|lig** Ⓝ *oder* **ad|lig**

Ⓜ Merkwort (Keine Regel, merke dir das Wort!)

# Ad bis Al

die **Ader**, die Adern
das **Ad|jek|tiv** Ⓝ *(= Wiewort)*, die Adjektive
der **Ad|ler**, die Adler
**adop|tie|ren**
Sie adoptiert ein Kind.
Er ist adoptiert.
die **Adop|ti|on** Ⓜ, die Adoptionen
die **Adop|tiv|el|tern** Ⓜ
das **Adop|tiv|kind** Ⓜ, die Adoptivkinder
die **Ad|res|se**, die Adressen
**ad|res|sie|ren**, sie adressiert
der **Ad|vent**
der Adventskalender
der Adventskranz

**Ae**
das **Ae|ro|bic** Ⓜ

**Af**
der **Af|fe**, die Affen
**Afri|ka**
**afri|ka|nisch**
der **Af|ter**

**Ag**
**ag|gres|siv** Ⓝ
**Ägyp|ten** Ⓜ
**ägyp|tisch** Ⓜ

**Ah**
**ah|nen** Ⓜ, sie ahnt
**ähn|lich** Ⓜ
die **Ah|nung** Ⓜ, die Ahnungen
**ah|nungs|los** Ⓜ
der **Ahorn**
die **Äh|re** Ⓜ, die Ähren

**Ai**
das **Aids** Ⓜ
der **Air|bag** Ⓜ, die Airbags

**Ak**
der **Ak|kord** Ⓜ, die Akkorde
das **Ak|kor|de|on** Ⓜ, die Akkordeons
der **Ak|ku** Ⓜ, die Akkus
der **Ak|ku|sa|tiv** Ⓜ *(= Wenfall oder Wasfall)*
die **Ak|ne** Ⓜ
der **Akro|bat** Ⓜ, die Akrobaten
die **Akro|ba|tin** Ⓜ, die Akrobatinnen
**akro|ba|tisch** Ⓜ
der **Akt** Ⓜ, die Akte
im zweiten Akt
die **Ak|te** Ⓜ, die Akten
die Aktentasche
die **Ak|ti|on** Ⓜ, die Aktionen
**ak|tiv** Ⓜ
**ak|tu|ell** Ⓜ
**akut** Ⓜ

**Al**
der **Alarm**
**alar|mie|ren**, er alarmiert
**al|bern**
der **Alb|traum** Ⓜ, die Albträume
das **Al|bum**, die Alben
die **Al|ge**, die Algen
das **Ali|bi** Ⓜ, die Alibis
der **Al|ko|hol**
das **All** Ⓜ
**Al|lah** Ⓜ *(= Gott im Islam)*
**al|le**
vor allem
alles andere
die **Al|lee** Ⓜ, die Alleen
**al|lein**
alleinerziehend
**al|ler|dings**
die **Al|ler|gie**, die Allergien
**al|ler|gisch**
**al|ler|lei**


Ⓝ Nachdenkwort (Verlängern? Verwandtes Wort? qu, sp oder st?)

**all|ge|mein** Ⓜ
**all|mäh|lich** Ⓜ
der **All|tag** Ⓜ
**all|täg|lich** Ⓜ
**all|weil** Ⓜ *(= immer)*
**all|zu** Ⓜ
die **Alm**, die Almen
das **Al|mo|sen**, die Almosen
die **Al|pen**
das **Al|pha|bet** Ⓜ, die Alphabete
der **Alp|traum**, die Alpträume
**als** ob
**al|so**
**alt**, älter, am ältesten
die Alten
der **Al|tar**, die Altäre
das **Al|ter**
das **Al|ter|tum**
**alt|mo|disch**
das **Alt|pa|pier**
die **Alu|fo|lie**
das **Alu|mi|ni|um**

## Am

**am** *(= an dem)*, am See
der **Ama|teur** Ⓜ, die Amateure
die **Ama|teu|rin** Ⓜ, die Amateurinnen
der **Am|boss** Ⓝ, die Ambosse
die **Am|bu|lanz**, die Ambulanzen
die **Amei|se**, die Ameisen
der Ameisenhaufen
**Ame|ri|ka**
der **Ame|ri|ka|ner**, die Amerikaner
die **Ame|ri|ka|ne|rin**, die Amerikanerinnen
**ame|ri|ka|nisch**
die **Am|pel**, die Ampeln
die **Am|sel**, die Amseln
das **Amt**, die Ämter

## An

**an**
die **Ana|nas**, die Ananasse
der **An|bau**
**an|bau|en**, er baut an
**an|bie|ten**, sie bietet an, sie bot an, sie hat angeboten
der **An|blick**, die Anblicke
die **An|dacht**
**an|däch|tig** Ⓝ
**an|dau|ernd** Ⓝ
das **An|den|ken**, die Andenken
**an|de|re** *oder* **an|dre**
der andere, die andere
alles andere
**an|de|rer|seits**
**än|dern** Ⓝ, sie ändert
**an|ders**, jemand anders
die **Än|de|rung** Ⓝ, die Änderungen
der **An|drang**
*Wenn viele Leute gleichzeitig einen Ort betreten wollen, dann ist der Andrang auf diesen Ort groß.*

**an|ei|nan|der**
aneinander denken
aneinanderlegen
die **An|er|ken|nung**
**an|fah|ren** Ⓝ, er fährt an, er fuhr an, er ist angefahren
die **An|fahrt** Ⓝ, die Anfahrten
der **An|fall** Ⓝ, die Anfälle
**an|fäl|lig** Ⓝ
der **An|fang**, die Anfänge
**an|fan|gen**, er fängt an, er fing an, er hat angefangen
der **An|fän|ger** Ⓝ, die Anfänger

Ⓜ Merkwort (Keine Regel, merke dir das Wort!)

die **An|fän|ge|rin** Ⓝ, die Anfängerinnen
**an|fangs**
**an|fas|sen**, sie fasst an
sich **an|freun|den** er freundet sich an
**an|füh|ren** Ⓝ, sie führt an
der **An|füh|rer** Ⓝ, die Anführer
die **An|füh|re|rin** Ⓝ, die Anführerinnen
die **An|füh|rungs|zei|chen** Ⓝ
**an|ge|ben**, er gibt an, er gab an, er hat angegeben
der **An|ge|ber**, die Angeber
die **An|ge|be|rin**, die Angeberinnen
**an|ge|be|risch**
**an|geb|lich** Ⓝ
das **An|ge|bot**, die Angebote
der **An|ge|hö|ri|ge** *oder* die **Ange-hörige**, die Angehörigen
der **An|ge|klag|te** Ⓝ *oder* die **Angeklagte**, die Angeklagten
die **An|gel**, die Angeln
**an|geln**, sie angelt
**an|ge|nehm** Ⓜ
**an|ge|spannt** Ⓝ
der **An|ge|stell|te** Ⓜ *oder* die **Angestellte**, die Angestellten
sich **an|ge|wöh|nen** Ⓝ sie gewöhnt sich an
die **An|ge|wohn|heit** Ⓝ, die Angewohnheiten
die **An|gi|na** Ⓜ, die Anginen
der **Ang|ler**, die Angler
die **Ang|le|rin**, die Anglerinnen
**an|grei|fen**, er greift an, er griff an, er hat angegriffen
der **An|grei|fer**, die Angreifer
die **An|grei|fe|rin**, die Angreiferinnen
der **An|griff** Ⓝ, die Angriffe
**an|griffs|lus|tig** Ⓝ

die **Angst**, die Ängste Angst haben
**ängst|lich** Ⓝ
**an|hal|ten**, er hält an, er hielt an, er hat angehalten
der **An|hän|ger** Ⓝ, die Anhänger
**an|häng|lich** Ⓝ
der **An|ker**, die Anker
**an|kla|gen**, sie klagt an
**an|kom|men**, er kommt an, er kam an, er ist angekommen
**an|kreu|zen**, sie kreuzt an
die **An|kunft**
die **An|la|ge**, die Anlagen
der **An|lass** Ⓝ, die Anlässe
**an|las|sen**, er lässt an, er ließ an, er hat angelassen
**an|läss|lich** Ⓝ
der **An|lauf**, die Anläufe
der **An|laut**, die Anlaute
sich **an|mel|den** sie meldet sich an
die **An|mel|dung**, die Anmeldungen
die **An|nah|me** Ⓝ, die Annahmen
**an|neh|men** Ⓝ, er nimmt an, er nahm an, er hat angenommen
die **An|non|ce** Ⓜ, die Annoncen
**an|non|cie|ren** Ⓜ sie annonciert
der **Ano|rak** Ⓜ, die Anoraks
der **An|pfiff** Ⓜ
die **An|re|de**, die Anreden
der **An|ruf**, die Anrufe
der **An|ruf|be|ant|wor|ter**, die Anrufbeantworter
**an|ru|fen**, er ruft an, er rief an, er hat angerufen
**ans** *(= an das)* bis ans Ende
**an|sa|gen**, sie sagt an

die **An|schaf|fung**, die Anschaffungen
**an|schau|en**, sie schaut an
**an|schei|nend**
**an|schlie|ßen** Ⓝ, er schließt an, er schloss an, er hat angeschlossen
**an|schlie|ßend** Ⓝ
der **An|schluss** Ⓝ, die Anschlüsse
sich **an|schmie|gen** sie schmiegt sich an
**an|schmieg|sam** Ⓝ
sich **an|schnal|len** er schnallt sich an
**an|schnau|zen**, sie schnauzt an
die **An|schrift**, die Anschriften
die **An|sicht**, die Ansichten
die Ansichtskarte
der **An|spruch** Ⓝ, die Ansprüche
**an|stän|dig** Ⓜ
**an|statt** Ⓜ
sich **an|ste|cken** Ⓝ sie steckt sich an
**an|ste|ckend** Ⓝ
die **An|ste|ckungs|ge|fahr** Ⓝ
**an|stif|ten** Ⓝ, er stiftet an
der **An|stif|ter** Ⓝ, die Anstifter
die **An|stif|te|rin** Ⓝ, die Anstifterinnen
**an|sto|ßen** Ⓝ, er stößt an, er stieß an, er hat angestoßen
sich **an|stren|gen** Ⓝ sie strengt sich an
**an|stren|gend** Ⓝ
die **An|stren|gung** Ⓝ, die Anstrengungen
die **Ant|ark|tis**
der **An|teil**
die **An|ten|ne**, die Antennen
die **An|ti|ke** Ⓜ
die **An|ti|lo|pe**, die Antilopen
der **An|trag** Ⓝ, die Anträge
der **An|trieb** Ⓝ
die **Ant|wort**, die Antworten
**ant|wor|ten**, er antwortet
**an|wei|sen**, sie weist an, sie wies an, sie hat angewiesen
**an|wen|den**, er wendet an, er wandte an *oder* wendete an, er hat angewandt *oder* angewendet
**an|we|send** Ⓝ
die **An|we|sen|heit**, die Anwesenheiten
die **An|zahl** Ⓜ
das **An|zei|chen**, die Anzeichen
die **An|zei|ge**, die Anzeigen
**an|zei|gen**, sie zeigt an
**an|zie|hen**, er zieht an, er zog an, er hat angezogen
sich anziehen
die **An|zie|hungs|kraft**
*Wenn von einem Gegenstand eine Kraft ausgeht, die andere Gegenstände in seine Richtung zieht, dann nennt man diese Kraft Anziehungskraft.*

der **An|zug** Ⓝ, die Anzüge
**an|zün|den**, sie zündet an

## Ap

**aper** *(= schneefrei)*
der **Ap|fel**, die Äpfel
der Apfelbaum
das Apfelmus
der Apfelsaft
die **Ap|fel|si|ne** Ⓜ, die Apfelsinen
die **Apo|the|ke** Ⓜ, die Apotheken
der **Apo|the|ker** Ⓜ, die Apotheker
die **Apo|the|ke|rin** Ⓜ, die Apothekerinnen

Ⓜ Merkwort (Keine Regel, merke dir das Wort!)

# Ap bis At

der **Ap|pa|rat**, die Apparate
der **Ap|pe|tit** Ⓜ
**ap|pe|tit|lich** Ⓜ
**ap|pe|tit|los** Ⓜ
**ap|plau|die|ren**, sie applaudiert
der **Ap|plaus**
die **Ap|ri|ko|se**, die Aprikosen
der **April**

## Aqu

das **Aqua|ri|um** Ⓝ, die Aquarien
der **Äqua|tor** Ⓜ

## Ar

die **Ar|beit**, die Arbeiten
**ar|bei|ten**, er arbeitet
der **Ar|bei|ter**, die Arbeiter
die **Ar|bei|te|rin**, die Arbeiter nnen
**ar|beits|los**
die **Ar|beits|lo|sig|keit** Ⓜ
der **Ar|chi|tekt** Ⓜ, die Architekten
die **Ar|chi|tek|tin** Ⓜ, die Architektinnen
**arg** Ⓝ, ärger, am ärgsten
der **Är|ger** Ⓜ
**är|ger|lich** Ⓜ
**är|gern** Ⓜ, sie ärgert
sich ärgern
das **Är|ger|nis** Ⓜ, die Ärgernisse
das **Ar|gu|ment**, die Argumente
die **Ark|tis**
**arm**, ärmer, am ärmsten
die Armen und die Reichen
der **Arm**, die Arme
die **Ar|ma|tur**, die Armaturen
die **Ar|mee** Ⓜ, die Armeen
der **Är|mel** Ⓝ, die Ärmel
**är|mel|los** Ⓝ
**ärm|lich** Ⓝ
das **Aro|ma**, die Aromen
**aro|ma|tisch**
**ar|ro|gant**

die **Art**, die Arten
**ar|tig** Ⓝ
der **Ar|ti|kel** Ⓜ, die Artikel
die **Ar|ti|scho|cke** Ⓜ, die Artischocken
der **Ar|tist**, die Artisten
die **Ar|tis|tin**, die Artistinnen
die **Arz|nei**, die Arzneien
der **Arzt**, die Ärzte
die **Ärz|tin** Ⓝ, die Ärztinnen

## As

der **As|best**
die **Asche**
**asia|tisch** Ⓜ
**Asi|en**
der **As|phalt** Ⓜ
**as|phal|tie|ren** Ⓜ
er asphaltiert
das **Ass** Ⓝ, die Asse
sie **aß** Ⓜ (➔ essen)
der **As|sis|tent**, die Assistenten
die **As|sis|ten|tin**, die Assistentinnen
der **Ast**, die Äste
die **As|ter**, die Astern
das **Asth|ma** Ⓜ
**ast|rein**
der **As|tro|naut**, die Astronauten
die **As|tro|nau|tin**, die Astronautinnen
das **Asyl** Ⓜ, die Asyle
der Asylbewerber
die Asylbewerberin
das Asylheim

## At

das **Ate|lier** Ⓜ, die Ateliers
der **Atem**
**atem|los**
der **Ath|let** Ⓜ, die Athleten
die **Ath|le|tin** Ⓜ, die Athletinnen



Ⓝ Nachdenkwort (Verlängern? Verwandtes Wort? qu, sp oder st?)

der **At|lan|tik**
der Atlantische Ozean

der **At|las**, die Atlanten *oder* Atlasse

**at|men**, sie atmet

die **At|mo|sphä|re** Ⓜ

die **At|mung**

das **Atom**, die Atome
das Atomkraftwerk

**ätsch!** Ⓜ

das **At|ten|tat**, die Attentate

der **At|ten|tä|ter** Ⓝ, die Attentäter

die **At|ten|tä|te|rin** Ⓝ, die Attentäterinnen

das **At|test**, die Atteste

**at|trak|tiv** Ⓝ

**ät|zend** Ⓜ

## Au

die **Au|ber|gi|ne** Ⓜ, die Auberginen

**auch**

**auf**
auf einmal
auf und davon

**auf|be|wah|ren** Ⓜ
er bewahrt auf

**auf|brau|send** Ⓝ

**auf|dring|lich**

**auf|ei|nan|der**
aufeinander aufpassen
aufeinanderlegen

der **Auf|ent|halt**, die Aufenthalte

**auf|fah|ren** Ⓝ, er fährt auf, er fuhr auf, er ist aufgefahren

die **Auf|fahrt** Ⓝ, die Auffahrten

**auf|fal|len**, sie fällt auf, sie fiel auf, sie ist aufgefallen

**auf|fal|lend** Ⓝ

**auf|fäl|lig** Ⓝ

**auf|for|dern**, er fordert auf

die **Auf|for|de|rung**, die Aufforderungen

**auf|füh|ren** Ⓜ, sie führt auf

die **Auf|füh|rung** Ⓜ, die Aufführungen

die **Auf|ga|be**, die Aufgaben

der **Auf|gang**, die Aufgänge

**auf|ge|ben**, er gibt auf, er gab auf, er hat aufgegeben

**auf|ge|kratzt**

**auf|ge|regt** Ⓝ

**auf|grund** Ⓝ

**auf|hän|gen** Ⓝ, sie hängt auf

**auf|hö|ren**, er hört auf

**auf|klä|ren** Ⓝ, sie klärt auf

die **Auf|klä|rung** Ⓝ

**auf|kle|ben**, er klebt auf

der **Auf|kle|ber**, die Aufkleber

die **Auf|lö|sung**, die Auflösungen

**auf|merk|sam**

die **Auf|merk|sam|keit**

die **Auf|nah|me** Ⓝ, die Aufnahmen

**auf|pas|sen**, sie passt auf

der **Auf|prall** Ⓜ

**auf|pral|len**, er prallt auf

**auf|räu|men** Ⓝ sie räumt auf

**auf|recht**

sich **auf|re|gen**, er regt sich auf

**auf|re|gend** Ⓝ

die **Auf|re|gung**, die Aufregungen

der **Auf|ruhr** Ⓜ

**aufs** *(= auf das)*
aufs Gymnasium gehen

**auf|säs|sig** Ⓜ
*Ein aufsässiger Mensch stiftet gerne Unruhe, indem er nicht gehorcht und ständig widerspricht.*

der **Auf|satz**, die Aufsätze

der **Auf|schnitt** Ⓝ

der **Auf|schub** Ⓝ, die Aufschübe
das **Auf|se|hen**
die **Auf|sicht**
der **Auf|stand** Ⓝ, die Aufstände
**auf|ste|hen** Ⓝ, sie steht auf, sie stand auf, sie ist aufgestanden
der **Auf|stieg** Ⓝ, die Aufstiege
**auf|tei|len**, er teilt auf
die **Auf|tei|lung**
der **Auf|trag** Ⓝ, die Aufträge
**auf|tre|ten**, sie tritt auf, sie trat auf, sie ist aufgetreten
der **Auf|trieb** Ⓜ
der **Auf|tritt** Ⓝ, die Auftritte
der **Auf|wand** Ⓜ
**aufwändig** Ⓜ *oder* **aufwendig**
**auf|wärts** Ⓜ
**auf|we|cken**, er weckt auf
**auf|wen|dig** *oder* **aufwändig**
**Auf Wie|der|se|hen!**
**auf|zäh|len** Ⓝ, sie zählt auf
die **Auf|zäh|lung** Ⓝ, die Aufzählungen
**auf|zeich|nen**, er zeichnet auf
die **Auf|zeich|nung**, die Aufzeichnungen
der **Auf|zug** Ⓝ, die Aufzüge
das **Au|ge**, die Augen
der **Au|gen|blick**, die Augenblicke
**au|gen|blick|lich**
die **Au|gen|braue**, die Augenbrauen
das **Au|gen|lid** Ⓝ, die Augenlider
**au|gen|zwin|kernd** Ⓝ
der **Au|gust**
die **Auk|ti|on** Ⓜ, die Auktionen
**aus**
**aus|bes|sern**, sie bessert aus
**aus|beu|ten**, er beutet aus
die **Aus|beu|tung**
**aus|bil|den**, sie bildet aus
die **Aus|bil|dung**, die Ausbildungen
der **Aus|blick**, die Ausblicke
**aus|bre|chen**, er bricht aus, er brach aus, er ist ausgebrochen
der **Aus|bre|cher**, die Ausbrecher
die **Aus|bre|che|rin**, die Ausbrecherinnen
der **Aus|bruch**, die Ausbrüche
die **Aus|dau|er**
sich **aus|deh|nen** Ⓝ es dehnt sich aus
sich **aus|den|ken**, sie denkt sich aus, sie dachte sich aus, sie hat sich ausgedacht
der **Aus|druck**, die Ausdrücke
**aus|dru|cken**, er druckt aus
**aus|drü|cken**, sie drückt aus
**aus|drück|lich**
**aus|drucks|voll** Ⓜ
**aus|ei|nan|der**
auseinanderbrechen
auseinander sein
die **Aus|ei|nan|der|set|zung**, die Auseinandersetzungen
die **Aus|fahrt** Ⓝ, die Ausfahrten
**aus|fal|len**, es fällt aus, es fiel aus, es ist ausgefallen
**aus|flip|pen**, sie flippt aus
der **Aus|flug** Ⓝ, die Ausflüge
**aus|führ|lich** Ⓜ
die **Aus|ga|be**, die Ausgaben
der **Aus|gang**, die Ausgänge
**aus|ge|fal|len**
*Ausgefallen ist ein anderes Wort für ungewöhnlich.*

Ⓝ Nachdenkwort (Verlängern? Verwandtes Wort? qu, sp oder st?)

**aus|ge|hen**, er geht aus, er ging aus, er ist ausgegangen
**aus|ge|rech|net**
**aus|ge|zeich|net**
**aus|gie|big** Ⓝ
die **Aus|gra|bung**, die Ausgrabungen
der **Aus|guss** Ⓝ, die Ausgüsse
die **Aus|kunft**, die Auskünfte
das **Aus|land** Ⓝ
der **Aus|län|der** Ⓝ, die Ausländer
die **Aus|län|de|rin** Ⓝ, die Ausländerinnen
**aus|län|disch** Ⓝ
**aus|las|sen**, sie lässt aus, sie ließ aus, sie hat ausgelassen
der **Aus|laut**, die Auslaute
**aus|lee|ren** Ⓝ, er leert aus
**aus|lei|hen**, sie leiht aus, sie lieh aus, sie hat ausgeliehen
**aus|lo|sen**, er lost aus
die **Aus|lo|sung**, die Auslosungen
die **Aus|nah|me** Ⓝ, die Ausnahmen
**aus|nahms|wei|se** Ⓝ
der **Aus|puff** Ⓝ, die Auspuffe
**aus|ras|ten**, sie rastet aus
die **Aus|re|de**, die Ausreden
**aus|rei|chend** Ⓝ
die **Aus|rei|se**
**aus|rei|ßen** ➔ Kasten rechts!
der **Aus|rei|ßer** Ⓝ, die Ausreißer
die **Aus|rei|ße|rin** Ⓝ, die Ausreißerinnen
der **Aus|ruf**, die Ausrufe
**aus|ru|fen**, sie ruft aus, sie rief aus, sie hat ausgerufen
das **Aus|ru|fe|zei|chen**, die Ausrufezeichen
sich **aus|ru|hen**, er ruht sich aus
die **Aus|rüs|tung**, die Ausrüstungen

die **Aus|saat** Ⓝ
**aus|sä|en** Ⓝ, sie sät aus
die **Aus|sa|ge**, die Aussagen
**aus|sa|gen**, er sagt aus
**aus|schei|den**, sie scheidet aus, sie schied aus, sie ist ausgeschieden
der **Aus|schlag** Ⓝ, die Ausschläge
**aus|schlie|ßen** Ⓝ, er schließt aus, er schloss aus, er hat ausgeschlossen
**aus|schließ|lich** Ⓝ
**aus|schnei|den**, sie schneidet aus, sie schnitt aus, sie hat ausgeschnitten
der **Aus|schnitt** Ⓝ, die Ausschnitte
**aus|se|hen**, er sieht aus, er sah aus, er hat ausgesehen
das **Aus|se|hen**
**au|ßen** Ⓜ
der **Au|ßen|sei|ter** Ⓝ, die Außenseiter
die **Au|ßen|sei|te|rin** Ⓝ, die Außenseiterinnen
**au|ßer** Ⓜ
**au|ßer|dem** Ⓝ

**Beachte den Unterschied!**

**aus|rei|ßen** Ⓝ
*(= herausreißen)*
er reißt aus,
er riss aus,
er hat ausgerissen

**aus|rei|ßen** Ⓝ
*(= weglaufen)*
sie reißt aus,
sie riss aus,
sie ist ausgerissen

# Au bis Ax

**au|ßer|ge|wöhn|lich** Ⓝ
**au|ßer|halb** Ⓝ
**au|ßer|ir|disch** Ⓝ
**äu|ßer|lich** Ⓝ
sich **äu|ßern** Ⓜ, sie äußert sich
die **Äu|ße|rung** Ⓜ, die Äußerungen
die **Aus|sicht**, die Aussichten
**aus|sichts|los**
die **Aus|spra|che** Ⓝ, die Aussprachen
**aus|spre|chen** Ⓝ, er spricht aus, er sprach aus, er hat ausgesprochen
die **Aus|stat|tung** Ⓝ, die Ausstattungen
**aus|stei|gen** Ⓝ, sie steigt aus, sie stieg aus, sie ist ausgestiegen
der **Aus|stei|ger** Ⓝ, die Aussteiger
die **Aus|stei|ge|rin** Ⓝ, die Aussteigerinnen
**aus|stel|len** Ⓝ, er stellt aus
die **Aus|stel|lung** Ⓝ, die Ausstellungen
**Aus|tra|li|en**
**aus|tra|lisch**
**aus|trick|sen**, sie trickst aus
**aus|trin|ken**, er trinkt aus, er trank aus, er hat ausgetrunken
der **Aus|ver|kauf** Ⓝ
**aus|ver|kauft** Ⓝ
die **Aus|wahl** Ⓝ
**aus|wäh|len** Ⓝ, er wählt aus
der **Aus|wan|de|rer**, die Auswanderer
die **Aus|wan|de|rin**, die Auswanderinnen
**aus|wan|dern** sie wandert aus
**aus|wärts** Ⓜ das Auswärtsspiel
**aus|wech|seln** Ⓝ er wechselt aus
der **Aus|weg** Ⓝ, die Auswege
**aus|weg|los** Ⓝ
der **Aus|weis**, die Ausweise
**aus|wen|dig** Ⓝ etwas auswendig lernen
**aus|wer|ten**, sie wertet aus
die **Aus|wer|tung**, die Auswertungen
die **Aus|wir|kung**, die Auswirkungen
die **Aus|zah|lung** Ⓝ, die Auszahlungen
die **Aus|zeich|nung**, die Auszeichnungen
**aus|zie|hen** (= *eine Wohnung verlassen*), er zieht aus, er zog aus, er ist ausgezogen
sich **aus|zie|hen** (= *Kleidung ablegen*), er zieht sich aus, er zog sich aus, er hat sich ausgezogen
der **Aus|zu|bil|den|de** *oder* die **Auszubildende**, die Auszubildenden
der **Aus|zug** Ⓝ, die Auszüge
das **Au|to**, die Autos Auto fahren die Autobahn
das **Au|to|gramm** Ⓝ, die Autogramme
der **Au|to|mat**, die Automaten
**au|to|ma|tisch**
der **Au|tor**, die Autoren
die **Au|to|rin**, die Autorinnen

## Av

die **Avo|ca|do** Ⓜ, die Avocados

## Ax

die **Axt**, die Äxte



Ⓝ Nachdenkwort (Verlängern? Verwandtes Wort? qu, sp oder st?)

# Bb

## Ba

das **Ba|by** Ⓜ, die Babys

der **Bach**, die Bäche

die **Ba|cke**, die Backen

**ba|cken**, er backt *oder* bäckt

der **Ba|cken|zahn**, die Backen-zähne

der **Bä|cker** Ⓝ, die Bäcker

die **Bä|cke|rei** Ⓝ, die Bäckereien

die **Bä|cke|rin** Ⓝ, die Bäckerinnen

der **Back|ofen**, die Backöfen

sie **backt** (➔ backen)

das **Bad** Ⓝ, die Bäder

der **Ba|de|an|zug**, die Badeanzüge

die **Ba|de|ho|se**, die Badehosen

**ba|den**, sie badet

**Ba|den-Würt|tem|berg**

die **Ba|de|wan|ne**, die Bade-wannen

das **Ba|de|zim|mer**, die Bade-zimmer

der **Bag|ger**, die Bagger

das **Ba|guette** Ⓜ, die Baguettes

die **Bahn** Ⓜ, die Bahnen
der Bahnhof
der Bahnsteig

die **Bak|te|rie**, die Bakterien

die **Ba|lan|ce** Ⓜ

**ba|lan|cie|ren** Ⓜ, er balanciert

**bald** Ⓜ

der **Bal|ken**, die Balken

der **Bal|kon**, die Balkons *oder* Balkone

der **Ball** Ⓝ, die Bälle
Ball spielen

die **Bal|le|ri|na**, die Ballerinen

das **Bal|lett** Ⓜ, die Ballette
der Balletttänzer
die Balletttänzerin

der **Bal|lon** Ⓜ, die Ballons

die **Ba|na|ne**, die Bananen

**Beachte den Unterschied!**

das **Band** Ⓝ *(= zum Binden)*, die Bänder

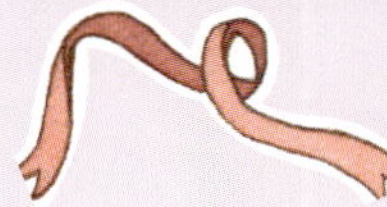

der **Band** Ⓝ *(= Buch)*, die Bände

die **Band** Ⓜ *(= Musikgruppe)*, die Bands

die **Ban|de**, die Banden

die **Bän|de** Ⓝ (➔ der Band)

die **Bän|der** Ⓝ (➔ das Band)

der **Ban|dit** Ⓜ, die Banditen

**ban|ge**

die **Bank** *(= zum Sitzen)*, die Bänke

die **Bank** *(= z. B. die Sparkasse)*, die Banken

**bar** bezahlen

die **Bar**, die Bars

der **Bär** Ⓜ, die Bären

**bar|fuß** Ⓜ

das **Bar|geld** Ⓜ

**barm|her|zig** Ⓝ

das **Ba|ro|me|ter**, die Barometer

der **Barsch**, die Barsche

der **Bart**, die Bärte

der **Ba|sar**, die Basare

das **Ba|si|li|kum** Ⓜ

a b c d e f g h i j k l m n o p q r s t u v w x y z

# Ba bis Be

der **Bas|ket|ball** Ⓝ, die Basketbälle
Basketball spielen
der **Bass** Ⓝ, die Bässe
der **Bast**
**bas|teln**, sie bastelt
er **bat** (➔ bitten)
die **Bat|te|rie**, die Batterien
der **Bau** *(= Tierhöhle)*, die Baue
der **Bau** *(= Gebäude)*, die Bauten
der Bauarbeiter
die Bauarbeiterin
der **Bauch**, die Bäuche
**bauch|frei**
der **Bauch|na|bel**
das **Bauch|weh** Ⓜ
**bau|en**, er baut
der **Bau|er**, die Bauern
der **Bau|er** *oder* das **Bauer** *(= Vogelbauer)*, die Bauer
die **Bäu|e|rin** Ⓝ, die Bäuerinnen
der **Bau|ern|hof**, die Bauernhöfe
der **Baum**, die Bäume
die Baumkrone
der Baumstamm
die **Baum|wol|le**
die **Bau|stel|le**, die Baustellen
**Bay|ern** Ⓜ

## Be

**be|ach|ten**, sie beachtet
der **Be|am|te**, die Beamten
die **Be|am|tin**, die Beamtinnen
der **Be|cher**, die Becher
das **Be|cken**, das Becken
sich **be|dan|ken**, er bedankt sich
**be|dau|ern**, sie bedauert
**be|deu|ten**, es bedeutet
die **Be|deu|tung**, die Bedeutungen
**be|die|nen**, er bedient
die **Be|die|nung**
die **Be|din|gung**, die Bedingungen
**be|dro|hen**, sie bedroht
die **Be|dro|hung**, die Bedrohungen
sich **be|ei|len**, er beeilt sich
**be|en|den**, sie beendet
**be|er|di|gen**, er beerdigt
die **Be|er|di|gung**, die Beerdigungen
die **Bee|re** Ⓜ, die Beeren
das **Beet** Ⓜ, die Beete
sie **be|fahl** Ⓜ (➔ befehlen)
der **Be|fehl** Ⓜ, die Befehle
**be|feh|len** Ⓜ, sie befiehlt, sie befahl, sie hat befohlen
**be|fes|ti|gen**, er befestigt
sich **be|fin|den**, sie befindet sich, sie befand sich, sie hat sich befunden
**be|foh|len** Ⓜ (➔ befehlen)
**be|frei|en**, er befreit
**be|freun|det**
**be|frie|di|gend**
**be|fruch|ten**
das Ei wird befruchtet
**be|gabt** Ⓝ
die **Be|ga|bung**, die Begabungen
sie **be|gann** Ⓝ (➔ beginnen)
**be|geg|nen** Ⓜ, sie begegnet
die **Be|geg|nung** Ⓜ, die Begegnungen
**be|geis|tern**, er begeistert
**be|geis|tert**
die **Be|geis|te|rung**
**be|gin|nen**, sie beginnt, sie begann, sie hat begonnen
**be|glei|ten**, er begleitet
der **Be|glei|ter**, die Begleiter
die **Be|glei|te|rin**, die Begleiterinnen
**be|gon|nen** (➔ beginnen)
**be|grei|fen**, sie begreift, sie begriff, sie hat begriffen
der **Be|griff** Ⓝ, die Begriffe



Ⓝ Nachdenkwort (Verlängern? Verwandtes Wort? qu, sp oder st?)

**be|grün|den**, er begründet
die **Be|grün|dung**, die Begründungen
**be|grü|ßen** Ⓜ, sie begrüßt
die **Be|grü|ßung** Ⓜ, die Begrüßungen
**be|hal|ten**, er behält, er behielt, er hat behalten
der **Be|häl|ter** Ⓝ, die Behälter
**be|han|deln**, sie behandelt
**be|haup|ten**, er behauptet
die **Be|haup|tung**, die Behauptungen
**be|herr|schen**, sie beherrscht
**be|hilf|lich**
**be|hin|dern**, er behindert
**be|hin|dert**
der **Be|hin|der|te** *oder* die **Behin-derte**, die Behinderten
die **Be|hin|de|rung**, die Behinderungen
die **Be|hör|de**, die Behörden
**be|hut|sam**
**bei**
**beich|ten**, er beichtet
*Wenn du etwas beichtest, dann gibst du zu, dass du an etwas Schuld hast.*

**bei|de**
**bei|ei|nan|der**
der **Bei|fall** Ⓜ
das **Beil**, die Beile
**beim** *(= bei dem)* beim Essen
das **Bein**, die Beine
**bei|sam|men** beisammenbleiben
**bei|sei|te** beiseitelegen
das **Bei|spiel** Ⓝ, die Beispiele
**bei|ßen** Ⓜ, sie beißt, sie biss, sie hat gebissen
er **be|kam** (➔ bekommen)
**be|kannt** Ⓝ bekannt machen
der **Be|kann|te** Ⓝ *oder* die **Be-kannte**, die Bekannten
die **Be|kannt|schaft** Ⓝ, die Bekanntschaften
sich **be|kle|ckern** er bekleckert sich
die **Be|klei|dung**
**be|kom|men**, sie bekommt, sie bekam, sie hat bekommen
**be|läs|ti|gen** Ⓝ, er belästigt
**be|lei|di|gen**, sie beleidigt
die **Be|lei|di|gung**, die Beleidigungen
die **Be|leuch|tung**
**Bel|gi|en**
der **Bel|gi|er**, die Belgier
die **Bel|gie|rin**, die Belgierinnen
**bel|gisch**
**be|liebt** Ⓝ
**bel|len**, der Hund bellt
**be|loh|nen** Ⓜ, sie belohnt
die **Be|loh|nung** Ⓜ, die Belohnungen
**be|mer|ken**, er bemerkt
die **Be|mer|kung**, die Bemerkungen
sich **be|mü|hen**, sie bemüht sich
**be|nach|rich|ti|gen** er benachrichtigt
sich **be|neh|men** Ⓜ, sie benimmt sich, sie benahm sich, sie hat sich benommen

**be|nei|den**, er beneidet
**be|nö|ti|gen**, sie benötigt
**be|nut|zen**, er benutzt
das **Ben|zin**
**be|ob|ach|ten**, sie beobachtet
die **Be|ob|ach|tung**, die Beobachtungen
**be|quem** Ⓝ
**be|ra|ten**, er berät, er beriet, er hat beraten
der **Be|reich**, die Bereiche
**be|reit**
sich bereit erklären
**be|reits**
**be|reu|en**, sie bereut
der **Berg** Ⓝ, die Berge
**berg|ab** Ⓜ
**berg|auf** Ⓝ
**ber|gen**, er birgt, er barg, er hat geborgen
**ber|gig** Ⓝ
der **Berg|stei|ger** Ⓝ, die Bergsteiger
die **Berg|stei|ge|rin** Ⓝ, die Bergsteigerinnen
das **Berg|werk** Ⓝ, die Bergwerke
der **Be|richt**, die Berichte
**be|rich|ten**, sie berichtet
**be|rich|ti|gen**, er berichtigt
sie **be|riet** (➔ beraten)
**Ber|lin** Ⓜ
**be|rück|sich|ti|gen** sie berücksichtigt
der **Be|ruf**, die Berufe
**be|rufs|tä|tig** Ⓝ
**be|ru|hi|gen**, er beruhigt
**be|rühmt** Ⓜ
**be|rüh|ren** Ⓜ, sie berührt
die **Be|rüh|rung** Ⓜ, die Berührungen
er **be|saß** Ⓜ (➔ besitzen)
**be|schä|di|gen** Ⓝ er beschädigt
sich **be|schäf|ti|gen** Ⓝ sie beschäftigt sich
die **Be|schäf|ti|gung** Ⓝ, die Beschäftigungen
der **Be|scheid** Ⓝ, die Bescheide
**be|schei|den**
die **Be|schei|ni|gung**, die Bescheinigungen
die **Be|sche|rung**, die Bescherungen
**be|schimp|fen**, er beschimpft
die **Be|schimp|fung**, die Beschimpfungen
**be|schleu|ni|gen** sie beschleunigt
die **Be|schleu|ni|gung**
**be|schlie|ßen** Ⓜ er beschließt, er beschloss, er hat beschlossen
der **Be|schluss** Ⓝ, die Beschlüsse
**be|schrei|ben**, sie beschreibt, sie beschrieb, sie hat beschrieben
die **Be|schrei|bung**, die Beschreibungen
sie **be|schrieb** Ⓝ (➔ beschreiben)
**be|schrie|ben** (➔ beschreiben)
**be|schul|di|gen**, er beschuldigt
die **Be|schul|di|gung**, die Beschuldigungen
**be|schüt|zen**, sie beschützt
die **Be|schwer|de**, die Beschwerden
sich **be|schwe|ren** er beschwert sich
**be|sei|ti|gen**, sie beseitigt
der **Be|sen**, die Besen



Ⓝ Nachdenkwort (Verlängern? Verwandtes Wort? qu, sp oder st?)

**be|ses|sen**

*Wenn man von einer Sache besessen ist, dann kann man an nichts anderes denken. Man ist von dieser Sache beherrscht.*

**be|setzt**

**be|sich|ti|gen**, er besichtigt

die **Be|sich|ti|gung**, die Besichtigungen

**be|sit|zen**, sie besitzt, sie besaß, sie hat besessen

der **Be|sit|zer**, die Besitzer

die **Be|sit|ze|rin**, die Besitzerinnen

**be|son|ders**

**be|sor|gen**, er besorgt

**be|sorgt** Ⓝ

**be|spre|chen**, sie bespricht, sie besprach, sie hat besprochen

**bes|ser**

**be|stä|ti|gen** Ⓜ, er bestätigt

**be|stäu|ben** Ⓜ die Biene bestäubt

die **Be|stäu|bung** Ⓜ, die Bestäubungen

das **Be|steck** Ⓝ, die Bestecke

**be|ste|hen** Ⓝ, er besteht, er bestand, er hat bestanden

**be|stel|len** Ⓝ, sie bestellt

die **Be|stel|lung** Ⓝ, die Bestellungen

**bes|ten**

die **Bes|tie**, die Bestien

**be|stim|men** Ⓝ, er bestimmt

**be|stimmt** Ⓜ

**be|stra|fen** Ⓝ, sie bestraft

die **Be|stra|fung** Ⓝ, die Bestrafungen

der **Be|such**, die Besuche

**be|su|chen**, er besucht

der **Be|su|cher**, die Besucher

die **Be|su|che|rin**, die Besucherinnen

sich **be|tei|li|gen**, sie beteiligt sich

**be|ten**, er betet

der **Be|ton** Ⓜ

**be|to|nen**, sie betont

die **Be|to|nung**, die Betonungen

**be|trach|ten**, er betrachtet

der **Be|trag** Ⓝ, die Beträge

**be|tra|gen**, es beträgt, es betrug, es hat betragen

der **Be|trieb** Ⓝ, die Betriebe

**be|trü|gen**, sie betrügt, sie betrog, sie hat betrogen

der **Be|trü|ger**, die Betrüger

die **Be|trü|ge|rin**, die Betrügerinnen

**be|trun|ken**

das **Bett** Ⓝ, die Betten

**bet|teln**, er bettelt

der **Bett|ler** Ⓝ, die Bettler

die **Bett|le|rin** Ⓝ, die Bettlerinnen

die **Beu|le**, die Beulen

die **Beu|te**

der **Beu|tel**, die Beutel

die **Be|völ|ke|rung** Ⓜ

**be|vor** Ⓜ

**be|vor|zu|gen** Ⓜ sie bevorzugt

**be|waff|net** Ⓝ

**be|we|gen**, er bewegt

der **Be|weis**, die Beweise

**be|wei|sen**, sie beweist, sie bewies, sie hat bewiesen

**be|wer|ben**, er bewirbt sich, er bewarb sich, er hat sich beworben

Ⓜ Merkwort (Keine Regel, merke dir das Wort!)

die **Be|wer|bung**, die Bewerbungen
**be|wies** (→ beweisen)
**be|wie|sen** (→ beweisen)
**be|woh|nen** Ⓜ, sie bewohnt
der **Be|woh|ner** Ⓜ, die Bewohner
die **Be|woh|ne|rin** Ⓜ, die Bewohnerinnen
**be|wölkt**
**be|wun|dern**, er bewundert
die **Be|wun|de|rung**
**be|wusst** Ⓝ
**be|wusst|los** Ⓝ
das **Be|wusst|sein** Ⓝ
**be|zah|len** Ⓜ, sie bezahlt
**be|zau|bernd**
der **Be|zirk**, die Bezirke
der **Be|zug** Ⓝ, die Bezüge

## Bi

die **Bi|bel** Ⓜ, die Bibeln
der **Bi|ber** Ⓜ, die Biber
die **Bi|blio|thek** Ⓜ, die Bibliotheken
**bie|gen**, er biegt, er bog, er hat gebogen
die **Bie|ne**, die Bienen
das **Bier**, die Biere
das **Biest**, die Biester
**bie|ten**, sie bietet, sie bot, sie hat geboten
der **Bi|ki|ni** Ⓜ, die Bikinis
das **Bild**, die Bilder
**bil|den**, er bildet
das **Bil|lett** *(= Eintrittskarte, Grußkarte)*, die Billetts *oder* Billette
**bil|lig** Ⓝ
ich **bin** (→ sein)
**bin|den**, sie bindet, sie band, sie hat gebunden
die **Bio|lo|gie**
**bio|lo|gisch**
die **Bio|ton|ne**, die Biotonnen
das **Bio|top**, die Biotope
die **Bir|ke**, die Birken
die **Bir|ne**, die Birnen
**bis** Ⓜ, bis bald
der **Bi|schof**, die Bischöfe
die **Bi|schö|fin**, die Bischöfinnen
**bis|her** Ⓜ
sie **biss** Ⓜ (→ beißen)
der **Biss** Ⓝ, die Bisse
ein **biss|chen** Ⓜ
**bis|sig** Ⓝ
du **bist** (→ sein)
**bit|te**
die **Bit|te**, die Bitten
**bit|ten**, er bittet, er bat, er hat gebeten
**bit|ter**

## Bl

die **Bla|ma|ge** Ⓜ, die Blamagen

*Wenn dir etwas passiert, für das du dich schämst oder das dir peinlich ist, nennt man es eine Blamage.*

sich **bla|mie|ren**, sie blamiert sich
**blank**
das **Bläs|chen** Ⓝ, die Bläschen
die **Bla|se**, die Blasen
**bla|sen**, er bläst, er blies, er hat geblasen
das **Blas|in|stru|ment**, die Blasinstrumente
**blass** Ⓝ
er **bläst** Ⓝ (→ blasen)
das **Blatt** Ⓝ, die Blätter



Ⓝ Nachdenkwort (Verlängern? Verwandtes Wort? qu, sp oder st?)

**blät|tern** Ⓝ, sie blättert
**blau**
die **Blau|bee|re** Ⓜ *(= Heidelbeere)*, die Blaubeeren
das **Blau|kraut** *(= Rotkohl)*
das **Blech**, die Bleche
das **Blei**
**blei|ben**, er bleibt, er blieb, er ist geblieben
**bleich**
der **Blei|stift** Ⓝ, die Bleistifte
**blen|den**, das Licht blendet
der **Blick**, die Blicke
**bli|cken**, sie blickt
er **blieb** Ⓝ (➔ bleiben)
sie **blies** (➔ blasen)
**blind** Ⓝ
der **Blind|darm** Ⓝ
der **Blin|de** *oder* die **Blinde**, die Blinden
die **Blind|schlei|che** Ⓝ, die Blindschleichen
**blin|ken**, er blinkt
der **Blin|ker**, die Blinker
das **Blink|licht**, die Blinklichter
**blin|zeln**, sie blinzelt
der **Blitz**, die Blitze
**blit|zen**, es blitzt
das **Blitz|licht**, die Blitzlichter
**blitz|schnell** Ⓝ
der **Block**, die Blocks *oder* Blöcke
**blöd** Ⓝ
der **Blöd|sinn** Ⓜ
**blond** Ⓝ
**bloß** Ⓜ
**blü|hen**, die Rose blüht
die **Blu|me**, die Blumen
der Blumenkohl
der Blumenstrauß
die **Blu|se**, die Blusen
das **Blut**
die **Blü|te**, die Blüten
**blu|ten**, er blutet
**blu|tig** Ⓝ

## Bo

der **Bob** Ⓜ, die Bobs
die Bobbahn
der **Bock**, die Böcke
**bo|ckig** Ⓝ
der **Bo|den**, die Böden
er **bog** Ⓝ (➔ biegen)
der **Bo|gen**, die Bogen *oder* Bögen
die **Boh|ne** Ⓜ, die Bohnen
**boh|ren** Ⓜ, sie bohrt
der **Boh|rer** Ⓜ, die Bohrer
die **Bohr|ma|schi|ne** Ⓜ, die Bohrmaschinen
der **Boi|ler** Ⓜ, die Boiler
die **Bo|je**, die Bojen
die **Bom|be**, die Bomben
das **Bon|bon** Ⓜ *oder* der **Bonbon**, die Bonbons
das **Boot** Ⓜ, die Boote
an **Bord** gehen
der **Bord|stein** Ⓜ, die Bordsteine
**bor|gen**, sie borgt
die **Bör|se**, die Börsen
die **Bors|te**, die Borsten
**bös|ar|tig** Ⓝ
die **Bö|schung**, die Böschungen
**bö|se** *oder* **bös**
der **Bö|se|wicht**, die Bösewichte
**bos|haft**
die **Bos|heit**, die Bosheiten
**Bos|ni|en-Her|ze|go|wi|na**
**bos|nisch**
der **Boss** Ⓝ, die Bosse
der **Bo|te**, die Boten
die **Bo|tin**, die Botinnen
die **Bot|schaft**, die Botschaften
die **Bou|tique** Ⓜ, die Boutiquen
**bo|xen**, er boxt
der **Bo|xer**, die Boxer

# Bo bis Br

die **Bo|xe|rin**, die Boxerinnen

## Br

sie **brach** (➔ brechen)
er **brach|te** (➔ bringen)
der **Brand** Ⓝ, die Brände
**Bran|den|burg**
die **Brand|stif|tung** Ⓝ
die **Bran|dung**
sie **brann|te** Ⓝ (➔ brennen)
**bra|ten**, sie brät, sie briet, sie hat gebraten
der **Bra|ten**, die Braten
die **Brat|kar|tof|feln**
die **Brat|wurst**, die Bratwürste
der **Brauch**, die Bräuche
**brauch|bar**
**brau|chen**, er braucht
die **Brau|e|rei**, die Brauereien
**braun**
die **Brau|se**, die Brausen
**brau|sen**, der Wind braust
die **Braut**, die Bräute
der **Bräu|ti|gam** Ⓝ, die Bräutigame
das **Braut|kleid** Ⓝ, die Brautkleider
das **Braut|paar** Ⓜ, die Brautpaare
**brav** Ⓜ
**bra|vo!** Ⓜ
**bre|chen**, sie bricht, sie brach, sie hat gebrochen
der **Brei**, die Breie
**breit**
die **Brei|te**, die Breiten
der Breitengrad
sich **breit|ma|chen**
er macht sich breit
**Bre|men**
die **Brem|se**, die Bremsen
**brem|sen**, sie bremst
das **Brems|pe|dal**, die Bremspedale
**bren|nen**, es brennt, es brannte, es hat gebrannt
die **Brenn|nes|sel** Ⓜ, die Brennnesseln
das **Brett** Ⓝ, die Bretter
die **Bre|zel**, die Brezeln
sie **bricht** (➔ brechen)
der **Brief**, die Briefe
der Briefkasten
die Briefmarke
der Briefträger
die Briefträgerin
er **briet** (➔ braten)
die **Bril|le**, die Brillen
**brin|gen**, er bringt, er brachte, er hat gebracht
die **Bri|se** Ⓜ, die Brisen
der **Broc|co|li** Ⓜ *oder* der **Brok|ko|li**
**brö|cke|lig** Ⓝ *oder* **bröck|lig**
**brö|ckeln**, es bröckelt
**bro|deln**, es brodelt
der **Brok|ko|li** Ⓜ
die **Brom|bee|re** Ⓜ, die Brombeeren
die **Bron|chi|tis** Ⓜ
die **Bron|ze** Ⓜ
die Bronzemedaille
die **Bro|sche**, die Broschen
der **Brö|sel**, die Brösel
das **Brot**, die Brote
das **Bröt|chen**, die Brötchen
die **Brot|zeit** *(= kleine Mahlzeit)*
der **Bruch**, die Brüche
**brü|chig** Ⓝ
die **Brü|cke**, die Brücken
der **Bru|der**, die Brüder
**brü|der|lich**
die **Brü|he**, die Brühen
**brül|len**, sie brüllt



Ⓝ Nachdenkwort (Verlängern? Verwandtes Wort? qu, sp oder st?)

**brum|men**, er brummt
der **Brun|nen**, die Brunnen
die **Brust**, die Brüste
die Brustwarze
die **Brut**
**bru|tal**
die **Bru|ta|li|tät**, die Brutalitäten
**brü|ten**, die Amsel brütet
der **Brut|kas|ten**, die Brutkästen
**brut|zeln**, das Fleisch brutzelt

## Bu

der **Bub** Ⓝ *oder* der **Bube**, die Buben
das **Buch**, die Bücher
die **Bu|che**, die Buchen
die **Buch|ecker**
die **Bü|che|rei**, die Büchereien
der **Bü|cher|wurm**, die Bücher-würmer
die **Buch|hand|lung**, die Buch-handlungen
die **Büch|se** Ⓜ, die Büchsen
der **Buch|sta|be** Ⓝ, die Buchstaben
**buch|sta|bie|ren** Ⓝ er buchstabiert
die **Bucht**, die Buchten
der **Bu|ckel**, die Buckel
**bu|cke|lig** Ⓝ *oder* **buck|lig**
sich **bü|cken**, sie bückt sich
**bud|deln**, er buddelt
**Bud|dha** Ⓜ *(= Gründer des Buddhismus)*
der **Bud|dhis|mus** Ⓜ *(= Religion)*
der **Bud|dhist** Ⓜ, die Buddhisten
die **Bud|dhis|tin** Ⓜ, die Buddhistinnen
**bud|dhis|tisch** Ⓜ
die **Bu|de**, die Buden
der **Bü|gel**, die Bügel
das **Bü|gel|ei|sen**, die Bügeleisen
**bü|geln**, sie bügelt
der **Bug|gy** Ⓜ, die Buggys
die **Büh|ne** Ⓜ, die Bühnen
der **Bul|ga|re**, die Bulgaren
**Bul|ga|ri|en**
die **Bul|ga|rin**, die Bulgarinnen
**bul|ga|risch**
der **Bul|le**, die Bullen
**bum|meln**, er bummelt

**Beachte den Unterschied!**

der **Bund** Ⓝ *(= Vereinigung)*, die Bünde

der **Bund** Ⓝ *(= Hosenbund)*, die Bünde

das **Bund** Ⓝ *(= kleiner Strauß)*, die Bunde
ein Bund Petersilie

das **Bün|del**, die Bündel
der **Bun|des|kanz|ler**, die Bundes-kanzler
die **Bun|des|kanz|le|rin**, die Bundeskanzlerinnen
die **Bun|des|li|ga**
der **Bun|des|prä|si|dent** Ⓜ, die Bundespräsidenten

die **Bun|des|prä|si|den|tin** Ⓜ, die Bundespräsidentinnen
die **Bun|des|re|gie|rung**
die **Bun|des|re|pub|lik** Ⓜ die Bundesrepublik Deutschland
das **Bünd|nis** Ⓝ, die Bündnisse
**bunt**, bunt gestreift
der **Bunt|stift**, die Buntstifte
die **Burg** Ⓝ, die Burgen
der **Bür|ger**, die Bürger
die **Bür|ge|rin**, die Bürgerinnen
der **Bür|ger|meis|ter**, die Bürgermeister
die **Bür|ger|meis|te|rin**, die Bürgermeisterinnen
der **Bür|ger|steig** Ⓜ, die Bürgersteige
das **Bü|ro**, die Büros
der **Bur|sche**, die Burschen
die **Bürs|te**, die Bürsten
**bürs|ten**, sie bürstet
der **Bus** Ⓜ, die Busse
der **Busch**, die Büsche
der **Bu|sen**, die Busen
der **Bus|fah|rer** Ⓜ, die Busfahrer
die **Bus|fah|re|rin** Ⓜ, die Busfahrerinnen
die **Bus|hal|te|stel|le** Ⓝ, die Bushaltestellen
der **Bus|sard** Ⓝ, die Bussarde
die **Bu|ße** Ⓜ *(= Reue)*, die Bußen
**bü|ßen** Ⓜ, er büßt
das **Buß|geld** Ⓜ, die Bußgelder
die **But|ter**
die **But|ter|blu|me**, die Butterblumen
**but|ter|weich**

### By

das **Byte** Ⓜ, die Bytes

# Cc

### Ca

das **Ca|brio** Ⓜ, die Cabrios
das **Ca|fé** Ⓜ, die Cafés
**cam|pen** Ⓜ, er campt
der **Cam|ping|platz** Ⓜ, die Campingplätze

### Cd

die **CD**, die CDs
der **CD-Play|er** Ⓜ, die CD-Player
die **CD-ROM** Ⓜ, die CD-ROMs

### Ce

das **Cel|lo** Ⓜ, die Cellos *oder* Celli
**Cel|si|us** Ⓜ 20 Grad Celsius (20 °C)
der **Cent** Ⓜ, die Cents

### Ch

das **Cha|mä|le|on** Ⓜ, die Chamäleons
der **Cham|pi|gnon** Ⓜ, die Champignons
der **Cham|pi|on** Ⓜ, die Champions
die **Chan|ce** Ⓜ, die Chancen
das **Cha|os** Ⓜ
**chao|tisch** Ⓜ
der **Cha|rak|ter** Ⓜ, die Charaktere
**cha|rak|te|ris|tisch** Ⓜ
der **Char|ter|flug** Ⓜ, die Charterflüge
die **Charts** Ⓜ



Ⓝ Nachdenkwort (Verlängern? Verwandtes Wort? qu, sp oder st?)

der **Chauf|feur** Ⓜ, die Chauffeure

*Chauffeur nennt man jemanden, dessen Beruf es ist, Fahrgäste im Auto oder Bus zu fahren.*

die **Chauf|feu|rin** Ⓜ, die Chauffeurinnen
**che|cken** Ⓜ, sie checkt
der **Chef** Ⓜ, die Chefs
die **Che|fin** Ⓜ, die Chefinnen
die **Che|mie** Ⓜ
der **Che|mi|ker** Ⓜ, die Chemiker
die **Che|mi|ke|rin** Ⓜ, die Chemikerinnen
**che|misch** Ⓜ
**chic** Ⓜ
der **Chi|co|rée** Ⓜ, die Chicorées
**Chi|na** Ⓜ
**chi|ne|sisch** Ⓜ
der **Chip** Ⓜ, die Chips
der **Chi|rurg** Ⓜ, die Chirurgen
die **Chi|rur|gin** Ⓜ, die Chirurginnen
der **Chor** Ⓜ, die Chöre
der **Christ** Ⓜ, die Christen
der Christbaum
das **Chris|ten|tum** Ⓜ
die **Chris|tin** Ⓜ, die Christinnen
das **Christ|kind** Ⓜ
der **Christ|kindl|markt** Ⓜ *(= Weihnachtsmarkt)*
**christ|lich** Ⓜ
der **Chris|tus** Ⓜ
die **Chro|nik** Ⓜ, die Chroniken

## Cl

**cle|ver** Ⓜ
die **Cli|que** Ⓜ, die Cliquen
der **Clown** Ⓜ, die Clowns
der **Club** Ⓜ, die Clubs

## Co

das **Cock|pit** Ⓜ, die Cockpits
die **Co|la** Ⓜ *oder* das **Co|la**, die Colas
der **Co|mic** Ⓜ, die Comics
der **Com|pu|ter** Ⓜ, die Computer
der **Con|tai|ner** Ⓜ, die Container
**cool** Ⓜ
die **Corn|flakes** Ⓜ
die **Couch** Ⓜ, die Couchs *oder* Couchen
das **Cous|cous** Ⓜ *oder* der **Cous-cous**
der **Cou|sin** Ⓜ, die Cousins
die **Cou|si|ne** Ⓜ, die Cousinen
der **Cow|boy** Ⓜ, die Cowboys

## Cr

die **Creme** Ⓜ, die Cremes
**cre|mig** Ⓜ
das **Crois|sant** Ⓜ, die Croissants

## Cu

das **Cur|ry** Ⓜ *oder* der **Cur|ry**, die Currys
die Currywurst
der **Cur|sor** Ⓜ, die Cursors

A B C D E F G H I J K L M N O P Q R S T U V W X Y Z

# Dd

**Da**
**da**, da sein
dableiben
**da|bei**, dabei sein
dabeibleiben
das **Dach**, die Dächer
der **Dachs** Ⓜ, die Dachse
sie **dach|te** (➔ denken)
der **Da|ckel**, die Dackel
**da|durch**
**da|für**
**da|ge|gen**
**da|heim**, daheim sein
daheimbleiben
**da|her**
**da|hin**
Wir können dahin gehen.
**da|hin|ter**
dahinterkommen
dahinterstecken
**da|mals**
die **Da|me**, die Damen
**da|mit**
**däm|lich** Ⓜ
der **Damm** Ⓝ, die Dämme
**däm|me|rig** Ⓜ *oder* **dämm|rig**
**däm|mern** Ⓜ, es dämmert
die **Däm|me|rung** Ⓜ
der **Dampf**, die Dämpfe
**damp|fen**, es dampft
**dämp|fen** Ⓝ, sie dämpft
der **Damp|fer**, die Dampfer
**da|nach**
der **Dä|ne** Ⓝ, die Dänen
**da|ne|ben**
danebengehen
**Dä|ne|mark** Ⓜ
die **Dä|nin** Ⓝ, die Däninnen
**dä|nisch** Ⓝ
**dank|bar**
die **Dank|bar|keit**
**dan|ke**
**dan|ken**, er dankt
**dann** Ⓜ
**da|ran**
daran denken, dass ...
**da|rauf**
drauflegen
darauf vertrauen, dass ...
**da|rauf|hin**
**da|raus**
er **darf** (➔ dürfen)
**da|rin**
der **Darm**, die Därme
**dar|stel|len** Ⓝ, sie stellt dar
der **Dar|stel|ler** Ⓝ, die Darsteller
die **Dar|stel|le|rin** Ⓝ, die Darstellerinnen
die **Dar|stel|lung** Ⓝ, die Darstellungen
**da|rü|ber**
darüberlegen
Lass uns darüber reden.
**da|rum**
**da|run|ter**
**das** Ⓜ, das Buch
**dass**
sie weiß, dass ...
**das|sel|be**
die **Da|tei**, die Dateien
die **Da|ten**
der **Da|tiv** Ⓜ (= *Wemfall*)
die **Dat|tel**, die Datteln
das **Da|tum**, die Daten
die **Dau|er**
**dau|er|haft**
**dau|ern**, es dauert
**dau|ernd** Ⓝ


Ⓝ Nachdenkwort (Verlängern? Verwandtes Wort? qu, sp oder st?)

die **Dau|er|wel|le**, die Dauerwellen
der **Dau|men**, die Daumen
die **Dau|ne**, die Daunen
**da|von** Ⓜ
das kommt davon
er ist davongekommen
**da|vor** Ⓜ
**da|zu**
dazugehören
**da|zwi|schen**

## De

das **Deck**, die Decks
die **De|cke**, die Decken
der **De|ckel**, die Deckel
**de|fekt**
der **De|fekt**, die Defekte
**de|fi|nie|ren**, sie definiert
die **De|fi|ni|ti|on** Ⓜ, die Definitionen
**deh|nen** Ⓜ, er dehnt
die **Deh|nung** Ⓜ, die Dehnungen
der **Deich**, die Deiche
**dein**, deine Schwester
**dei|net|we|gen**
die **De|ko|ra|ti|on** Ⓜ, die Dekorationen
**de|ko|rie|ren**, sie dekoriert
der **Del|fin** Ⓜ, die Delfine
die **Del|le**, die Dellen
der **Del|phin** Ⓜ, die Delphine
**dem**, auf dem Schrank
die **De|mo|kra|tie**, die Demokratien
**de|mo|kra|tisch**
der **De|mons|trant**, die Demonstranten
die **De|mons|tran|tin**, die Demonstrantinnen
die **De|mons|tra|ti|on** Ⓜ, die Demonstrationen
**de|mons|trie|ren**
er demonstriert

*Wenn Menschen lautstark und mit Spruchbändern öffentlich ihre Meinung sagen, dann demonstrieren sie.*

die **De|mut**
**de|mü|tig** Ⓝ
**de|mü|ti|gen**, sie demütigt
die **De|mü|ti|gung**, die Demütigungen
**den**, den Apfel essen
**de|nen**
Denen zeigen wir es!
**den|ken**, sie denkt, sie dachte, sie hat gedacht
das **Denk|mal**, die Denkmäler
**denn** Ⓜ, mehr denn je
Was ist das denn?
**den|noch**
das **Deo**, die Deos
die **De|po|nie**, die Deponien
der **Depp**, die Deppen
**der**, der Apfel
**der|ar|tig** Ⓝ
**derb** Ⓝ
**de|ren**, das ist deren Haus
**der|je|ni|ge**
**der|sel|be**
**des**, die Mutter des Jungen
**des|halb**
**des|in|fi|zie|ren**, er desinfiziert
**des|sen**, mein Freund und dessen Bruder

# De bis Di

**des|to**
je früher, desto besser

**des|we|gen**

das **De|tail** Ⓜ, die Details

der **De|tek|tiv** Ⓜ, die Detektive

die **De|tek|ti|vin** Ⓜ, die Detektivinnen

**deu|ten**, sie deutet

**deut|lich**

**deutsch**
ein deutsches Buch
sie spricht Deutsch
auf Deutsch

der **Deut|sche** *oder* die **Deut|sche**, die Deutschen

**Deutsch|land**

der **De|zem|ber**

## Di

das **Dia** Ⓜ, die Dias

die **Dia|gno|se** Ⓜ, die Diagnosen

**dia|go|nal** Ⓜ

der **Dia|lekt** Ⓜ, die Dialekte

der **Dia|mant** Ⓜ, die Diamanten

der **Dia|pro|jek|tor** Ⓝ, die Diaprojektoren

die **Di|ät** Ⓜ, die Diäten

**dich**, ich mag dich

**dicht**, dicht gedrängt
du musst dichthalten

**dich|ten**, er dichtet

der **Dich|ter**, die Dichter

die **Dich|te|rin**, die Dichterinnen

die **Dich|tung**, die Dichtungen

**dick**

das **Di|ckicht**, die Dickichte

**die**, die Frau

der **Dieb** Ⓝ, die Diebe

die **Die|bin**, die Diebinnen

der **Dieb|stahl** Ⓝ, die Diebstähle

**die|je|ni|ge**

die **Die|le**, die Dielen

**die|nen**, sie dient

der **Die|ner**, die Diener

die **Die|ne|rin**, die Dienerinnen

der **Dienst**, die Dienste

der **Diens|tag** Ⓝ, die Dienstage
am Dienstag
am Dienstagabend

**diens|tags** Ⓝ

**dies**

**die|se, die|ser, die|ses**
dieses Mal

der **Die|sel**

**die|sel|be**

**dies|mal**

**dies|seits**

die **Dif|fe|renz**, die Differenzen

**di|gi|tal** Ⓜ
die Digitalkamera

das **Dik|tat**, die Diktate

**dik|tie|ren**, sie diktiert

der **Dill** Ⓜ

das **Ding**, die Dinge

der **Di|no|sau|ri|er** Ⓜ, die Dinosaurier

**dir** Ⓜ, ich vertraue dir

**di|rekt** Ⓜ

der **Di|rek|tor** Ⓜ, die Direktoren

die **Di|rek|to|rin** Ⓜ, die Direktorinnen

der **Di|ri|gent** Ⓜ, die Dirigenten

die **Di|ri|gen|tin** Ⓜ, die Dirigentinnen

**di|ri|gie|ren** Ⓜ, er dirigiert

das **Dirndl**, die Dirndln

der **Disc|jo|ckey** Ⓜ *oder* der **Disk|jo|ckey**, die Discjockeys

die **Dis|co** Ⓜ, die Discos

die **Dis|ket|te**, die Disketten

der **Disk|jo|ckey** Ⓜ, die Diskjockeys

die **Dis|ko**, die Diskos
die Diskothek



Ⓝ Nachdenkwort (Verlängern? Verwandtes Wort? qu, sp oder st?)

die **Dis|kri|mi|nie|rung** Ⓜ, die Diskriminierungen
die **Dis|kus|si|on** Ⓜ, die Diskussionen
**dis|ku|tie|ren**, sie diskutiert
die **Dis|tel**, die Disteln
die **Dis|zi|plin** Ⓜ
**dis|zi|pli|niert** Ⓜ

*Ein disziplinierter Mensch macht zunächst das, was er machen soll, konzentriert fertig und lässt sich dabei nicht durch angenehmere Dinge ablenken.*

**di|vi|die|ren** Ⓜ *(= teilen)* er dividiert
die **Di|vi|si|on** Ⓜ, die Divisionen

**Dj**

der **DJ** Ⓜ *(= Discjockey)*, die DJs

**Do**

**doch**
der **Docht**, die Dochte
die **Dog|ge**, die Doggen
die **Doh|le** Ⓜ, die Dohlen
der **Dok|tor**, die Doktoren
die **Dok|to|rin**, die Doktorinnen
der **Dolch**, die Dolche
der **Dom**, die Dome
das **Do|mi|no**, die Dominos
der **Domp|teur** Ⓜ, die Dompteure
die **Domp|teu|rin** Ⓜ, die Dompteurinnen
die **Domp|teu|se** Ⓜ, die Dompteusen
die **Do|nau**
der **Dö|ner**, die Döner
der **Don|ner**
**don|nern**, es donnert
der **Don|ners|tag** Ⓝ, die Donnerstage
am Donnerstag
am Donnerstagabend
**don|ners|tags** Ⓝ
**doof** Ⓜ
die **Doof|heit** Ⓝ, die Doofheiten
der **Dop|pel|punkt**, die Doppelpunkte
**dop|pelt**
doppelt so groß
das Doppelte
das **Dorf**, die Dörfer
der **Dorn**, die Dornen
**dor|nig** Ⓝ
der **Dorsch**, die Dorsche
**dort**, dortbleiben
**dort|hin**
die **Do|se**, die Dosen
**dö|sen**, sie döst
die **Do|sis**, die Dosen
der **Dot|ter** *oder* das **Dotter** *(= Eigelb)*, die Dotter

**Dr**

**Beachte den Unterschied!**

der **Dra|che** *(= Fabeltier)*, die Drachen

der **Dra|chen** *(= Fluggerät)*, die Drachen

# Dr bis Du

der **Draht** Ⓜ, die Drähte
das **Dra|ma**, die Dramen
**dra|ma|tisch**
**dran** *(= daran)*
drankommen
dran sein
der **Drang**
**drän|geln** Ⓝ, sie drängelt
**drän|gen** Ⓝ, er drängt
**drauf** *(= darauf)*
schlecht drauf sein
**drau|ßen** Ⓜ
der **Dreck**
**dre|ckig** Ⓝ
**dre|hen**, sie dreht
**drei**
Es ist drei viertel zehn.
drei Viertel der Schüler
die **Drei**, die Dreien
eine Drei würfeln
eine Drei schreiben
das **Drei|eck**, die Dreiecke
**drei|eckig** Ⓝ
**drei|mal**
**drei|ßig** Ⓜ
die **Drei|vier|tel|stun|de** Ⓝ
**drei|zehn** Ⓝ
**dre|schen**, sie drischt, sie drosch, sie hat gedroschen
die **Dresch|ma|schi|ne** Ⓝ, die Dreschmaschinen
**dres|sie|ren**, er dressiert
die **Dres|sur**, die Dressuren
**drib|beln**, sie dribbelt
die **Dril|lin|ge**
**drin** *(= darin)*
drinbleiben
**drin|gend**
**drin|nen**
sie **drischt** (➔ dreschen)
zu **dritt** Ⓝ
**drit|te, drit|ter, drit|tes**
zum dritten Mal
der Dritte, die Dritte
das **Drit|tel**, die Drittel
**drit|tens**
die **Dro|ge**, die Drogen
**dro|gen|ab|hän|gig** Ⓝ
die **Dro|ge|rie**, die Drogerien
**dro|hen**, sie droht
**dröh|nen** Ⓜ, er dröhnt
die **Dro|hung**, die Drohungen
**drol|lig** Ⓝ
das **Dro|me|dar**, die Dromedare
sie **drosch** (➔ dreschen)
die **Dros|sel**, die Drosseln
**dros|seln**, er drosselt
**drü|ben**
**drü|ber** *(= darüber)*
der **Druck**
**dru|cken**, sie druckt
**drü|cken**, er drückt
sich drücken
der **Dru|cker**, die Drucker
die **Dru|cke|rei**, die Druckereien
**drum** *(= darum)*
drum herum
**drun|ter** *(= darunter)*
drunter und drüber
die **Drü|se**, die Drüsen

## Dsch

der **Dschun|gel** Ⓜ, die Dschungel

## Du

**du**
der **Dü|bel**, die Dübel
sich **du|cken**, sie duckt sich
der **Du|del|sack**, die Dudelsäcke
der **Duft**, die Düfte
**duf|ten**, sie duftet



Ⓝ Nachdenkwort (Verlängern? Verwandtes Wort? qu, sp oder st?)

**dul|den**, er duldet

*Wenn du etwas zulässt, was dir eigentlich nicht recht ist, dann duldest du es.*

**dumm** (N), dümmer, am dümmsten

die **Dumm|heit** (N), die Dummheiten

der **Dumm|kopf** (N), die Dummköpfe

**dumpf**

die **Dü|ne**, die Dünen

**dün|gen**, sie düngt

der **Dün|ger**

**dun|kel**
dunkelgrün

die **Dun|kel|heit**

**dünn** (N)
dünn besiedelt

der **Dunst**, die Dünste

**düns|ten**, er dünstet

**duns|tig** (N)

das **Duo**, die Duos

das **Dur**

**durch**

**durch|aus**

**durch|ei|nan|der**
durcheinanderbringen
durcheinander sein

der **Durch|fall** (N)

**durch|fal|len**, sie fällt durch, sie fiel durch, sie ist durchgefallen

**durch|hal|ten**, er hält durch, er hielt durch, er hat durchgehalten

der **Durch|mes|ser**, die Durchmesser

**durch|que|ren** (N), er durchquert

**durch|schnei|den**, sie schneidet durch, sie schnitt durch, sie hat durchgeschnitten

der **Durch|schnitt** (N), die Durchschnitte

**durch|schnitt|lich** (N)

**durch|set|zen**, er setzt durch

**durch|sich|tig** (N)

**durch|strei|chen** (N), sie streicht durch, sie strich durch, sie hat durchgestrichen

**dür|fen**, er darf, er durfte, er hat gedurft

**dürr** (N)

die **Dür|re**, die Dürren

der **Durst**

**durs|tig** (N)

die **Du|sche**, die Duschen

**du|schen**, sie duscht

die **Dü|se**, die Düsen
der Düsenjäger

**Düs|sel|dorf**

**düs|ter**

das **Dut|zend**, die Dutzende

sich **du|zen** (M), sie duzen sich

## Dv

die **DVD**, die DVDs

## Dy

**dy|na|misch** (M)

das **Dy|na|mit** (M)

der **Dy|na|mo** (M), die Dynamos

die **Dy|nas|tie** (M), die Dynastien

# Ee

### Eb
die **Eb|be**, die Ebben
**eben**
die **Ebe|ne**, die Ebenen
**eben|falls** (N)
der **Eber**, die Eber

### Ec
das **Echo**, die Echos
die **Ech|se** (M), die Echsen
**echt**
die **Echt|heit**
die **Ecke**, die Ecken
**eckig** (N)
der **Eck|zahn** (N), die Eckzähne

### Ed
**edel**
der **Edel|stein** (N), die Edelsteine

### Ef
der **Efeu**
der **Ef|fekt**, die Effekte

### Eg
**egal**
der **Ego|ist**, die Egoisten
die **Ego|is|tin**, die Egoistinnen
**ego|is|tisch**

### Eh
**ehe**
je eher, desto besser
die **Ehe**, die Ehen
die **Ehe|frau**, die Ehefrauen
**ehe|ma|lig** (N)
der **Ehe|mann** (N), die Ehemänner
das **Ehe|paar** (N), die Ehepaare
der **Ehe|ring**, die Eheringe
die **Eh|re** (M)
**eh|ren|amt|lich** (N)
das **Eh|ren|wort** (N)
der **Ehr|geiz** (N)
**ehr|gei|zig** (N)
**ehr|lich** (N)
die **Ehr|lich|keit** (N)

### Ei
das **Ei**, die Eier
die **Ei|che**, die Eichen
die **Ei|chel**, die Eicheln
das **Eich|hörn|chen**,
die Eichhörnchen
die **Ei|dech|se** (M), die Eidechsen
das **Ei|dot|ter**, die Eidotter
der **Ei|er|be|cher**, die Eierbecher
die **Ei|er|scha|le**, die Eierschalen
der **Ei|fer**
die **Ei|fer|sucht**
**ei|fer|süch|tig** (N)
**ei|för|mig** (N)
**eif|rig** (N)
das **Ei|gelb** (N), die Eigelber
**ei|gen**
**ei|gen|ar|tig** (N)
die **Ei|gen|schaft**,
die Eigenschaften
das Eigenschaftswort
**ei|gent|lich**
das **Ei|gen|tor**, die Eigentore
das **Ei|gen|tum**
**ei|gen|wil|lig** (N)
sich **eig|nen**, er eignet sich
die **Ei|le**
**ei|len**, sie eilt
**ei|lig** (N)
der **Ei|mer**, die Eimer
**ein, ei|ne, ei|ner**



(N) Nachdenkwort (Verlängern? Verwandtes Wort? qu, sp oder st?)

**ein|an|der**
wir helfen einander

die **Ein|bahn|stra|ße** Ⓝ, die Einbahnstraßen

der **Ein|band** Ⓝ, die Einbände

sich **ein|bil|den**
er bildet sich etwas ein

**ein|bre|chen**, sie bricht ein, sie brach ein, sie ist eingebrochen

der **Ein|bre|cher**, die Einbrecher

die **Ein|bre|che|rin**, die Einbrecherinnen

der **Ein|bruch**, die Einbrüche

**ein|che|cken** Ⓜ, er checkt ein

sich **ein|cre|men** Ⓜ
sie cremt sich ein

**ein|deu|tig** Ⓝ

**ein|drin|gen**, er dringt ein, er drang ein, er ist eingedrungen

der **Ein|dring|ling**, die Eindringlinge

*Ein Eindringling ist jemand, der einen Raum betritt, obwohl er es nicht darf.*

der **Ein|druck**, die Eindrücke

**ein|drucks|voll** Ⓜ

**ein|ei|ig** Ⓝ
eineiige Zwillinge

**ein|ein|halb** Ⓝ

**ei|ner|seits**

**ein|fach**

**ein|fä|deln** Ⓝ, sie fädelt ein

die **Ein|fahrt** Ⓝ, die Einfahrten

der **Ein|fall** Ⓝ, die Einfälle

**ein|fal|len**, es fällt mir ein

**ein|falls|reich** Ⓝ

**ein|far|big** Ⓝ

der **Ein|fluss** Ⓝ, die Einflüsse

**ein|fluss|reich** Ⓝ

**ein|frie|ren**, er friert ein

**ein|füh|ren** Ⓝ, sie führt ein

die **Ein|füh|rung** Ⓝ, die Einführungen

der **Ein|gang**, die Eingänge

**ein|ge|bil|det**

**ein|ge|schnappt** Ⓝ

sich **ein|ge|wöh|nen** Ⓝ
er gewöhnt sich ein

die **Ein|ge|wöh|nungs|zeit** Ⓝ

**ein|grei|fen**, sie greift ein, sie griff ein, sie hat eingegriffen

**ein|hef|ten**, sie heftet ein

**ein|hei|misch**

die **Ein|heit**, die Einheiten

**ein|heit|lich**

**ei|nig** Ⓝ

**ei|ni|ge, ei|ni|ges**
einige Male

sich **ei|ni|gen**, wir einigen uns

**ei|ni|ger|ma|ßen** Ⓝ

die **Ei|nig|keit** Ⓝ

der **Ein|kauf**, die Einkäufe

**ein|kau|fen**, er kauft ein

sich **ein|klem|men**
Sie klemmt sich den Finger ein.

das **Ein|kom|men**, die Einkommen

sich **ein|kre|men**, sie kremt sich ein

**ein|la|den**, er lädt ein, er lud ein, er hat eingeladen

die **Ein|la|dung**, die Einladungen

der **Ein|lass** Ⓝ, die Einlässe

die **Ein|lei|tung**, die Einleitungen

**ein|leuch|tend** Ⓝ

**ein|ma|chen**, sie macht ein

das **Ein|mach|glas**, die Einmachgläser

**ein|mal**
auf einmal
noch einmal
das **Ein|mal|eins**
**ein|ma|lig** Ⓝ
die **Ein|mün|dung**, die Einmündungen
die **Ein|nah|me** Ⓝ, die Einnahmen
**ein|pa|cken**, er packt ein
sich **ein|prä|gen** Ⓜ sie prägt sich ein
**ein|räu|men** Ⓝ, er räumt ein
**ein|rei|ben**, er reibt ein, er rieb ein, er hat eingerieben
die **Ein|rich|tung**, die Einrichtungen
**eins**, es ist halb eins
die **Eins**, die Einsen
eine Eins würfeln
eine Eins schreiben
**ein|sam**
die **Ein|sam|keit**
**ein|sam|meln**, sie sammelt ein
der **Ein|satz**, die Einsätze
**ein|satz|be|reit**
**ein|schal|ten**, er schaltet ein
**ein|schen|ken**, sie schenkt ein
**ein|schla|fen**, er schläft ein, er schlief ein, er ist eingeschla-fen
**ein|schlä|fern** Ⓝ sie schläfert ein
**ein|schlie|ßen** Ⓝ, er schließt ein, er schloss ein, er hat eingeschlossen
**ein|schließ|lich** Ⓝ
das **Ein|schrei|ben**, die Einschreiben
die **Ein|schu|lung**
**ein|se|hen**, sie sieht ein, sie sah ein, sie hat eingesehen
das **Ein|se|hen**
**ein|sei|fen**, er seift ein
der **Ein|sen|de|schluss** Ⓝ
die **Ein|sicht**, die Einsichten
**ein|sper|ren** Ⓝ, sie sperrt ein
der **Ein|spruch** Ⓝ, die Einsprüche
**ein|spu|rig** Ⓝ
**einst**
**ein|ste|cken** Ⓝ, er steckt ein
**ein|stei|gen** Ⓝ, sie steigt ein, sie stieg ein, sie ist ein-gestiegen
**ein|stel|lig** Ⓝ
die **Ein|stel|lung** Ⓝ, die Einstellungen
der **Ein|stich** Ⓝ, die Einstiche
der **Ein|stieg** Ⓝ, die Einstiege
**ein|stim|mig** Ⓝ
**ein|stün|dig** Ⓝ
der **Ein|sturz** Ⓝ, die Einstürze
**ein|stür|zen** Ⓝ, es stürzt ein
**ein|tei|len**, er teilt ein
die **Ein|tei|lung**
der **Ein|topf**, die Eintöpfe
**ein|tra|gen**, sie trägt ein, sie trug ein, sie hat eingetragen
**ein|tref|fen**, er trifft ein, er traf ein, er ist eingetroffen
der **Ein|tritt** Ⓝ
**ein|ver|stan|den** Ⓝ
das **Ein|ver|ständ|nis** Ⓝ
der **Ein|wand** Ⓝ, die Einwände
der **Ein|wan|de|rer**, die Einwanderer
die **Ein|wan|de|rin**, die Einwanderinnen
**ein|wan|dern**, sie wandert ein
die **Ein|wan|de|rung**, die Einwanderungen
**ein|wand|frei** Ⓝ
die **Ein|weg|fla|sche** Ⓝ, die Einwegflaschen
die **Ein|wei|hung**, die Einweihungen
der **Ein|woh|ner** Ⓝ, die Einwohner


Ⓝ Nachdenkwort (Verlängern? Verwandtes Wort? qu, sp oder st?)

die **Ein|woh|ne|rin** Ⓝ, die Einwohnerinnen
der **Ein|wurf**, die Einwürfe
die **Ein|zahl** Ⓝ
die **Ein|zel|heit**, die Einzelheiten
**ein|zeln**
**ein|zie|hen**, er zieht ein, er zog ein, er ist eingezogen
**ein|zig** Ⓝ
**ein|zig|ar|tig** Ⓝ
der **Ein|zug** Ⓝ, die Einzüge
das **Eis**
der Eisbär
das **Ei|sen**
die **Ei|sen|bahn** Ⓝ, die Eisenbahnen
**eis|ge|kühlt** Ⓝ
**ei|sig** Ⓝ
**eis|lau|fen**
sie geht gerne eislaufen
die **Eis|zeit**, die Eiszeiten
**ei|tel**

*Ein eitler Mensch will immer sehr schön aussehen und von allen anderen bewundert werden.*

die **Ei|tel|keit**, die Eitelkeiten
der **Ei|ter**
**ei|tern**, es eitert
das **Ei|weiß** Ⓝ, die Eiweiße

## Ek

der **Ekel** (*= Widerwille*)
das **Ekel** (*= abscheulicher Mensch*), die Ekel
**ekel|haft**
**eke|lig** Ⓝ *oder* **ek|lig**
sich **ekeln**, er ekelt sich vor Eiern

## El

**elas|tisch**
die **El|be**
der **Elch**, die Elche
der **Ele|fant**, die Elefanten
**ele|gant**
die **Ele|ganz**
der **Elek|tri|ker**, die Elektriker
die **Elek|tri|ke|rin**, die Elektrikerinnen
**elek|trisch**
die **Elek|tri|zi|tät** Ⓜ
das **Elek|tro|ge|rät** Ⓝ, die Elektrogeräte
**elek|tro|nisch**
das **Ele|ment**, die Elemente
**elend** Ⓝ
das **Elend** Ⓝ
das Elendsviertel
**elf**
die **Elf**, die Elfen
die **El|fe**, die Elfen
das **El|fen|bein**
der **Elf|me|ter**, die Elfmeter
das Elfmeterschießen
der **Ell|bo|gen** Ⓜ *oder* der **El|len|bo|gen**, die Ellbogen *oder* die Ellenbogen
die **Els|ter**, die Elstern
die **El|tern**
der Elternabend

## Em

die **E-Mail** Ⓜ, die E-Mails
der **Em|bryo** Ⓜ, die Embryos
der **Emp|fän|ger** Ⓝ, die Empfänger
die **Emp|fän|ge|rin** Ⓝ, die Empfängerinnen
die **Emp|fäng|nis|ver|hü|tung** Ⓝ
**emp|feh|len** Ⓜ, er empfiehlt, er empfahl, er hat empfohlen



a b c d e f g h i j k l m n o p q r s t u v w x y z

# Em bis En

**emp|feh|lens|wert** Ⓜ
die **Emp|feh|lung** Ⓜ, die Empfehlungen
**emp|fin|den**, sie empfindet, sie empfand, sie hat empfunden
**emp|find|lich**
die **Emp|fin|dung**, die Empfindungen
die **Em|po|re**, die Emporen
sich **em|pö|ren**, er empört sich
**em|pö|rend** Ⓝ
**em|por|stei|gen** Ⓝ
sie steigt empor
**em|pört**
die **Em|pö|rung**
**em|sig** Ⓝ

## En

das **En|de**, die Enden
am Ende
zu Ende
Ende Januar
**en|den**, er endet
**end|gül|tig** Ⓝ
**end|lich** Ⓝ
**end|los** Ⓝ
das **End|spiel** Ⓝ, die Endspiele
die **En|dung**, die Endungen
die **Ener|gie**, die Energien
**ener|gie|spa|rend** Ⓝ
**ener|gisch**
**eng**, eng befreundet
der **En|gel**, die Engel
der **En|ger|ling**, die Engerlinge
**Eng|land** Ⓝ
der **Eng|län|der** Ⓝ, die Engländer
die **Eng|län|de|rin** Ⓝ, die Engländerinnen
**eng|lisch**
der **En|kel**, die Enkel
die **En|ke|lin**, die Enkelinnen
das **En|kel|kind**, die Enkelkinder

**enorm**
**ent|bin|den**, sie entbindet, sie entband, sie hat entbunden
die **Ent|bin|dung**, die Entbindungen
**ent|de|cken**, er entdeckt
der **Ent|de|cker**, die Entdecker
die **Ent|de|cke|rin**, die Entdeckerinnen
die **Ent|de|ckung**, die Entdeckungen
die **En|te**, die Enten
**ent|fer|nen**, sie entfernt
**ent|fernt**
die **Ent|fer|nung**, die Entfernungen
**ent|füh|ren** Ⓝ, er entführt
der **Ent|füh|rer** Ⓝ, die Entführer
die **Ent|füh|re|rin** Ⓝ, die Entführerinnen
die **Ent|füh|rung** Ⓝ, die Entführungen
**ent|ge|gen**
**ent|geg|nen** Ⓝ, sie entgegnet
**ent|ge|hen**, er entgeht, er entging, er ist entgangen
**ent|glei|sen**, der Zug entgleist
**ent|hal|ten**, sie enthält, sie enthielt, sie hat enthalten
die **Ent|hal|tung**, die Enthaltungen
**ent|kom|men**, er entkommt, er entkam, er ist entkommen
**ent|lang**
die Straße entlang
entlang der Straße
am Ufer entlanglaufen
**ent|las|sen**, sie entlässt, sie entließ, sie hat entlassen
die **Ent|las|sung**, die Entlassungen
**ent|mu|ti|gen**, er entmutigt
**ent|nervt** Ⓜ



Ⓝ Nachdenkwort (Verlängern? Verwandtes Wort? qu, sp oder st?)

**ent|rüm|peln**, er entrümpelt
*Wenn man Gerümpel, also alte Möbel und Gegenstände, die nicht mehr gebraucht werden, aus einer Wohnung räumt, dann nennt man das entrümpeln.*

die **Ent|rüm|pe|lung** *oder* die **Ent|rüm|plung**, die Entrümpelungen *oder* die Entrümplungen
sich **ent|rüs|ten**, er entrüstet sich
die **Ent|rüs|tung**
die **Ent|schä|di|gung** Ⓝ, die Entschädigungen
**ent|schei|den**, sie entscheidet, sie entschied, sie hat entschieden
**ent|schei|dend** Ⓝ
die **Ent|schei|dung**, die Entscheidungen
sich **ent|schlie|ßen** Ⓜ, er entschließt sich, er entschloss sich, er hat sich entschlossen
der **Ent|schluss** Ⓝ, die Entschlüsse
**ent|schul|di|gen** sie entschuldigt sich entschuldigen
die **Ent|schul|di|gung**, die Entschuldigungen
das **Ent|set|zen**
**ent|setz|lich**
**ent|setzt**
**ent|sor|gen**, er entsorgt
sich **ent|span|nen** Ⓝ sie entspannt sich
**ent|spannt** Ⓝ
die **Ent|span|nung** Ⓝ
**ent|spre|chend** Ⓝ
**ent|ste|hen** Ⓝ, es entsteht, es entstand, es ist entstanden
die **Ent|ste|hung** Ⓝ, die Entstehungen
**ent|täu|schen** Ⓜ, er enttäuscht
**ent|täuscht** Ⓜ
die **Ent|täu|schung** Ⓜ, die Enttäuschungen
die **Ent|war|nung**, die Entwarnungen
**ent|we|der** ... oder ...
**ent|wer|fen**, sie entwirft, sie entwarf, sie hat entworfen
**ent|wer|ten**, er entwertet
**ent|wi|ckeln**, sie entwickelt sich entwickeln
die **Ent|wick|lung**, die Entwicklungen
**ent|wi|schen**, er entwischt
der **Ent|wurf**, die Entwürfe
**ent|zif|fern**, sie entziffert
**ent|zü|ckend** Ⓝ
sich **ent|zün|den**, es entzündet sich
die **Ent|zün|dung**, die Entzündungen
**ent|zwei|schnei|den** er schneidet entzwei
der **En|zi|an** Ⓜ, die Enziane

## Er

**er**
sich **er|bar|men**, sie erbarmt sich
das **Er|bar|men**
**er|bärm|lich** Ⓝ
**er|bar|mungs|los**
das **Er|be** *(= Besitz, den man erbt)*

Ⓜ Merkwort (Keine Regel, merke dir das Wort!)

der **Er|be** *(= jemand, der erbt)*, die Erben
**er|ben**, er erbt
**er|beu|ten**, sie erbeutet
die **Er|bin**, die Erbinnen
**erb|lich** Ⓝ
sich **er|bre|chen**, er erbricht sich, er erbrach sich, er hat sich erbrochen
die **Erb|schaft** Ⓝ, die Erbschaften
die **Erb|se** Ⓜ, die Erbsen
**erb|sen|groß** Ⓝ
der **Erd|ap|fel** Ⓝ *(= Kartoffel)*, die Erdäpfel
das **Erd|be|ben** Ⓝ, die Erdbeben
die **Erd|bee|re** Ⓜ, die Erdbeeren
die **Er|de**
sich **er|eig|nen**, es ereignet sich
das **Er|eig|nis**, die Ereignisse
**er|eig|nis|reich**
**er|fah|ren** Ⓜ, sie erfährt, sie erfuhr, sie hat erfahren
**er|fah|ren** Ⓜ
die **Er|fah|rung** Ⓜ, die Erfahrungen
**er|fas|sen**, er erfasst
**er|fin|den**, sie erfindet, sie erfand, sie hat erfunden
der **Er|fin|der**, die Erfinder
die **Er|fin|de|rin**, die Erfinderinnen
**er|fin|de|risch**
die **Er|fin|dung**, die Erfindungen
der **Er|folg** Ⓝ, die Erfolge
**er|folg|reich** Ⓝ
**er|for|schen**, er erforscht
die **Er|for|schung**
**er|freu|lich**
**er|frie|ren**, sie erfriert, sie erfror, sie ist erfroren
sich **er|fri|schen**, er erfrischt sich
**er|fri|schend** Ⓝ
die **Er|fri|schung**, die Erfrischungen

**er|fül|len**, er erfüllt
**Er|furt**
**er|gän|zen** Ⓝ, sie ergänzt
die **Er|gän|zung** Ⓝ, die Ergänzungen
**er|ge|ben**, es ergibt, es ergab, es hat ergeben
sich ergeben
das **Er|geb|nis** Ⓝ, die Ergebnisse
**er|geb|nis|los** Ⓝ
**er|hal|ten**, er erhält, er erhielt, er hat erhalten
**er|hit|zen**, sie erhitzt
**er|hö|hen**, er erhöht
sich **er|ho|len**, sie erholt sich
**er|hol|sam**
die **Er|ho|lung**
sich **er|in|nern**, er erinnert sich
die **Er|in|ne|rung**, die Erinnerungen
sich **er|käl|ten** Ⓝ, sie erkältet sich
die **Er|käl|tung** Ⓝ, die Erkältungen
**er|ken|nen**, er erkennt, er erkannte, er hat erkannt
die **Er|kennt|nis** Ⓝ, die Erkenntnisse
**er|klä|ren** Ⓝ, sie erklärt
die **Er|klä|rung** Ⓝ, die Erklärungen
**er|kran|ken**, er erkrankt
die **Er|kran|kung**, die Erkrankungen
sich **er|kun|di|gen**, sie erkundigt sich
**er|lau|ben**, er erlaubt
die **Er|laub|nis** Ⓝ
**er|läu|tern** Ⓜ, sie erläutert
die **Er|läu|te|rung** Ⓜ, die Erläuterungen
die **Er|le**, die Erlen
**er|le|ben**, er erlebt
das **Er|leb|nis** Ⓝ, die Erlebnisse
**er|le|di|gen**, sie erledigt


Ⓝ Nachdenkwort (Verlängern? Verwandtes Wort? qu, sp oder st?)

erledigt Ⓝ
erleichtert
die Erleichterung
der Erlös, die Erlöse
erlösen, er erlöst
die Erlösung
ermahnen Ⓝ, sie ermahnt
die Ermahnung Ⓝ,
die Ermahnungen
ermäßigt Ⓜ
die Ermäßigung Ⓜ,
die Ermäßigungen
ermöglichen Ⓜ
er ermöglicht
ermorden, sie ermordet
ermutigen, er ermutigt
die Ermutigung,
die Ermutigungen
sich ernähren Ⓝ, sie ernährt sich
die Ernährung Ⓝ
erneuern, er erneuert
ernst, ernst nehmen
es wird ernst
der Ernst, im Ernst
ernsthaft
die Ernte, die Ernten
das Erntedankfest
ernten, sie erntet
der Eroberer, die Eroberer
die Eroberin, die Eroberinnen
erobern, er erobert
die Eroberung, die Eroberungen
der Erpel, die Erpel
erpressen, sie erpresst
der Erpresser, die Erpresser
die Erpresserin,
die Erpresserinnen
die Erpressung
erregt Ⓝ
die Erregung
erreichbar
erreichen, er erreicht

erröten, sie errötet
der Ersatz
erscheinen, er erscheint, er erschien, er ist erschienen
die Erscheinung,
die Erscheinungen
erschöpft
die Erschöpfung

**Beachte den Unterschied!**

**er|schre|cken** *(= einen Schreck bekommen)* er erschrickt, er erschrak, er ist erschrocken

**er|schre|cken** *(= jemanden erschrecken)*, er erschreckt, er erschreckte, er hat erschrocken

erschütternd Ⓝ
die Erschütterung
ersetzen, sie ersetzt
erst, erst mal
der Erste, die Erste
als Erster, als Erste, als Erstes
erstaunen Ⓝ, er erstaunt
das Erstaunen Ⓝ
erstaunlich Ⓝ
die Erste Hilfe
der Erste-Hilfe-Kasten
erstens

Ⓜ Merkwort (Keine Regel, merke dir das Wort!)

A B C D E F G H I J K L M N O P Q R S T U V W X Y Z

**er|sti|cken** (N), sie erstickt
der **Erst|kläss|ler** (N), die Erstklässler
die **Erst|kläss|le|rin** (N), die Erstklässlerinnen
**erst|mals**
**er|tap|pen**, er ertappt
**er|tra|gen**, sie erträgt, sie ertrug, sie hat ertragen
**er|träg|lich** (N)
**er|trin|ken**, er ertrinkt, er ertrank, er ist ertrunken
**er|wach|sen** (N)
der **Er|wach|se|ne** (N) *oder* die **Er|wach|se|ne**, die Erwachsenen
**er|wäh|nen** (M), sie erwähnt
**er|war|ten**, er erwartet
die **Er|war|tung**, die Erwartungen
**er|wer|ben**, sie erwirbt, sie erwarb, sie hat erworben
**er|werbs|tä|tig** (N)
**er|wi|dern** (M), er erwidert
die **Er|wi|de|rung** (M), die Erwiderungen
**er|wi|schen**, sie erwischt
**er|wünscht**
das **Erz**, die Erze
**er|zäh|len** (M), er erzählt
der **Er|zäh|ler** (M), die Erzähler
die **Er|zäh|le|rin** (M), die Erzählerinnen
die **Er|zäh|lung** (M), die Erzählungen
**er|zeu|gen**, sie erzeugt
**er|zie|hen**, er erzieht, er erzog, er hat erzogen
der **Er|zie|her**, die Erzieher
die **Er|zie|he|rin**, die Erzieherinnen
die **Er|zie|hung**

## Es

**es**
die **Esche**, die Eschen
der **Esel**, die Esel
der **Es|ki|mo** (M), die Eskimos
**es|sen**, sie isst, sie aß, sie hat gegessen
das **Es|sen**, die Essen
der **Es|sig** (N), die Essige
der **Ess|löf|fel** (N), die Esslöffel
der **Ess|tisch** (N), die Esstische
das **Ess|zim|mer** (N), die Esszimmer

## Et

die **Eta|ge** (M), die Etagen
die **Etap|pe**, die Etappen
das **Eti|kett** (M), die Etiketten
das **Etui** (M), die Etuis
**et|wa**
**et|was**, etwas anderes etwas Blaues

## Eu

**euch**
**eu|er, eu|re** *oder* **eu|e|re**
die **Eu|le**, die Eulen
**eu|ret|we|gen**
der **Eu|ro**, die Euros
**Eu|ro|pa**
**eu|ro|pä|isch** (N)
das **Eu|ter**, die Euter
**eva|ku|ie|ren** (M), er evakuiert

*Wenn man Menschen aus einem Gebäude oder einem Gebiet, in dem Lebensgefahr besteht, wegbringt, dann nennt man das evakuieren.*

**evan|ge|lisch** Ⓜ
**even|tu|ell** Ⓜ

### Ew

**ewig** Ⓝ
die **Ewig|keit** Ⓝ, die Ewigkeiten

### Ex

**ex|akt**
das **Ex|a|men**, die Examen
das **Ex|em|plar**, die Exemplare
**exis|tie|ren**, sie existiert
**ex|klu|siv** Ⓜ
**exo|tisch**
die **Ex|pe|di|ti|on** Ⓜ, die Expeditionen
das **Ex|pe|ri|ment** Ⓜ, die Experimente
**ex|pe|ri|men|tie|ren** Ⓜ er experimentiert
der **Ex|per|te**, die Experten
die **Ex|per|tin**, die Expertinnen
**ex|plo|die|ren**, es explodiert
die **Ex|plo|si|on** Ⓜ, die Explosionen
**ex|tra**
**ex|trem**

# Ff

### Fa

die **Fa|bel**, die Fabeln
die **Fa|brik** Ⓜ, die Fabriken
das **Fach**, die Fächer
die **Fa|ch|frau**, die Fachfrauen
der **Fach|mann** Ⓝ, die Fachleute *oder* Fachmänner
das **Fach|werk|haus**, die Fachwerkhäuser
die **Fa|ckel**, die Fackeln
**fa|de** *oder* **fad**
der **Fa|den**, die Fäden
das **Fa|gott** Ⓝ, die Fagotte
**fä|hig** Ⓜ
die **Fä|hig|keit** Ⓝ, die Fähigkeiten
**fahn|den** Ⓜ, sie fahndet
*Wenn die Polizei nach einem Verdächtigen oder nach einem Verbrecher sucht, dann fahndet sie nach ihm.*

die **Fahn|dung** Ⓜ, die Fahndungen
die **Fah|ne** Ⓜ, die Fahnen
die **Fäh|re** Ⓝ, die Fähren
**fah|ren** Ⓜ, er fährt, er fuhr, er ist gefahren
der **Fah|rer** Ⓝ, die Fahrer
die **Fah|re|rin** Ⓝ, die Fahrerinnen
der **Fahr|gast** Ⓝ, die Fahrgäste
die **Fahr|kar|te** Ⓝ, die Fahrkarten
das **Fahr|rad** Ⓝ, die Fahrräder
der **Fahr|stuhl** Ⓝ, die Fahrstühle
die **Fahrt** Ⓝ, die Fahrten
die **Fähr|te** Ⓝ, die Fährten
das **Fahr|zeug** Ⓝ, die Fahrzeuge
**fair** Ⓜ
der **Fal|ke**, die Falken
der **Fall** Ⓝ, die Fälle
die **Fal|le**, die Fallen
**fal|len**, sie fällt, sie fiel, sie ist gefallen
**fäl|len** Ⓝ, er fällt



a b c d e f g h i j k l m n o p q r s t u v w x y z

**fäl|lig** Ⓝ
**falls** Ⓝ
der **Fall|schirm** Ⓝ, die Fallschirme
**falsch**
**fäl|schen** Ⓝ, sie fälscht
die **Fäl|schung** Ⓝ, die Fälschungen
die **Fal|te**, die Falten
**fal|ten**, er faltet
der **Fal|ter**, die Falter
**fal|tig** Ⓝ
*Faltige Haut oder ein faltiges Tuch ist nicht glatt, sondern schrumpelig und zerknittert.*

die **Fa|mi|lie** Ⓜ, die Familien
der **Fan** Ⓜ, die Fans
der Fanclub *oder* Fanklub
er **fand** Ⓝ (➔ finden)
der **Fang**, die Fänge
**fan|gen**, sie fängt, sie fing, sie hat gefangen
die **Fan|ta|sie**, die Fantasien
**fan|ta|sie|los**
**fan|ta|sie|ren**, er fantasiert
**fan|ta|sie|voll** Ⓝ
**fan|tas|tisch**
die **Far|be**, die Farben
**fär|ben** Ⓝ, sie färbt
**far|ben|blind** Ⓝ
**far|big** Ⓝ
der **Farb|stift** Ⓝ, die Farbstifte
die **Farm**, die Farmen
der **Farn**, die Farne
der **Fa|san**, die Fasane *oder* Fasanen
das **Fa|schier|te** *(= Hackfleisch)*
der **Fa|sching**
die **Fa|ser**, die Fasern
die **Fas|nacht**
das **Fass** Ⓝ, die Fässer
die **Fas|sa|de**, die Fassaden
**fas|sen**, er fasst
die **Fas|sung**
**fas|sungs|los**
**fast**
**fas|ten**, sie fastet
die **Fas|ten|zeit**
die **Fast|nacht**
**fas|zi|nie|rend**
die **Fa|ta Mor|ga|na**, die Fata Morganas
**fau|chen**, er faucht
**faul**
**fau|len|zen**, sie faulenzt
die **Faul|heit**
der **Faul|pelz**
das **Faul|tier**, die Faultiere
die **Faust**, die Fäuste
**faust|dick**
der **Fa|vo|rit** Ⓜ, die Favoriten
die **Fa|vo|ri|tin** Ⓜ, die Favoritinnen
das **Fax** Ⓜ, die Faxe
**fa|xen** Ⓜ, er faxt
die **Fa|xen** Ⓜ
Faxen machen

## Fe

der **Fe|ber** *(= Februar)*
der **Feb|ru|ar**
**fech|ten**, sie fechtet *oder* ficht, sie focht, sie hat gefochten
der **Fech|ter**, die Fechter
die **Fech|te|rin**, die Fechterinnen
die **Fe|der**, die Federn
der **Fe|der|ball** Ⓝ
**fe|der|leicht**
die **Fee** Ⓜ, die Feen
**fe|gen**, er fegt



Ⓝ Nachdenkwort (Verlängern? Verwandtes Wort? qu, sp oder st?)

**feh|len** Ⓜ, sie fehlt
der **Feh|ler** Ⓜ, die Fehler
**feh|ler|haft** Ⓝ
**feh|ler|los** Ⓝ
die **Fei|er**, die Feiern
der **Fei|er|abend** Ⓝ
**fei|er|lich**
**fei|ern**, er feiert
der **Fei|er|tag** Ⓝ, die Feiertage
**fei|ge** *oder* **feig**
die **Fei|ge**, die Feigen
der **Feig|ling** Ⓝ, die Feiglinge
die **Fei|le**, die Feilen
**fei|len**, sie feilt
**fein**, fein mahlen
sich feinmachen
der **Feind** Ⓝ, die Feinde
die **Fein|din**, die Feindinnen
**feind|lich** Ⓝ
die **Feind|schaft** Ⓝ, die Feindschaften
der **Fein|schme|cker**, die Feinschmecker

*Feinschmecker essen sehr gerne besonders köstliche Speisen.*

die **Fein|schme|cke|rin**, die Feinschmeckerinnen
das **Feld** Ⓝ, die Felder
die **Fel|ge**, die Felgen
das **Fell** Ⓝ, die Felle
der **Fels**, die Felsen
**fel|sen|fest**
**fel|sig** Ⓝ
der **Fen|chel**
das **Fens|ter**, die Fenster
die **Fe|ri|en**
das **Fer|kel**, die Ferkel

**fern**
die **Fern|be|die|nung**, die Fernbedienungen
das **Fern|ge|spräch** Ⓝ, die Ferngespräche
das **Fern|glas**, die Ferngläser
**fern|se|hen**, er sieht fern, er sah fern, er hat ferngesehen
das **Fern|se|hen**
das **Fern|seh|pro|gramm** Ⓝ, die Fernsehprogramme
die **Fer|se**, die Fersen
**fer|tig** Ⓝ
eine Arbeit fertig machen
jemanden fertigmachen
fertigstellen
**fesch** *(= schick, hübsch)*
die **Fes|sel**, die Fesseln
**fes|seln**, sie fesselt
**fest**, fest angestellt
sich festhalten
das **Fest**, die Feste
**fest|lich**
**fest|stel|len** Ⓝ, er stellt fest
die **Fes|tung**, die Festungen
die **Fe|te**, die Feten
**fett** Ⓝ, fett gedruckt
das **Fett** Ⓝ, die Fette
**fet|tig** Ⓝ
der **Fet|zen**, die Fetzen
**feucht**
die **Feuch|tig|keit** Ⓜ
das **Feu|er**, die Feuer
**feu|er|fest**
**feu|rig** Ⓝ
die **Feu|er|wehr** Ⓝ
das **Feu|er|werk**, die Feuerwerke

## Fi

die **Fi|bel** Ⓜ, die Fibeln
sie **ficht** (→ fechten)
die **Fich|te**, die Fichten

# Fi bis Fl

das **Fie|ber**
**fie|ber|frei**
**fie|be|rig** Ⓝ *oder* **fieb|rig**
sie **fiel** (➔ fallen)
**fies**
die **Fi|gur**, die Figuren
der **Film**, die Filme
**fil|men**, sie filmt
der **Fil|ter** *oder* das **Filter**, die Filter
**fil|tern**, er filtert
der **Filz**, die Filze
**fil|zen**, sie filzt
der **Filz|stift** Ⓝ, die Filzstifte
das **Fi|nanz|amt**, die Finanzämter
die **Fi|nan|zen**
**fin|den**, er findet, er fand, er hat gefunden
der **Fin|der**, die Finder
die **Fin|de|rin**, die Finderinnen
der **Fin|der|lohn** Ⓝ
sie **fing** (➔ fangen)
der **Fin|ger**, die Finger
der Fingerabdruck
der Fingernagel
der **Fink**, die Finken
der **Fin|ne**, die Finnen
die **Fin|nin**, die Finninnen
**fin|nisch**
**Finn|land** Ⓜ
**fins|ter**
die **Fins|ter|nis**
die **Fir|ma**, die Firmen
die **Fir|mung**, die Firmungen
der **Fisch**, die Fische
**fi|schen**, sie fischt
der **Fi|scher**, die Fischer
die **Fi|sche|rin**, die Fischerinnen
**fit**
das **Fit|ness|cen|ter** Ⓜ, die Fitnesscenter
**fix** Ⓜ, fix und fertig

## Fl

**flach**
die **Flä|che** Ⓝ, die Flächen
**fla|ckern**, das Licht flackert
der **Fla|den**, die Fladen
die **Flag|ge**, die Flaggen
der **Fla|min|go**, die Flamingos
die **Flam|me**, die Flammen
die **Flan|ke**, die Flanken
die **Fla|sche**, die Flaschen
**flat|tern**, die Fahne flattert
**flau**
der **Flaum**
**flau|schig** Ⓝ
**flech|ten**, er flechtet *oder* flicht, er flocht, er hat geflochten
der **Fleck**, die Flecke
der **Fle|cken**, die Flecken
**fle|cken|los**
**fle|ckig** Ⓝ
die **Fle|der|maus**, die Fledermäuse
der **Fle|gel**, die Flegel
**fle|hen**, sie fleht
das **Fleisch**
der **Flei|scher**, die Fleischer
die **Flei|sche|rei**, die Fleischereien
die **Flei|sche|rin**, die Fleischerinnen
**flei|schig** Ⓝ
der **Fleiß** Ⓜ
**flei|ßig** Ⓜ
er **flicht** (➔ flechten)
**fli|cken**, er flickt
der **Fli|cken**, die Flicken
das **Flick|zeug** Ⓝ
der **Flie|der**
die **Flie|ge**, die Fliegen
**flie|gen**, sie fliegt, sie flog, sie ist geflogen
der **Flie|gen|pilz**, die Fliegenpilze

der **Flie|ger**, die Flieger
**flie|hen**, er flieht, er floh, er ist geflohen
die **Flie|se**, die Fliesen
**flie|sen**, sie fliest
der **Flie|sen|le|ger**, die Fliesenleger
die **Flie|sen|le|ge|rin**, die Fliesenlegerinnen
das **Fließ|band** Ⓝ, die Fließbänder
**flie|ßen** Ⓜ, es fließt, es floss, es ist geflossen
**flie|ßend** Ⓝ
**flim|mern**, es flimmert
**flink**
die **Flit|ter|wo|chen**
**flit|zen**, er flitzt
er **flocht** (➔ flechten)
die **Flo|cke**, die Flocken
sie **flog** (➔ fliegen)
der **Floh** Ⓜ, die Flöhe
der Flohmarkt
der **Flop**, die Flops
das **Floß** Ⓜ, die Flöße
die **Flos|se**, die Flossen
die **Flö|te**, die Flöten
**flö|ten**, sie flötet
**flott** Ⓝ
die **Flot|te**, die Flotten
der **Fluch**, die Flüche
**flu|chen**, er flucht
die **Flucht**
**flüch|ten**, sie flüchtet
der **Flüch|tig|keits|feh|ler** Ⓜ, die Flüchtigkeitsfehler
der **Flücht|ling**, die Flüchtlinge
der **Flug** Ⓝ, die Flüge
der **Flü|gel**, die Flügel
**flüg|ge**
der **Flug|ha|fen** Ⓝ, die Flughäfen
das **Flug|zeug** Ⓝ, die Flugzeuge
**flun|kern**, er flunkert

der **Flur**, die Flure
der **Fluss** Ⓝ, die Flüsse
**fluss|ab|wärts** Ⓝ
**fluss|auf|wärts** Ⓝ
**flüs|sig**
die **Flüs|sig|keit** Ⓝ, die Flüssigkeiten
die **Fluss|mün|dung** Ⓝ, die Flussmündungen
**flüs|tern**, sie flüstert
die **Flut**, die Fluten
**flu|ten**, er flutet

### Fo

sie **focht** (➔ fechten)
das **Foh|len** Ⓜ, die Fohlen

**Beachte den Unterschied!**

der **Föhn** Ⓜ
*(= warmer Wind)*

der **Föhn** Ⓜ
*(= Haartrockner)*, die Föhne

**föh|nen** Ⓜ, sie föhnt
die **Fol|ge**, die Folgen
**fol|gen**, er folgt
**fol|gend** Ⓝ
die **Fo|lie**, die Folien
die **Fol|ter**
**fol|tern**, sie foltert

Ⓜ Merkwort (Keine Regel, merke dir das Wort!)

# Fo bis Fr

die **Fon|tä|ne** Ⓝ, die Fontänen
**for|dern**, er fordert
**för|dern**, sie fördert
die **För|der|schu|le**, die Förder-schulen
die **For|de|rung**, die Forderungen
die **För|de|rung**
der **För|der|un|ter|richt**
die **Fo|rel|le**, die Forellen
die **Form**, die Formen
die **For|mel 1**
das Formel-1-Rennen
**for|men**, er formt
das **For|mu|lar**, die Formulare
**for|mu|lie|ren**, sie formuliert
**for|schen**, er forscht
der **For|scher**, die Forscher
die **For|sche|rin**, die Forscherinnen
die **For|schung**
der **Förs|ter**, die Förster
die **Förs|te|rin**, die Försterinnen
**fort**
sich **fort|be|we|gen**
sie bewegt sich fort
das **Fort|be|we|gungs|mit|tel**, die Fortbewegungsmittel
sich **fort|bil|den**, er bildet sich fort
die **Fort|bil|dung**, die Fortbildungen
**fort|fah|ren** Ⓝ, sie fährt fort, sie fuhr fort, sie hat fort-gefahren
sich **fort|pflan|zen**
er pflanzt sich fort
die **Fort|pflan|zung**
der **Fort|schritt** Ⓝ, die Fortschritte
**fort|schritt|lich** Ⓝ
**fort|set|zen**, sie setzt fort
die **Fort|set|zung**, die Fortsetzungen
das **Fos|sil** Ⓜ, die Fossilien
das **Fo|to**, die Fotos
der Fotoapparat
der **Fo|to|graf**, die Fotografen
die **Fo|to|gra|fie**, die Fotografien
**fo|to|gra|fie|ren**, er fotografiert
die **Fo|to|gra|fin**, die Fotografinnen
die **Fo|to|ko|pie**, die Fotokopien
**fo|to|ko|pie|ren**, sie fotokopiert
das **Foul** Ⓜ, die Fouls
**fou|len** Ⓜ, er foult

## Fr

die **Fracht**, die Frachten
der **Frach|ter**, die Frachter
die **Fra|ge**, die Fragen
**fra|gen**, sie fragt
der **Fra|ge|satz**, die Fragesätze
das **Fra|ge|zei|chen**, die Frage-zeichen
**Frank|reich**
der **Fran|zo|se**, die Franzosen
die **Fran|zö|sin**, die Französinnen
**fran|zö|sisch**
sie **fraß** (➔ fressen)
die **Frat|ze**, die Fratzen
die **Frau**, die Frauen
**frech**
die **Frech|heit**, die Frechheiten
**frei**
das **Frei|bad** Ⓝ, die Freibäder
die **Frei|heit**, die Freiheiten
**frei|las|sen**, er lässt frei, er ließ frei, er hat freigelassen
**frei|lich**
der **Frei|tag** Ⓝ, die Freitage
am Freitag
am Freitagabend
**frei|tags** Ⓝ
**frei|wil|lig** Ⓝ
die **Frei|zeit**
**fremd** Ⓝ


Ⓝ Nachdenkwort (Verlängern? Verwandtes Wort? qu, sp oder st?)

der **Frem|de** *oder* die **Frem|de**, die Fremden
die **Fremd|spra|che** Ⓝ, die Fremdsprachen
das **Fremd|wort** Ⓝ, die Fremdwörter
**fres|sen**, sie frisst, sie fraß, sie hat gefressen
die **Freu|de**, die Freuden
sich **freu|en**, er freut sich
der **Freund** Ⓝ, die Freunde
die **Freun|din**, die Freundinnen
**freund|lich** Ⓝ
die **Freund|schaft** Ⓝ, die Freundschaften
**freund|schaft|lich** Ⓝ
der **Frie|den** *oder* **Frie|de**
der **Fried|hof** Ⓝ, die Friedhöfe
**fried|lich** Ⓝ
**frie|ren**, sie friert, sie fror, sie hat gefroren
die **Fri|ka|del|le**, die Frikadellen
das **Fris|bee** Ⓜ, die Frisbees
**frisch**, frisch gebacken frisch gestrichen
der **Fri|seur** Ⓜ, die Friseure
die **Fri|seu|rin** Ⓜ, die Friseurinnen
der **Fri|sör**, die Frisöre
die **Fri|sö|rin**, die Frisörinnen
sie **frisst** (➔ fressen)
die **Frist**, die Fristen
**frist|los**
die **Fri|sur**, die Frisuren
**froh** Ⓜ
**fröh|lich** Ⓜ
die **Fröh|lich|keit** Ⓜ
**fromm** Ⓝ
der **Fron|leich|nam**
die **Front**, die Fronten
**fron|tal**
sie **fror** (➔ frieren)
der **Frosch**, die Frösche
der **Frost**, die Fröste
**fros|tig** Ⓝ
das **Frot|tee** Ⓜ *oder* der **Frot|tee**
die **Frucht**, die Früchte
**frucht|bar**
**fruch|tig** Ⓝ
**früh** Ⓜ
morgen früh *oder* Früh
**frü|her**
**frü|hes|tens**
das **Früh|jahr** Ⓝ
der **Früh|ling** Ⓝ
**früh|mor|gens** Ⓝ
das **Früh|stück** Ⓝ, die Frühstücke
**früh|stü|cken** Ⓝ, er frühstückt
**früh|zei|tig** Ⓝ
der **Frust**
**frus|triert**

## Fu

der **Fuchs** Ⓜ, die Füchse
**fuch|teln**, sie fuchtelt
**füh|len** Ⓜ, er fühlt
der **Füh|ler** Ⓜ, die Fühler
die **Fuh|re** Ⓜ, die Fuhren
**füh|ren** Ⓜ, sie führt
der **Füh|rer** Ⓝ, die Führer
die **Füh|re|rin** Ⓝ, die Führerinnen
der **Füh|rer|schein** Ⓝ, die Führerscheine
die **Füh|rung** Ⓝ, die Führungen
die **Fül|le**
**fül|len**, er füllt
der **Fül|ler**, die Füller
die **Fül|lung**, die Füllungen
der **Fund** Ⓝ, die Funde
**fünf**
die **Fünf**, die Fünfen
eine Fünf schreiben
eine Fünf würfeln
das **Fünf|eck**, die Fünfecke
**fünf|mal**

Ⓜ Merkwort (Keine Regel, merke dir das Wort!)

das **Fünf|tel**, die Fünftel
**fünf|zehn** Ⓝ
**fünf|zig** Ⓜ
der **Funk**
der **Fun|ke** *oder* **Fun|ken**, die Funken
**fun|keln**, der Stern funkelt
**fun|kel|na|gel|neu**
**funk|en**, sie funkt
die **Funk|ti|on** Ⓜ, die Funktionen
**funk|ti|o|nie|ren** Ⓜ es funktioniert
**für**
die **Fur|che**, die Furchen
die **Furcht**
**furcht|bar**
sich **fürch|ten**, er fürchtet sich
**fürch|ter|lich**
**furcht|los**
**für|ein|an|der**
die **Für|sor|ge**
**für|sorg|lich** Ⓝ
der **Fürst**, die Fürsten
die **Fürs|tin**, die Fürstinnen
das **Für|wort**, die Fürwörter
der **Furz**, die Fürze
**fur|zen**, sie furzt
der **Fuß** Ⓜ, die Füße
der **Fuß|ball** Ⓝ Fußball spielen
der **Fus|sel** *oder* die **Fus|sel**, die Fusseln
der **Fuß|gän|ger** Ⓜ, die Fußgänger
die **Fuß|gän|ge|rin** Ⓜ, die Fußgängerinnen
das **Fut|ter**
**füt|tern**, er füttert
die **Füt|te|rung**, die Fütterungen
das **Fu|tur**

# Gg

## Ga

er **gab** (➔ geben)
die **Ga|be**, die Gaben
die **Ga|bel**, die Gabeln der Gabelstapler
**ga|ckern**, das Huhn gackert
**gaf|fen**, er gafft
**gäh|nen** Ⓜ, sie gähnt
die **Ga|la|xie** Ⓜ, die Galaxien
die **Ga|lee|re** Ⓜ, die Galeeren
die **Ga|le|rie**, die Galerien
der **Gal|gen**, die Galgen
die **Gal|le**, die Gallen
der **Ga|lopp** Ⓜ
**ga|lop|pie|ren** das Pferd galoppiert
sie **galt** (➔ gelten)
**gam|meln**, er gammelt
die **Gäm|se** Ⓜ, die Gämsen
der **Gang**, die Gänge
der **Ga|no|ve** Ⓜ, die Ganoven
die **Gans**, die Gänse
das **Gän|se|blüm|chen** Ⓝ, die Gänseblümchen
die **Gän|se|füß|chen** Ⓝ
der **Gän|se|rich** Ⓝ, die Gänseriche
**ganz**, im Großen und Ganzen
**gänz|lich** Ⓝ
die **Ganz|ta|ges|schu|le**, die Ganztagesschulen
**ganz|tags** Ⓝ
**gar**, gar kein, gar nicht
die **Ga|ra|ge**, die Garagen
die **Ga|ran|tie**, die Garantien
**ga|ran|tie|ren**, sie garantiert



Ⓝ Nachdenkwort (Verlängern? Verwandtes Wort? qu, sp oder st?)

die **Gar|de|ro|be**, die Garderoben
die **Gar|di|ne** Ⓜ, die Gardinen
**ga|ren**, das Essen gart
**gä|ren** Ⓜ, das Bier gärt, es gärte *oder* gor, es ist gegoren *oder* gegärt
das **Garn**, die Garne
der **Gar|ten**, die Gärten
der **Gärt|ner** Ⓝ, die Gärtner
die **Gärt|ne|rei** Ⓝ, die Gärtnereien
die **Gärt|ne|rin** Ⓝ, die Gärtnerinnen
das **Gas**, die Gase
die **Gas|se**, die Gassen
**Gas|si**, Gassi gehen
der **Gast**, die Gäste
**gast|freund|lich** Ⓝ
die **Gast|stät|te** Ⓜ, die Gaststätten
der **Gast|wirt**, die Gastwirte
die **Gast|wir|tin**, die Gastwirtinnen
das **Gat|ter**, die Gatter
der **Gauk|ler**, die Gaukler
die **Gauk|le|rin**, die Gauklerinnen
der **Gau|men**, die Gaumen
der **Gau|ner**, die Gauner
die **Gau|ne|rei**, die Gaunereien
die **Gau|ne|rin**, die Gaunerinnen

## Ge

das **Ge|bäck** Ⓝ
die **Ge|bär|de** Ⓜ, die Gebärden die Gebärdensprache
das **Ge|bäu|de** Ⓝ, die Gebäude
**ge|ben**, er gibt, er gab, er hat gegeben
das **Ge|bet**, die Gebete
das **Ge|biet**, die Gebiete
das **Ge|bir|ge**, die Gebirge
**ge|bir|gig** Ⓝ
das **Ge|biss** Ⓝ, die Gebisse
**ge|blümt**
**ge|bor|gen**
die **Ge|bor|gen|heit**

*Jemand, der Geborgenheit empfindet, fühlt sich sicher und gut beschützt.*

das **Ge|bot**, die Gebote
der **Ge|brauch**
**ge|brau|chen**, sie gebraucht
**ge|bräuch|lich** Ⓝ
das **Ge|brüll** Ⓝ
die **Ge|bühr** Ⓜ, die Gebühren
**ge|büh|ren|pflich|tig** Ⓝ
die **Ge|burt**, die Geburten
der **Ge|burts|tag** Ⓝ, die Geburtstage
das **Ge|büsch**
das **Ge|dächt|nis** Ⓜ
der **Ge|dan|ke**, die Gedanken
**ge|dan|ken|los**
das **Ge|deck**, die Gedecke
das **Ge|dicht**, die Gedichte
das **Ge|drän|ge** Ⓝ
**ge|druckt**
die **Ge|duld** Ⓜ
**ge|dul|dig** Ⓝ
**ge|eig|net** Ⓝ
die **Ge|fahr** Ⓜ, die Gefahren
**ge|fähr|den** Ⓝ, er gefährdet
**ge|fähr|lich** Ⓝ
das **Ge|fäl|le** Ⓝ, die Gefälle
**ge|fal|len**, es gefällt mir, es gefiel mir, es hat mir gefallen sich etwas gefallen lassen
der **Ge|fal|len**, die Gefallen jemandem einen Gefallen tun
**ge|fäl|ligst** Ⓜ
es **gefällt** (➔ gefallen)

Ⓜ Merkwort (Keine Regel, merke dir das Wort!)

der **Ge|fan|ge|ne** *oder* die **Ge|fan|ge|ne**, die Gefangenen
die **Ge|fan|gen|schaft**
das **Ge|fäng|nis** Ⓝ, die Gefängnisse
das **Ge|fäß** Ⓜ, die Gefäße
das **Ge|fie|der**, die Gefieder
**ge|fie|dert**
es **gefiel** (➔ gefallen)
**ge|fleckt**
das **Ge|flü|gel**
das **Ge|flüs|ter**
**ge|frä|ßig** Ⓜ
**ge|frie|ren**, es gefriert, es gefror, es ist gefroren
die **Ge|frier|tru|he**, die Gefrier-truhen
es **gefror** (➔ gefrieren)
das **Ge|fühl** Ⓜ, die Gefühle
**ge|fühl|los** Ⓝ
**ge|gen**
die **Ge|gend** Ⓝ, die Gegenden
**ge|gen|ein|an|der**
gegeneinanderdrücken
gegeneinander kämpfen
der **Ge|gen|satz**, die Gegensätze
**ge|gen|sätz|lich** Ⓝ
**ge|gen|sei|tig** Ⓝ
der **Ge|gen|stand** Ⓝ, die Gegenstände
das **Ge|gen|teil**, die Gegenteile
**ge|gen|über**
**ge|gen|über|lie|gend** Ⓝ
der **Ge|gen|ver|kehr** Ⓝ
die **Ge|gen|wart**
der **Geg|ner** Ⓝ, die Gegner
die **Geg|ne|rin** Ⓝ, die Gegnerinnen
das **Ge|halt**, die Gehälter
**ge|häs|sig** Ⓜ
das **Ge|häu|se** Ⓝ, die Gehäuse
das **Ge|he|ge**, die Gehege

**ge|heim**, etwas geheim halten
das **Ge|heim|nis**, die Geheimnisse
**ge|heim|nis|voll** Ⓝ
**ge|hen**, sie geht, sie ging, sie ist gegangen
sich gehen lassen
das **Ge|hirn**, die Gehirne
das **Ge|hör**
**ge|hor|chen**, er gehorcht
**ge|hö|ren**, es gehört mir
**ge|hör|los**
**ge|hor|sam**
der **Ge|hor|sam**
der **Geh|weg** Ⓝ, die Gehwege
der **Gei|er**, die Geier
die **Gei|ge**, die Geigen
**geil**
die **Gei|sel**, die Geiseln
der **Geist** (*= Verstand*)
der **Geist** (*= Gespenst*), die Geister
**geis|tes|ge|gen|wär|tig** Ⓝ

*Wenn man in einer unvorhergesehenen Situation schnell reagieren und das Richtige tun kann, dann ist man geistesgegenwärtig.*

der **Geiz**
der Geizhals
**gei|zig** Ⓝ
das **Ge|jam|mer**
das **Ge|ki|cher**
**ge|kränkt** Ⓝ
das **Ge|krit|zel**
das **Gel**, die Gele *oder* Gels
das **Ge|läch|ter** Ⓝ
**ge|lähmt** Ⓝ
das **Ge|län|de** Ⓝ, die Gelände


Ⓝ Nachdenkwort (Verlängern? Verwandtes Wort? qu, sp oder st?)

das **Ge|län|der** Ⓜ, die Geländer
es **gelang** (➔ gelingen)
**ge|lang|weilt**
**ge|las|sen**
die **Ge|las|sen|heit**
**gelb** Ⓝ, das Gelb
**gelb|lich** Ⓝ
das **Geld** Ⓜ, die Gelder
das **Ge|lee** Ⓜ *oder* der **Ge|lee**, die Gelees
die **Ge|le|gen|heit**, die Gelegenheiten
**ge|le|gent|lich**
der **Ge|lehr|te** Ⓝ *oder* die **Gelehr-te**, die Gelehrten
das **Ge|lenk**, die Gelenke
**ge|len|kig** Ⓝ
**ge|lin|gen**, es gelingt, es gelang, es ist gelungen
**gel|ten**, die Regel gilt, sie galt, sie hat gegolten
das **Ge|lüb|de** Ⓜ, die Gelübde
das **Ge|mäl|de** Ⓝ, die Gemälde
das **Ge|mäu|er** Ⓝ, die Gemäuer
**ge|mein**
die **Ge|mein|de**, die Gemeinden
die **Ge|mein|heit**, die Gemeinheiten
**ge|mein|sam**
die **Ge|mein|sam|keit**, die Gemeinsamkeiten
die **Ge|mein|schaft**, die Gemeinschaften
**ge|mein|schaft|lich**
das **Ge|mü|se**, die Gemüse
**ge|mus|tert**
das **Ge|müt**, die Gemüter
**ge|müt|lich**
die **Ge|müt|lich|keit**
das **Gen**, die Gene
**ge|nau**, genau genommen nichts Genaues

die **Ge|nau|ig|keit** Ⓜ
**ge|nau|so**, genauso gut
der **Gen|darm** Ⓜ *(= Polizist)*, die Gendarmen
**ge|neh|mi|gen** Ⓜ er genehmigt
die **Ge|neh|mi|gung** Ⓝ, die Genehmigungen
der **Ge|ne|ral**, die Generäle
die **Ge|ne|ra|lin**, die Generalinnen
die **Ge|ne|ra|ti|on** Ⓜ, die Generationen
**ge|ne|rell** Ⓝ
**ge|ni|al** Ⓜ
das **Ge|nick**, die Genicke
das **Ge|nie** Ⓜ, die Genies
sich **ge|nie|ren** Ⓜ, sie geniert sich
**ge|nie|ßen** Ⓜ, er genießt, er genoss, er hat genossen
der **Ge|nie|ßer** Ⓝ, die Genießer
die **Ge|nie|ße|rin** Ⓝ, die Genießerinnen
der **Ge|ni|tiv** Ⓜ *(= Wesfall)*
er **genoss** (➔ genießen)
**ge|nug** Ⓝ
**ge|nü|gen**, es genügt
**ge|nü|gend** Ⓝ
**ge|nüg|sam** Ⓝ
der **Ge|nuss** Ⓝ, die Genüsse
**ge|nüss|lich** Ⓝ
das **Geo|drei|eck**, die Geodreiecke
die **Geo|gra|fie**
**geo|gra|fisch**
die **Geo|gra|phie** Ⓜ
**geo|gra|phisch** Ⓜ
die **Geo|me|trie**
**geo|me|trisch**
das **Ge|päck** Ⓝ
der **Ge|pard** Ⓝ, die Geparde
**ge|pflegt** Ⓝ
das **Ge|plap|per**
das **Ge|plät|scher** Ⓝ

**ge|ra|de**, gerade stellen
eine Sache geradebiegen
**ge|ra|de|aus**
**ge|ra|de|wegs** Ⓝ
sie **gerann** (➔ gerinnen)
das **Ge|rät** Ⓜ, die Geräte
**ge|ra|ten**, sie gerät, sie geriet, sie ist geraten
das **Ge|ra|te|wohl** Ⓝ
aufs Geratewohl
das **Ge|räusch** Ⓜ, die Geräusche
**ge|räusch|los** Ⓝ
**ge|recht**
die **Ge|rech|tig|keit** Ⓜ
das **Ge|re|de**
**ge|reizt**
das **Ge|richt**, die Gerichte
sie **geriet** (➔ geraten)
**ge|ring**
nicht im Geringsten
**ge|rin|nen**, die Milch gerinnt, sie gerann, sie ist geronnen
das **Ge|rip|pe**, die Gerippe

*Mit Gerippe bezeichnet man das Knochengerüst eines Menschen oder Tieres. Anstatt Gerippe kann man auch Skelett sagen.*

der **Ger|ma|ne**, die Germanen
die **Ger|ma|nin**, die Germaninnen
**gern** *oder* **ger|ne**, allzu gern
gernhaben
ein gern gesehener Gast
das **Ge|röll** Ⓜ
die **Gers|te**
die **Ger|te**, die Gerten
der **Ge|ruch**, die Gerüche
**ge|ruch|los**
das **Ge|rücht**, die Gerüchte
das **Ge|rüm|pel**
das **Ge|rüst**, die Gerüste
**ge|sal|zen**
**ge|samt**
der **Ge|sang**, die Gesänge
das **Ge|säß** Ⓜ, die Gesäße
das **Ge|schäft** Ⓜ, die Geschäfte
**ge|schäft|lich** Ⓝ
**ge|sche|hen**, es geschieht, es geschah, es ist geschehen
das **Ge|sche|hen**
**ge|scheit**
das **Ge|schenk**, die Geschenke
die **Ge|schich|te**, die Geschichten
die **Ge|schick|lich|keit**
**ge|schickt**
**ge|schie|den**
das **Ge|schirr** Ⓜ
das **Ge|schlecht**, die Geschlechter
**ge|schlos|sen**
der **Ge|schmack**, die Geschmäcker
**ge|schmack|los**
**ge|schmack|voll** Ⓝ
**ge|schmei|dig** Ⓝ
das **Ge|schnat|ter**
das **Ge|schöpf**, die Geschöpfe
das **Ge|schrei**
das **Ge|schwätz** Ⓝ
**ge|schwät|zig** Ⓝ
**ge|schwind** Ⓝ
die **Ge|schwin|dig|keit** Ⓜ, die Geschwindigkeiten
die **Ge|schwis|ter**
**ge|schwol|len**
das **Ge|schwür**, die Geschwüre
der **Ge|sel|le**, die Gesellen
**ge|sel|lig** Ⓝ
die **Ge|sel|lin**, die Gesellinnen
die **Ge|sell|schaft** Ⓝ, die Gesellschaften
**ge|sell|schaft|lich** Ⓝ
das **Ge|setz**, die Gesetze


Ⓝ Nachdenkwort (Verlängern? Verwandtes Wort? qu, sp oder st?)

**ge|setz|lich**
das **Ge|sicht**, die Gesichter
**ge|spannt** Ⓝ
das **Ge|spenst** Ⓝ, die Gespenster
**ge|spens|tisch** Ⓝ
**ge|sperrt** Ⓝ
das **Ge|spräch** Ⓜ, die Gespräche
**ge|sprä|chig** Ⓝ
**ge|spren|kelt** Ⓝ
*Wenn etwas ganz viele kleine Pünktchen hat, dann ist es gesprenkelt.*

das **Ge|spür** Ⓝ
die **Ge|stalt** Ⓝ, die Gestalten
**ge|stal|ten** Ⓝ, sie gestaltet
die **Ge|stal|tung** Ⓝ
er **gestand** (➔ gestehen)
das **Ge|ständ|nis** Ⓜ, die Geständnisse
der **Ge|stank** Ⓝ
die **Ges|te**, die Gesten
**ge|ste|hen** Ⓝ, er gesteht, er gestand, er hat gestanden
das **Ge|stein** Ⓝ, die Gesteine
das **Ge|stell** Ⓝ, die Gestelle
**ges|tern**, gestern früh gestern Abend
**ge|streift** Ⓝ
das **Ge|strüpp** Ⓝ
das **Ge|stüt** Ⓝ, die Gestüte
**ge|sund** Ⓝ, gesünder, am gesündesten
die **Ge|sund|heit** Ⓝ
**ge|sund|heits|schäd|lich** Ⓝ
das **Ge|tränk** Ⓜ, die Getränke
das **Ge|trei|de**
**ge|trennt** Ⓝ, getrennt leben getrennt schreiben
das **Ge|trie|be**, die Getriebe
das **Ge|tu|schel**
das **Ge|wächs** Ⓝ, die Gewächse
die **Ge|währ** Ⓜ *(= Garantie)*
die **Ge|walt**, die Gewalten
**ge|wal|tig** Ⓝ
**ge|walt|los**
**ge|walt|tä|tig** Ⓝ
**ge|wandt** Ⓜ
sie **gewann** (➔ gewinnen)
das **Ge|wäs|ser** Ⓝ, die Gewässer
das **Ge|wehr** Ⓜ, die Gewehre
das **Ge|weih** Ⓝ, die Geweihe
das **Ge|wicht**, die Gewichte
das **Ge|wim|mel**
das **Ge|win|de**, die Gewinde
der **Ge|winn** Ⓝ, die Gewinne
**ge|win|nen**, sie gewinnt, sie gewann, sie hat gewonnen
der **Ge|win|ner**, die Gewinner
die **Ge|win|ne|rin**, die Gewinnerinnen
**ge|wiss** Ⓜ
das **Ge|wis|sen**
**ge|wis|sen|haft**
**ge|wis|sen|los**
die **Ge|wiss|heit** Ⓜ
das **Ge|wit|ter**, die Gewitter
**ge|wit|trig** Ⓝ
sich **ge|wöh|nen** Ⓜ er gewöhnt sich
die **Ge|wohn|heit** Ⓝ, die Gewohnheiten
**ge|wöhn|lich** Ⓝ
**ge|wohnt** Ⓝ
das **Ge|wöl|be**, die Gewölbe
**ge|wölbt** Ⓝ
das **Ge|würz**, die Gewürze
**ge|würzt**
das **Ge|wu|sel**
**ge|zackt**
die **Ge|zei|ten**
das **Ge|zwit|scher**

Ⓜ Merkwort (Keine Regel, merke dir das Wort!)

# Gi bis Gn

## Gi

er **gibt** (➔ geben)
der **Gie|bel**, die Giebel
die **Gier**
**gie|rig** Ⓝ
**gie|ßen** Ⓜ, sie gießt, sie goss, sie hat gegossen
die **Gie|ße|rei** Ⓝ, die Gießereien
die **Gieß|kan|ne** Ⓝ, die Gießkannen
das **Gift**, die Gifte
**gif|tig** Ⓝ
**gi|gan|tisch**
sie **gilt** (➔ gelten)
sie **ging** (➔ gehen)
der **Gip|fel**, die Gipfel
der **Gips**
**gip|sen**, er gipst
die **Gi|raf|fe**, die Giraffen
die **Gir|lan|de**, die Girlanden
die **Gischt**
die **Gi|tar|re**, die Gitarren
das **Git|ter**, die Gitter

## Gl

der **Gla|di|a|tor** Ⓜ, die Gladiatoren
der **Glanz**
**glän|zen** Ⓝ, es glänzt
**glän|zend** Ⓝ
das **Glas**, die Gläser
**glä|sern** Ⓝ
**gla|sie|ren**, sie glasiert
die **Gla|sur**, die Glasuren
**glatt** Ⓝ, glatt streichen
die **Glät|te** Ⓝ
das **Glatt|eis** Ⓝ
die **Glat|ze**, die Glatzen
**glatz|köp|fig** Ⓝ
der **Glau|be** *oder* **Glau|ben**
**glau|ben**, er glaubt
**gläu|big** Ⓝ
**glaub|wür|dig** Ⓝ
**gleich**, gleich alt
Ich komme gleich.
Das Gleiche gilt für dich.
**gleich|be|rech|tigt** Ⓝ
die **Gleich|be|rech|ti|gung**
das **Gleich|ge|wicht**
**gleich|gül|tig** Ⓝ
**gleich|lau|tend** Ⓝ
**gleich|mä|ßig** Ⓜ
**gleich|zei|tig** Ⓝ
das **Gleis**, die Gleise
**glei|ten**, sie gleitet, sie glitt, sie ist geglitten
der **Glet|scher**, die Gletscher
**glib|be|rig** Ⓝ
das **Glied**, die Glieder
**glie|dern**, er gliedert
die **Glie|de|rung**, die Gliederungen
**glimpf|lich**
**glit|schig** Ⓝ
sie **glitt** (➔ gleiten)
**glit|zern**, das Eis glitzert
der **Glo|bus**, die Globusse *oder* Globen
die **Glo|cke**, die Glocken
**glot|zen**, er glotzt
das **Glück**
**glu|ckern**, der Bach gluckert
**glück|lich**
**glück|li|cher|wei|se**
die **Glüh|bir|ne** Ⓝ, die Glühbirnen
**glü|hen**, das Feuer glüht
**glü|hend** Ⓝ
die **Glut**, die Gluten

## Gn

die **Gna|de**, die Gnaden
**gna|den|los**
**gnä|dig** Ⓝ


Ⓝ Nachdenkwort (Verlängern? Verwandtes Wort? qu, sp oder st?)

### Go

das **Gol|d** Ⓜ
**gol|den**
**gol|dig** Ⓝ
das **Golf**
Golf spielen
die **Gon|del**, die Gondeln
**gön|nen**, er gönnt
der **Go|ril|la**, die Gorillas
sie **goss** (➔ gießen)
der **Gott** Ⓝ, die Götter
die **Göt|tin**, die Göttinnen
**gött|lich** Ⓝ

### Gr

das **Grab** Ⓝ, die Gräber
**gra|ben**, sie gräbt, sie grub, sie hat gegraben
der **Gra|ben**, die Gräben
der **Grad** Ⓝ, die Grade
der **Graf**, die Grafen
das **Graf|fi|to** *oder* der **Graffito**, die Graffiti
die **Gräf|fin** Ⓝ, die Gräfinnen
das **Gramm** Ⓝ *(kurz = g)*
die **Gram|ma|tik** Ⓜ, die Grammatiken
**gram|ma|tisch**
der **Gra|nit** Ⓜ
**gran|tig** Ⓝ
die **Grape|fruit** Ⓜ, die Grapefruits
das **Gras**, die Gräser
**gra|sen**, das Schaf grast
**gräss|lich** Ⓜ
die **Grä|te** Ⓜ, die Gräten
**gra|tis**
die **Grät|sche** Ⓜ, die Grätschen
die **Gra|tu|la|ti|on** Ⓜ, die Gratulationen
**gra|tu|lie|ren**, sie gratuliert
**grau**, das Grau
das **Grau|en**
**grau|en|haft**
**grau|haa|rig** Ⓝ
**gräu|lich** Ⓝ
die **Grau|pel**, die Graupeln
**grau|sam**
die **Grau|sam|keit**, die Grausamkeiten
**grau|sig** Ⓝ
**grei|fen**, er greift, er griff, er hat gegriffen
der **Greif|vo|gel** Ⓝ, die Greifvögel
der **Greis**, die Greise
die **Grei|sin**, die Greisinnen
**grell** Ⓝ, grell beleuchtet
die **Gren|ze**, die Grenzen
**gren|zen**, es grenzt
**gren|zen|los**
der **Grie|che**, die Griechen
**Grie|chen|land** Ⓝ
die **Grie|chin**, die Griechinnen
**grie|chisch**
**gries|grä|mig** Ⓜ
der **Grieß** Ⓜ
er **griff** (➔ greifen)
der **Griff** Ⓝ, die Griffe
der **Grill** Ⓝ, die Grills
die **Gril|le**, die Grillen
**gril|len**, sie grillt
die **Gri|mas|se**, die Grimassen
**grim|mig** Ⓝ
**grin|sen**, er grinst
die **Grip|pe**, die Grippen
**grob** Ⓝ, gröber, am gröbsten
grob mahlen
die **Grob|heit** Ⓝ, die Grobheiten
**grö|len**, er grölt
der **Groll** Ⓜ
**grol|len**, der Donner grollt
**Grön|land** Ⓝ
der **Gro|schen**, die Groschen

Ⓜ Merkwort (Keine Regel, merke dir das Wort!)

# Gr bis Gy

**groß** (M), größer, am größten
Groß und Klein
im Großen und Ganzen
das A am Wortanfang groß-schreiben
das Wort ‚UND' groß schrei-ben
**groß|ar|tig** (N)
**Groß|bri|tan|ni|en** (N)
die **Grö|ße** (N), die Größen
**groß|zie|hen** (N)
Er zieht sein Enkel groß.
**groß|zü|gig** (N)
die **Grot|te**, die Grotten
sie **grub** (➔ graben)
das **Grüb|chen** (M), die Grübchen
die **Gru|be**, die Gruben
**grü|beln**, er grübelt

*Wenn du ganz fest über eine Sache nach-denkst, sagt man, dass du grübelst.*

die **Gruft**, die Grüfte *oder* Gruften
**grün**, das Grün
der Grüne Punkt
der **Grund** (N), die Gründe
aufgrund *oder* auf Grund
**grün|den**, er gründet
der **Grün|der**, die Gründer
die **Grün|de|rin**, die Gründerinnen
**gründ|lich** (N)
**grund|sätz|lich** (N)
die **Grün|dung**, die Gründungen
der **Grün|kohl** (N)
**grün|lich**
**grun|zen**, das Schwein grunzt
die **Grup|pe**, die Gruppen
**grup|pen|wei|se**

die **Gru|sel|ge|schich|te**, die Gruselgeschichten
**gru|se|lig** (N) *oder* **grus|lig**
sich **gru|seln**, sie gruselt sich
der **Gruß** (M), die Grüße
**grü|ßen** (N), er grüßt

## Gu

**gu|cken**, sie guckt
das **Guck|loch**, die Gucklöcher
das **Gu|lasch** *oder* der **Gulasch**
der **Gul|ly** (M) *oder* das **Gul|ly**, die Gullys
**gül|tig** (N)
die **Gül|tig|keit** (N)
der **Gum|mi** (M) *oder* das **Gum|mi**, die Gummis
das Gummibärchen
**güns|tig** (N)
die **Gur|gel**, die Gurgeln
**gur|geln**, er gurgelt
die **Gur|ke**, die Gurken
**gur|ren**, die Taube gurrt
der **Gurt**, die Gurte
der **Gür|tel**, die Gürtel
der **Guss** (N), die Güsse
**gut**, besser, am besten
gut gehen, gut gemeint
Guten Abend sagen
alles Gute
das **Gut**, die Güter
die **Gü|te**
der **Gü|ter|zug** (N), die Güterzüge
**gü|tig** (N)
**gut|mü|tig** (N)
der **Gut|schein**, die Gutscheine

## Gy

der **Gym|na|si|ast** (M), die Gymnasiasten
die **Gym|na|si|as|tin** (M), die Gymnasiastinnen


(N) Nachdenkwort (Verlängern? Verwandtes Wort? qu, sp oder st?)

das **Gym|na|si|um** Ⓜ, die Gymnasien
die **Gym|nas|tik** Ⓜ
das **Gy|ros** Ⓜ

# Hh

**Ha**

das **Haar** Ⓜ, die Haare
die **Haar|bürs|te** Ⓝ, die Haarbürsten
**haar|scharf** Ⓝ
der **Haar|spray** Ⓜ *oder* das **Haarspray**, die Haarsprays
**haar|sträu|bend** Ⓜ
**ha|ben**, er hat, er hatte, er hat gehabt
**hab|gie|rig** Ⓝ
der **Ha|bicht**, die Habichte
der **Hack|bra|ten**, die Hackbraten
die **Ha|cke**, die Hacken
**ha|cken**, sie hackt
das **Hack|fleisch**
der **Ha|fen**, die Häfen
der **Ha|fer**
die **Haft**
der **Häft|ling** Ⓝ, die Häftlinge
die **Ha|ge|but|te**, die Hagebutten
der **Ha|gel**
**ha|geln**, es hagelt
**ha|ger**
der **Hahn** Ⓜ, die Hähne
das **Hähn|chen** Ⓝ, die Hähnchen
der **Hai** Ⓜ, die Haie
der **Hain** Ⓜ, die Haine
**hä|keln** Ⓜ, er häkelt

der **Ha|ken**, die Haken
**halb** Ⓝ, halb eins
eine halbe Stunde
eineinhalb
ein halb leeres Glas
der **Halb|bru|der** Ⓝ, die Halbbrüder
**hal|bie|ren**, sie halbiert
die **Halb|in|sel** Ⓝ, die Halbinseln
der **Halb|mond** Ⓝ
die **Halb|schwes|ter** Ⓝ, die Halbschwestern
**halb|tags** Ⓝ
er **half** (➔ helfen)
die **Hälf|te** Ⓜ, die Hälften
das **Half|ter** *oder* der **Halfter**, die Halfter
die **Hal|le**, die Hallen
das Hallenbad
die **Hal|lig** Ⓝ, die Halligen
**Hal|lo!**
der **Halm**, die Halme
der **Hals**, die Hälse
**hals|bre|che|risch**
das **Hals|weh** Ⓜ
**halt|bar**
die **Halt|bar|keit**
**hal|ten**, du hältst, du hieltest, du hast gehalten
die **Hal|te|stel|le** Ⓝ, die Haltestellen
die **Hal|tung**
**Ham|burg** Ⓝ
der **Ham|bur|ger** Ⓜ, die Hamburger
der **Ham|mel**, die Hammel
der **Ham|mer**, die Hämmer
**häm|mern** Ⓝ, sie hämmert
**ham|peln**, er hampelt
der **Hams|ter**, die Hamster

Ⓜ Merkwort (Keine Regel, merke dir das Wort!)

A B C D E F G H I J K L M N O P Q R S T U V W X Y Z

**hams|tern**, sie hamstert

*Wenn du viel mehr kaufst oder dir viel mehr von einer Sache nimmst, als du im Augenblick brauchst, weil du Angst hast, sonst später zu wenig zu haben, dann hamsterst du.*

die **Hand** (N), die Hände
die **Hand|ar|beit** (N)
der **Hand|ball** (N)
**hand|breit** (N)
der **Han|del**
**han|deln**, er handelt
das **Hand|ge|lenk** (N), die Handgelenke
der **Händ|ler** (N), die Händler
die **Händ|le|rin** (N), die Händlerinnen
**hand|lich** (N)
die **Hand|lung**, die Handlungen
die **Hand|schrift** (N), die Handschriften
der **Hand|schuh** (N), die Handschuhe
der **Hand|stand** (N)
die **Hand|ta|sche** (N), die Handtaschen
das **Hand|tuch** (N), die Handtücher
die **Hand|voll** (N)
eine Handvoll Kirschen
das **Hand|werk** (N)
der **Hand|wer|ker** (N), die Handwerker
die **Hand|wer|ke|rin** (N), die Handwerkerinnen
das **Han|dy** (M), die Handys
der **Hang**, die Hänge
die **Hän|ge|mat|te** (N), die Hängematten

**Beachte den Unterschied!**

**hän|gen** (M)
das Bild hängt an der Wand, es hing dort, es hat dort gehangen

**hän|gen** (M)
sie hängt das Bild an die Wand, sie hängte es dorthin, sie hat es dorthin gehängt

**Han|no|ver** (M)
**hän|seln** (M), er hänselt
die **Hard|ware** (M)
die **Har|fe**, die Harfen
die **Har|ke**, die Harken
**harm|los**
die **Har|mo|nie**, die Harmonien
**har|mon|isch**
der **Harn**
die **Har|pu|ne**, die Harpunen
**hart**, härter, am härtesten
ein hart gekochtes Ei
die **Här|te** (N), die Härten
**hart|nä|ckig** (M)
das **Harz**, die Harze

 (N) Nachdenkwort (Verlängern? Verwandtes Wort? qu, sp oder st?)

der **Ha|se**, die Hasen
die **Ha|sel|maus**, die Haselmäuse
die **Ha|sel|nuss** Ⓝ, die Haselnüsse
der **Hass** Ⓝ
**has|sen**, sie hasst
**häss|lich** Ⓜ
du **hast** (➔ haben)
**has|tig** Ⓝ
sie **hat** (➔ haben)
er **hat|te** (➔ haben)
sie **hätte** Ⓝ (➔ haben)
die **Hau|be**, die Hauben
der **Hauch**
**hauch|dünn** Ⓝ
**hau|chen**, er haucht
**hau|en**, sie haut
das **Häuf|chen** Ⓝ, die Häufchen
der **Hau|fen**, die Haufen
**häu|fig** Ⓜ
das **Haupt**, die Häupter
der **Häupt|ling** Ⓝ, die Häuptlinge
die **Haupt|sa|che**
**haupt|säch|lich** Ⓝ
die **Haupt|schu|le**, die Hauptschulen
die **Haupt|stadt** Ⓝ, die Hauptstädte
das **Haupt|wort**, die Hauptwörter
das **Haus**, die Häuser
nach Hause, zu Hause
die Hausaufgabe
das **Häus|chen** Ⓝ, die Häuschen
**hau|sen**, er haust
die **Haus|frau**, die Hausfrauen
der **Haus|halt**, die Haushalte
**haus|hoch**
der **Haus|meis|ter**, die Hausmeister
die **Haus|meis|te|rin**, die Hausmeisterinnen
der **Haus|schlüs|sel**, die Hausschlüssel
das **Haus|tier**, die Haustiere
die **Haut**, die Häute
sich **häu|ten** Ⓝ
die Schlange häutet sich
**haut|eng**
die **Haut|far|be**

## He

die **Heb|am|me**, die Hebammen
der **He|bel**, die Hebel
**he|ben**, sie hebt, sie hob, sie hat gehoben
der **Hecht**, die Hechte
**hech|ten**, er hechtet
das **Heck**, die Hecks *oder* Hecke
die **He|cke**, die Hecken
das **Heer** Ⓜ, die Heere
die **He|fe**
das **Heft**, die Hefte
**hef|ten**, sie heftet
der **Hef|ter**, die Hefter
**hef|tig** Ⓝ
die **Hei|de**
die **Hei|del|bee|re** Ⓝ, die Heidelbeeren
**hei|kel**
**heil**
**heil|bar**
**hei|len**, er heilt
**heil|froh** Ⓝ
**hei|lig** Ⓝ
der **Hei|lig|abend** Ⓝ
die **Hei|lung**
das **Heim**, die Heime
die **Hei|mat**
**hei|mat|los**
**heim|fah|ren** Ⓝ, sie fährt heim, sie fuhr heim, sie ist heimgefahren
**heim|lich**

Ⓜ Merkwort (Keine Regel, merke dir das Wort!)

A B C D E F G H I J K L M N O P Q R S T U V W X Y Z

der **Heim|weg** Ⓝ
das **Heim|weh** Ⓜ
die **Hei|rat**
**hei|ra|ten**, sie heiratet
**hei|ser**
die **Hei|ser|keit**
**heiß** Ⓜ
das Wasser heiß machen
**hei|ßen** Ⓜ, er heißt, er hieß, er hat geheißen
der **Heiß|hun|ger** Ⓝ
**hei|ter**
die **Hei|ter|keit**
**hei|zen**, sie heizt
der **Heiz|kör|per**, die Heizkörper
die **Hei|zung**, die Heizungen
die **Hek|tik** Ⓜ
**hek|tisch**
der **Held** Ⓝ, die Helden
die **Hel|din**, die Heldinnen
**hel|fen**, er hilft, er half, er hat geholfen
der **Hel|fer**, die Helfer
die **Hel|fe|rin**, die Helferinnen
**hell** Ⓝ, hellblau
ein hell leuchtender Stern
die **Hel|lig|keit** Ⓜ
**hell|wach** Ⓝ
der **Helm**, die Helme
das **Hemd** Ⓝ, die Hemden
die **Hem|mung**, die Hemmungen
**hem|mungs|los**
das **Hendl** *(= Huhn)*, die Hendln
der **Hengst**, die Hengste
der **Hen|kel**, die Henkel
die **Hen|ne**, die Hennen
**her**, hin und her
drei Jahre her sein
**he|rab** Ⓜ
**he|ran**
**he|rauf**
**he|raus**
**he|raus|fin|den**, sie findet heraus, sie fand heraus, sie hat herausgefunden
**he|raus|for|dern**
er fordert heraus
die **He|raus|for|de|rung**, die Herausforderungen
**her|bei**
die **Her|ber|ge**, die Herbergen
der **Herbst** Ⓜ
**herbst|lich** Ⓝ
der **Herd** Ⓝ, die Herde
die **Her|de**, die Herden
**he|rein**
der **He|ring**, die Heringe
die **Her|kunft**
der **Herr** Ⓝ, die Herren
**her|ren|los**
**herr|lich** Ⓜ
die **Herr|lich|keit** Ⓝ
**herr|schaft|lich** Ⓝ
**herr|schen** Ⓜ, sie herrscht
der **Herr|scher** Ⓝ, die Herrscher
die **Herr|sche|rin** Ⓝ, die Herrscherinnen
**her|stel|len** Ⓝ, er stellt her
der **Her|stel|ler** Ⓝ, die Hersteller
die **Her|stel|lung** Ⓝ
**he|rü|ber**
**he|rum**
**he|run|ter**
**her|vor** Ⓜ
**her|vor|ra|gend** Ⓝ
das **Herz**, die Herzen
**herz|haft**
**herz|lich**
der **Herz|schlag** Ⓝ, die Herzschläge
**herz|zer|rei|ßend** Ⓝ
**Hes|sen**
die **Het|ze**
**het|zen**, sie hetzt

 Ⓝ Nachdenkwort (Verlängern? Verwandtes Wort? qu, sp oder st?)

die **Het|ze|rei**
das **Heu**
**heu|cheln**, er heuchelt
der **Heu|chler**, die Heuchler
die **Heu|chle|rin**, die Heuchlerinnen
**heuch|le|risch**
**heu|er** *(= in diesem Jahr)*
**heu|len**, sie heult
der **Heu|schnup|fen**
die **Heu|schre|cke**, die Heuschrecken
**heu|te**, heute Morgen
heute früh
**heu|tig** Ⓝ
**heut|zu|ta|ge**
die **He|xe**, die Hexen
die **He|xe|rei**

### Hi

der **Hieb** Ⓝ, die Hiebe
er **hielt** (→ halten)
**hier**
**hier|her**
**hier|mit**
die **Hie|ro|gly|phe** Ⓜ, die Hieroglyphen

*Die altägyptischen Schriftzeichen heißen Hieroglyphen.*

er **hieß** (→ heißen)
die **Hil|fe**, die Hilfen
**hilf|los**
**hilf|reich**
**hilfs|be|reit**
die **Him|bee|re** Ⓝ, die Himbeeren

der **Him|mel**, die Himmel
**him|mel|hoch**
die **Him|mels|rich|tung**, die Himmelsrichtungen
**himm|lisch**
**hin**, hin und her
**hi|nauf**
**hi|naus**
**hin|dern**, er hindert
das **Hin|der|nis**, die Hindernisse
der **Hin|du** *(= Anhänger des Hinduismus)*, die Hindus
der **Hin|du|is|mus** *(= indische Religion)*
**hin|durch**
**hi|nein**
es **hing** (→ hängen)
**hin|ken**, sie hinkt
sich **hin|set|zen**, er setzt sich hin
**hin|stel|len**, sie stellt hin
**hin|ten**
**hin|ter**
**hin|ter|ei|nan|der**
hintereinandergehen
hintereinander ankommen
der **Hin|ter|grund** Ⓝ, die Hintergründe
**hin|ter|her**
**hin|ter|lis|tig** Ⓝ
der **Hin|tern**, die Hintern
das **Hin|ter|rad** Ⓝ, die Hinterräder
**hi|nü|ber**
**hi|nun|ter**
der **Hin|weis**, die Hinweise
**hin|zu**
das **Hirn**, die Hirne
der **Hirsch**, die Hirsche
die **Hir|se**
der **Hir|te** *oder* **Hirt**, die Hirten
**his|to|risch**
der **Hit**, die Hits
die Hitparade

Ⓜ Merkwort (Keine Regel, merke dir das Wort!)

die **Hit|ze**
**hit|ze|frei**
Hitzefrei haben

**Hm**
die **H-Milch**

**Ho**
sie **hob** (→ heben)
das **Hob|by** (M), die Hobbys
der **Ho|bel**, die Hobel
**ho|beln**, er hobelt
**hoch**, höher, am höchsten
ein hoher Baum
hoch kompliziert
das **Hoch**, die Hochs
**hoch|be|gabt** (N)
**hoch|ge|hen**, sie geht hoch, sie ging hoch, sie ist hochgegangen
das **Hoch|haus**, die Hochhäuser
der **Hoch|mut**
**hoch|nä|sig** (N)
der **Hoch|sprung** (N)
**höchst** (M)
**höchs|tens** (M)
die **Höchst|ge|schwin|dig|keit** (M)
**höchst|wahr|schein|lich** (M)
das **Hoch|was|ser**

*Wenn das Wasser über die Ufer eines Flusses oder eines Sees steigt und Straßen, Felder und Städte überschwemmt, dann spricht man von Hochwasser.*

die **Hoch|zeit**, die Hochzeiten
die **Ho|cke**
**ho|cken**, er hockt
der **Ho|cker**, die Hocker
das **Ho|ckey** (M)
Hockey spielen
der **Ho|den**, die Hoden
der **Hof**, die Höfe
**hof|fen**, sie hofft
**hof|fent|lich**
die **Hoff|nung**, die Hoffnungen
**hoff|nungs|los**
**höf|lich**
die **Höf|lich|keit**
die **Hö|he**, die Höhen
**hohl** (M)
die **Höh|le** (N), die Höhlen
der **Hohn** (M)
**höh|nisch** (N)
der **Ho|kus|po|kus**
**ho|len**, er holt
**Hol|land** (N)
der **Hol|län|der** (N), die Holländer
die **Hol|län|de|rin** (N), die Holländerinnen
**hol|län|disch** (N)
die **Höl|le**, die Höllen
**hol|pe|rig** (N) *oder* **holp|rig**
der **Ho|lun|der**, die Holunder
das **Holz**, die Hölzer
die **Home|page** (M), die Homepages
**ho|möo|pa|thisch** (M)
**ho|mo|se|xu|ell** (N)
der **Ho|nig** (M)
**ho|nig|süß** (N)
der **Hop|fen**
**hop|peln**, der Hase hoppelt
**hop|sen**, sie hopst
**hor|chen**, er horcht
die **Hor|de**, die Horden
**hö|ren**, sie hört
der **Hö|rer**, die Hörer
das **Hör|ge|rät** (N), die Hörgeräte
der **Ho|ri|zont**, die Horizonte


(N) Nachdenkwort (Verlängern? Verwandtes Wort? qu, sp oder st?)

das **Horn**, die Hörner
das **Hörn|chen**, die Hörnchen
die **Hor|nis|se**, die Hornissen
der **Hor|ror**
der **Horst** *(= Nest eines Greifvogels)*, die Horste
der **Hort**, die Horte
**hor|ten**, er hortet
die **Ho|se**, die Hosen
die **Hos|tie**, die Hostien
das **Ho|tel**, die Hotels

## Hu

**hübsch** Ⓜ
der **Hub|schrau|ber**, die Hubschrauber
**hu|cke|pack**
huckepack tragen
der **Huf**, die Hufe
die **Hüf|te**, die Hüften
der **Hü|gel**, die Hügel
**hü|ge|lig** Ⓝ *oder* **hüg|lig**
das **Huhn** Ⓜ, die Hühner
das **Hühn|chen** Ⓝ, die Hühnchen
der **Hüh|ner|stall** Ⓝ, die Hühnerställe
die **Hül|le**, die Hüllen
die **Hül|se**, die Hülsen
die Hülsenfrucht
die **Hum|mel**, die Hummeln
der **Hum|mer**, die Hummer
der **Hu|mor**
**hu|mor|los**
**hu|mor|voll** Ⓝ
**hum|peln**, sie humpelt
der **Hu|mus**
der **Hund** Ⓝ, die Hunde
**hun|de|mü|de**
**hun|dert**
die Hundert
**hun|dert|mal**
**hun|dert|tau|send** Ⓝ
der **Hun|ger**
**hun|gern**, er hungert
**hun|grig** Ⓝ
die **Hu|pe**, die Hupen
**hu|pen**, sie hupt
**hüp|fen**, er hüpft
die **Hür|de**, die Hürden
**hu|schen**, sie huscht
**hus|ten**, er hustet
der **Hus|ten**
der **Hut**, die Hüte
**hü|ten**, sie hütet
die **Hüt|te**, die Hütten

## Hy

die **Hy|ä|ne** Ⓜ, die Hyänen
die **Hy|a|zin|the** Ⓜ, die Hyazinthen
der **Hy|drant** Ⓜ, die Hydranten
die **Hy|gi|e|ne** Ⓜ
**hy|gi|e|nisch** Ⓝ
die **Hym|ne** Ⓜ, die Hymnen
**hys|te|risch** Ⓜ

# Ii

## Ic

der **IC** *(= Intercity)*, die ICs
der **ICE** *(= Intercityexpress)*, die ICEs
**ich**

## Id

**ide|al** Ⓜ
die **Idee** Ⓜ, die Ideen
der **Idi|ot** Ⓜ, die Idioten

Ⓜ Merkwort (Keine Regel, merke dir das Wort!)

# Id bis In

die **Idio|tin** Ⓜ, die Idiotinnen
**idio|tisch** Ⓜ

## Ig
der **Igel** Ⓜ, die Igel
der **Ig|lu** Ⓜ *oder* das **Ig|lu**, die Iglus

## Ih
**ihm** Ⓜ, Gib ihm den Stift.
**ihn** Ⓜ, Ich mag ihn.
**ih|nen** Ⓜ, Sag es ihnen.
**ihr** Ⓜ, ihr seid
Ich gebe ihr den Apfel.

## Il
die **Il|lus|tra|ti|on** Ⓜ, die Illustrationen
der **Il|lus|tra|tor**, die Illustratoren
die **Il|lus|tra|to|rin**, die Illustratorinnen
der **Il|tis**, die Iltisse

## Im
**im** *(= in dem)*, im Haus
der **Im|biss** Ⓝ, die Imbisse
die Imbissbude
der **Im|ker**, die Imker
die **Im|ke|rin**, die Imkerinnen
**im|mer**
**imp|fen**, er impft
die **Imp|fung**, die Impfungen
**im|po|nie|ren**, sie imponiert ihm
*Wenn du jemanden sehr beeindruckst, dann imponierst du ihm.*

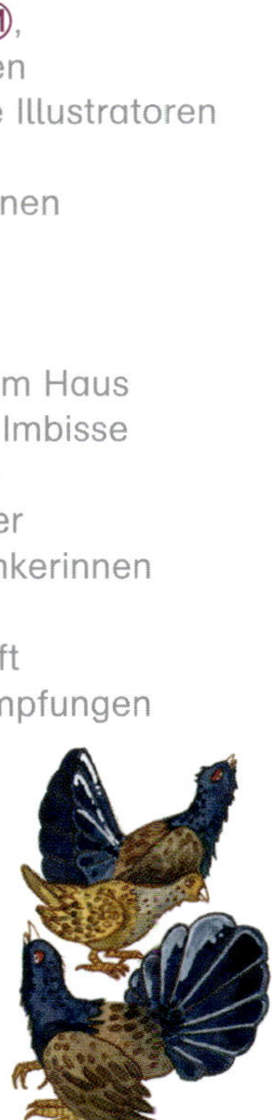

**im|stan|de** Ⓝ

## In
**in**, in die Schule
Solche Hosen sind gerade in.
**in|dem**
der **In|di|a|ner** Ⓜ, die Indianer
die **In|di|a|ne|rin** Ⓜ, die Indianerinnen
**In|di|en** Ⓜ
**in|disch**
die **In|dus|trie**, die Industrien
**in|ei|nan|der**
ineinanderschieben
die **In|fek|ti|on** Ⓜ, die Infektionen
der **In|fi|ni|tiv** Ⓜ *(= Grundform)*, die Infinitive
die **In|for|ma|ti|on** Ⓜ, die Informationen
**in|for|mie|ren**, er informiert
sich informieren
der **In|ge|ni|eur** Ⓜ, die Ingenieure
die **In|ge|ni|eu|rin** Ⓜ, die Ingenieurinnen
der **In|ha|ber**, die Inhaber
die **In|ha|be|rin**, die Inhaberinnen
**in|ha|lie|ren**, sie inhaliert
der **In|halt**, die Inhalte
**in|halt|lich**
das **In|halts|ver|zeich|nis** Ⓝ, die Inhaltsverzeichnisse
die **In|li|ner** Ⓜ
der **In|line|skate** Ⓜ, die Inlineskates
**in|line|ska|ten** Ⓜ
er inlineskatet
**in|mit|ten**
**in|nen**
die **In|nen|stadt** Ⓝ, die Innenstädte
**in|ner|halb** Ⓝ
**in|nig** Ⓝ
**ins** *(= in das)*
ins Haus gehen


Ⓝ Nachdenkwort (Verlängern? Verwandtes Wort? qu, sp oder st?)

der **In|sas|se**, die Insassen
die **In|sas|sin**, die Insassinnen
das **In|sekt**, die Insekten
die **In|sel**, die Inseln
das **In|se|rat**, die Inserate
**ins|ge|samt**
**in|so|fern**
der **In|stinkt**, die Instinkte
das **In|sti|tut**, die Institute
das **In|stru|ment**, die Instrumente
**in|tel|li|gent** Ⓜ
die **In|tel|li|genz** Ⓜ
**in|ten|siv** Ⓜ
die **In|ten|siv|sta|ti|on** Ⓜ
**in|te|res|sant**
das **In|te|res|se**, die Interessen
sich **in|te|res|sie|ren**
er interessiert sich
das **In|ter|nat**, die Internate
**in|ter|na|ti|o|nal** Ⓜ
das **In|ter|net**
das **In|ter|view** Ⓜ, die Interviews
die **Inu|it**
der **In|va|li|de** Ⓜ, die Invaliden
die **In|va|li|din** Ⓜ, die Invalidinnen
**in|zwi|schen**

### Ir

der **Ire**, die Iren
**ir|gend** Ⓜ
**ir|gend|ein, ir|gend|ei|ne,**
**ir|gend|ei|ner** Ⓝ
**ir|gend|et|was** Ⓝ
**ir|gend|je|mand** Ⓝ
**ir|gend|wann** Ⓝ
**ir|gend|was** Ⓝ
**ir|gend|wie** Ⓝ
**ir|gend|wo** Ⓝ
die **Irin** Ⓜ, die Irinnen
**irisch** Ⓜ
**Ir|land** Ⓝ
**ir|re**
**ir|ren**, er irrt
Er ist durch die Gegend geirrt.
Sie hat sich geirrt.
der **Irr|gar|ten** Ⓝ, die Irrgärten
der **Irr|tum** Ⓝ, die Irrtümer

### Is

der **Is|lam**
**is|la|misch**
**Is|land** Ⓝ
**is|län|disch** Ⓝ
**Is|ra|el**
**is|ra|e|lisch**
sie **isst** Ⓝ (→ essen)
er **ist** (→ sein)

### It

**Ita|li|en** Ⓜ
der **Ita|li|e|ner** Ⓜ, die Italiener
die **Ita|li|e|ne|rin** Ⓜ,
die Italienerinnen
**ita|li|e|nisch** Ⓜ

# Jj

### Ja

**ja**
die **Jacht**, die Jachten
die **Ja|cke**, die Jacken
die **Jagd** Ⓝ, die Jagden
**ja|gen**, er jagt
der **Jä|ger** Ⓝ, die Jäger
die **Jä|ge|rin** Ⓝ, die Jägerinnen
das **Jahr** Ⓜ, die Jahre
**jah|re|lang** Ⓝ

Ⓜ Merkwort (Keine Regel, merke dir das Wort!)

die **Jah|res|zeit** Ⓝ, die Jahreszeiten
das **Jahr|hun|dert** Ⓝ, die Jahrhunderte
**jähr|lich** Ⓝ
der **Jahr|markt** Ⓝ, die Jahrmärkte
das **Jahr|tau|send** Ⓝ, die Jahrtausende
das **Jahr|zehnt** Ⓝ, die Jahrzehnte
die **Ja|lou|sie** Ⓜ, die Jalousien
der **Jam|mer**
**jäm|mer|lich** Ⓝ
**jam|mern**, sie jammert
der **Jän|ner** Ⓝ *(= Januar)*
der **Ja|nu|ar**
**Ja|pan**
**ja|pa|nisch**
**jä|ten** Ⓜ, er jätet
die **Jau|che**
**jauch|zen**, sie jauchzt
**jau|len**, er jault
die **Jau|se** *(= Zwischenmahlzeit)*, die Jausen
**ja|wohl** Ⓜ
die **Jazz|mu|sik** Ⓜ

### Je

**je**, je nachdem
je früher, desto besser
die **Jeans** Ⓜ
**je|de, je|der, je|des**
jedes Mal
**je|den|falls**
**je|der|zeit**
**je|doch**
der **Jeep** Ⓜ, die Jeeps
**je|mals**
**je|mand** Ⓝ
**je|ne, je|ner, je|nes**
**jen|seits**
das **Jen|seits**
der **Je|sus**
**jetzt**
**je|weils**

### Jo

der **Job** Ⓜ, die Jobs
**job|ben** Ⓜ, sie jobbt
**jo|deln**, er jodelt
**jog|gen** Ⓜ, sie joggt
der **Jog|ger** Ⓜ, die Jogger
die **Jog|ge|rin** Ⓜ, die Joggerinnen
der **Jo|ghurt** Ⓜ *oder* das **Jo|ghurt**
der **Jo|gurt** *oder* das **Jo|gurt**
die **Jo|han|nis|bee|re** Ⓝ, die Johannisbeeren
der **Jo|ker** Ⓜ, die Joker
**jon|glie|ren** Ⓜ, er jongliert
der **Jour|na|list** Ⓜ, die Journalisten
die **Jour|na|lis|tin** Ⓜ, die Journalistinnen
der **Joy|stick** Ⓜ, die Joysticks

### Ju

der **Ju|bel**
**ju|beln**, sie jubelt
das **Ju|bi|lä|um** Ⓜ, die Jubiläen
**ju|cken**, es juckt
der **Ju|de**, die Juden
das **Ju|den|tum**
die **Jü|din**, die Jüdinnen
**jü|disch**
das **Ju|do**
die **Ju|gend** Ⓜ
die Jugendherberge
**ju|gend|lich** Ⓝ
der **Ju|gend|li|che** Ⓝ *oder* die **Jugendliche**, die Jugendlichen
der **Ju|li**
**jung**, jünger, am jüngsten
Jung und Alt
der **Jun|ge** *(= männliches Kind)*, die Jungen *oder* Jungs

 Ⓝ Nachdenkwort (Verlängern? Verwandtes Wort? qu, sp oder st?)

das **Jun|ge** *(= Tierkind)*, die Jungen

der **Ju|ni**

der **Ju|pi|ter**

die **Ju|ry** Ⓜ, die Jurys

das **Ju|wel**, die Juwelen

der **Ju|we|lier**, die Juweliere

die **Ju|we|lie|rin**, die Juwelierinnen

# Kk

## Ka

das **Ka|bel**, die Kabel

der **Ka|bel|jau**, die Kabeljaue *oder* Kabeljaus

die **Ka|bi|ne** Ⓜ, die Kabinen

das **Kab|rio** Ⓜ, die Kabrios

die **Ka|chel**, die Kacheln

**ka|cheln**, er kachelt

der **Kä|fer** Ⓜ, die Käfer

der **Kaf|fee** Ⓜ

der **Kä|fig** Ⓜ, die Käfige

**kahl** Ⓜ

**kahl|köp|fig** Ⓝ

der **Kahl|schlag** Ⓝ

der **Kahn** Ⓜ, die Kähne

der **Kai** Ⓜ, die Kais

der **Kai|ser** Ⓜ, die Kaiser

die **Kai|se|rin** Ⓜ, die Kaiserinnen

der **Ka|jak**, die Kajaks

die **Ka|jü|te**, die Kajüten

der **Ka|kao**

die **Ka|ker|la|ke**, die Kakerlaken

das **Kalb** Ⓝ, die Kälber

das **Ka|lei|dos|kop**, die Kaleidoskope

der **Ka|len|der**, die Kalender

der **Kalk**

die **Ka|lo|rie**, die Kalorien

**kalt**, kälter, am kältesten

**kalt|blü|tig** Ⓝ

die **Käl|te** Ⓝ

sie **kam** (➔ kommen)

das **Ka|mel**, die Kamele

die **Ka|me|ra**, die Kameras

der **Ka|me|rad** Ⓝ, die Kameraden

die **Ka|me|ra|din**, die Kameradinnen

**ka|me|rad|schaft|lich** Ⓝ

die **Ka|mil|le**

der **Ka|min** Ⓜ, die Kamine

der **Kamm** Ⓝ, die Kämme

sich **käm|men** Ⓝ, sie kämmt sich

die **Kam|mer**, die Kammern

der **Kampf**, die Kämpfe

**kämp|fen** Ⓝ, er kämpft

der **Kämp|fer** Ⓝ, die Kämpfer

die **Kämp|fe|rin** Ⓝ, die Kämpferinnen

**kämp|fe|risch** Ⓝ

**Ka|na|da**

**ka|na|disch**

der **Ka|nal**, die Kanäle

die **Ka|na|li|sa|ti|on** Ⓜ

der **Ka|na|ri|en|vo|gel** Ⓝ, die Kanarienvögel

der **Kan|di|dat**, die Kandidaten

die **Kan|di|da|tin**, die Kandidatinnen

die **Kan|di|da|tur**, die Kandidaturen

**kan|di|die|ren**, sie kandidiert

das **Kän|gu|ru** Ⓜ, die Kängurus

das **Ka|nin|chen** Ⓜ, die Kaninchen

der **Ka|nis|ter**, die Kanister

sie **kann** Ⓝ (➔ können)

das **Känn|chen** Ⓝ, die Kännchen

die **Kan|ne**, die Kannen



a b c d e f g h i j k l m n o p q r s t u v w x y z

er **kann|te** (N) (➔ kennen)
der **Ka|non**, die Kanons
die **Ka|no|ne**, die Kanonen
die Kanonenkugel
die **Kan|te**, die Kanten
**kan|tig** (N)
die **Kan|ti|ne** (M), die Kantinen
der **Kan|ton**, die Kantone
das **Ka|nu**, die Kanus
die **Kan|zel**, die Kanzeln
der **Kanz|ler**, die Kanzler
die **Kanz|le|rin**, die Kanzlerinnen
das **Kap**, die Kaps
die **Ka|pel|le**, die Kapellen
**ka|pern**
Die Piraten kapern das Schiff.
**ka|pie|ren**, sie kapiert
der **Ka|pi|tän** (M), die Kapitäne
die **Ka|pi|tä|nin** (N),
die Kapitäninnen
das **Ka|pi|tel**, die Kapitel
der **Ka|plan**, die Kapläne
die **Kap|pe**, die Kappen
das **Käp|pi** (N), die Käppis
die **Kap|sel**, die Kapseln
**ka|putt** (N)
kaputtgehen
die **Ka|pu|ze**, die Kapuzen
die **Ka|ram|bo|la|ge** (M),
die Karambolagen
das **Ka|ra|te**
die **Ka|ra|wa|ne**, die Karawanen
der **Kar|di|nal**, die Kardinäle
der **Kar|fi|ol** *(= Blumenkohl)*
der **Kar|frei|tag**
**karg** (N)
**ka|riert**
die **Ka|ri|es** (M)
der **Kar|ne|val**
das **Ka|ro**, die Karos
die **Ka|ros|se|rie**, die Karosserien
die **Ka|rot|te**, die Karotten
der **Karp|fen**, die Karpfen
die **Kar|re** *oder* der **Kar|ren**,
die Karren
**kar|ren**, er karrt
die **Kar|te**, die Karten
die **Kar|tei**, die Karteien
die **Kar|tof|fel**, die Kartoffeln
der Kartoffelpuffer
der **Kar|ton** (M), die Kartons
das **Ka|rus|sell** (M), die Karussells
*oder* Karusselle
der **Kä|se** (M)
die **Ka|ser|ne**, die Kasernen
**kä|se|weiß** (N)
der **Kas|per**, die Kasper
der **Kas|per|le** *oder* das **Kas|per|le**,
die Kasperle
das Kasperletheater
die **Kas|se**, die Kassen
die **Kas|set|te**, die Kassetten
**kas|sie|ren**, sie kassiert
der **Kas|sie|rer**, die Kassierer
die **Kas|sie|re|rin**,
die Kassiererinnen
die **Kas|ta|nie**, die Kastanien
der **Kas|ten**, die Kästen
der **Kat** *(= Katalysator)*, die Kats
der **Ka|ta|log** (N), die Kataloge
der **Ka|ta|ly|sa|tor** (M),
die Katalysatoren
**ka|ta|stro|phal** (M)
die **Ka|ta|stro|phe** (M),
die Katastrophen
der **Ka|ter**, die Kater
die **Ka|the|dra|le** (M),
die Kathedralen
der **Ka|tho|lik** (M), die Katholiken
die **Ka|tho|li|kin** (M),
die Katholikinnen
**ka|tho|lisch** (M)
das **Kätz|chen** (N), die Kätzchen


(N) Nachdenkwort (Verlängern? Verwandtes Wort? qu, sp oder st?)

die **Kat|ze**, die Katzen
die Katzenwäsche
**kau|en**, er kaut
**kau|ern**, sie kauert
**kau|fen**, er kauft
der **Käu|fer** Ⓝ, die Käufer
die **Käu|fe|rin** Ⓝ, die Käuferinnen
das **Kauf|haus**, die Kaufhäuser
**käuf|lich** Ⓝ
der **Kau|gu|mmi** *oder* das **Kau-gummi**, die Kaugummis
die **Kaul|quap|pe** Ⓝ, die Kaul-quappen
**kaum**
der **Kauz**, die Käuze
das **Käuz|chen** Ⓝ, die Käuzchen
der **Ka|va|lier** Ⓜ, die Kavaliere
*Einen Mann, der sich Frauen gegenüber besonders höflich und hilfsbereit verhält, nennt man Kavalier.*

## Ke

der **Ke|bab** Ⓜ, die Kebabs
der **Ke|gel**, die Kegel
die Kegelbahn
**ke|geln**, sie kegelt
die **Keh|le** Ⓜ, die Kehlen
der **Kehl|kopf** Ⓝ
**keh|ren** Ⓜ, er kehrt
**kehrt|ma|chen** Ⓝ
sie macht kehrt
**kei|fen**, er keift
der **Keil**, die Keile
der **Keim**, die Keime
**kei|men**, der Samen keimt
der **Keim|ling**, die Keimlinge
**kein**
**kei|nes|falls** Ⓝ
**kei|nes|wegs** Ⓝ
der **Keks** Ⓜ *oder* das **Keks**, die Kekse
der **Kelch**, die Kelche
die **Kel|le**, die Kellen
der **Kel|ler**, die Keller
der **Kell|ner** Ⓜ, die Kellner
die **Kell|ne|rin** Ⓜ, die Kellnerinnen
der **Kel|te**, die Kelten
die **Kel|tin**, die Keltinnen
**ken|nen**, er kennt, er kannte, er hat gekannt
kennenlernen
das **Kenn|wort** Ⓝ, die Kennwörter
das **Kenn|zei|chen** Ⓝ, die Kenn-zeichen
**ken|tern**, das Boot kentert
die **Ke|ra|mik**, die Keramiken
die **Ker|be**, die Kerben
der **Ker|ker**, die Kerker
der **Kerl**, die Kerle
der **Kern**, die Kerne
**kern|ge|sund** Ⓝ
das **Kern|kraft|werk**, die Kern-kraftwerke
**kern|los**
die **Ker|ze**, die Kerzen
**ker|zen|ge|ra|de**
der **Ker|zen|stän|der** Ⓝ, die Kerzenständer
der **Kes|sel**, die Kessel
der **Ket|chup** Ⓜ *oder* das **Ket-chup**
der **Ket|schup** *oder* das **Ket|schup**
die **Ket|te**, die Ketten
**keu|chen**, sie keucht
der **Keuch|hus|ten**
die **Keu|le**, die Keulen
das **Key|board** Ⓜ, die Keyboards

Ⓜ Merkwort (Keine Regel, merke dir das Wort!)

### Ki

**ki|chern**, sie kichert
**ki|cken**, er kickt

**Beachte den Unterschied!**

die **Kie|fer** *(= Baum)*, die Kiefern

der **Kie|fer** *(= Knochen)*, die Kiefer

**Kiel**
der **Kiel**, die Kiele
die **Kie|me**, die Kiemen
der **Kies**
das **Ki|lo** Ⓜ *(kurz = kg)*,
der **Ki|lo|me|ter** Ⓝ, die Kilometer
das **Kind** Ⓝ, die Kinder
der Kindergarten
die Kindertagesstätte
die **Kind|heit** Ⓝ
**kin|disch**
**kind|lich** Ⓝ
das **Kinn** Ⓝ, die Kinne
das **Ki|no** Ⓜ, die Kinos
der **Ki|osk** Ⓜ, die Kioske
**kip|pen**, sie kippt
der **Kipp|las|ter** Ⓝ, die Kipplaster
die **Kir|che**, die Kirchen
die **Kir|mes**
der **Kirsch|baum**, die Kirschbäume
die **Kir|sche**, die Kirschen
**kirsch|rot**
das **Kis|sen**, die Kissen
die **Kis|te**, die Kisten
der **Kitsch**
**kit|schig** Ⓝ
der **Kitt** Ⓝ
der **Kit|tel**, die Kittel
**kit|ten**, er kittet
das **Kitz**, die Kitze
**kit|ze|lig** Ⓝ *oder* **kitz|lig**
**kit|zeln**, sie kitzelt
die **Ki|wi**, die Kiwis

### Kl

**kläf|fen** Ⓜ, der Hund käfft
die **Kla|ge**, die Klagen
**kla|gen**, sie klagt
der **Klä|ger** Ⓝ, die Kläger
die **Klä|ge|rin** Ⓝ, die Klägerinnen
die **Klam|mer**, die Klammern
**klam|mern**, er klammert
die **Kla|mot|ten**
es **klang** (➔ klingen)
der **Klang**, die Klänge
die **Klap|pe**, die Klappen
**klap|pen**, es klappt
**klap|pe|rig** Ⓝ *oder* **klapp|rig**
**klap|pern**, sie klappert
die **Klap|per|schlan|ge**, die Klapperschlangen
der **Klaps**, die Klapse
**klar**
die **Klär|an|la|ge** Ⓝ, die Kläranlagen
**klä|ren** Ⓝ, er klärt
die **Kla|ri|net|te** Ⓜ, die Klarinetten
**Klas|se!**



Ⓝ Nachdenkwort (Verlängern? Verwandtes Wort? qu, sp oder st?)

die **Klas|se**, die Klassen
**klat|schen**, sie klatscht
**klatsch|nass** Ⓝ
die **Klaue**, die Klauen
**klau|en**, er klaut
das **Kla|vier** Ⓜ, die Klaviere
**kle|ben**, sie klebt
**kleb|rig** Ⓝ
der **Kleb|stoff** Ⓝ, die Klebstoffe
**kle|ckern**, er kleckert
der **Klecks**, die Kleckse
**kleck|sen**, sie kleckst
der **Klee** Ⓜ
das **Kleid** Ⓝ, die Kleider
sich **klei|den**, er kleidet sich
die **Klei|dung**
**klein**, klein schneiden
Groß und Klein
ein Wort kleinschreiben
die **Klei|nig|keit** Ⓜ,
die Kleinigkeiten
**klein|lich**
die **Klein|stadt** Ⓝ, die Kleinstädte
der **Kleis|ter**
die **Klem|me**
**klem|men**, die Tür klemmt
der **Klemp|ner**, die Klempner
die **Klemp|ne|rin**,
die Klempnerinnen
die **Klet|te**, die Kletten
der **Klet|te|rer**, die Kletterer
die **Klet|te|rin**, die Kletterinnen
**klet|tern**, er klettert
**kli|cken**, sie klickt
das **Kli|ma** Ⓜ
der Klimawandel
der **Klimm|zug** Ⓜ, die Klimmzüge
**klim|pern**, er klimpert
die **Klin|ge**, die Klingen
die **Klin|gel**, die Klingeln
**klin|geln**, sie klingelt

**klin|gen**, es klingt, es klang,
es hat geklungen
die **Kli|nik** Ⓜ, die Kliniken
die **Klin|ke**, die Klinken
die **Klip|pe**, die Klippen
**klipp** Ⓜ **und klar**
**klir|ren**, das Glas klirrt
**klit|ze|klein**
das **Klo**, die Klos
**klo|nen**, er klont
*Klonen nennt man den Vorgang, durch den man eine genaue Kopie einer Pflanze, eines Tieres oder eines Menschen herstellt.*

**klö|nen** *(= plaudern)*, sie klönt
**klop|fen**, sie klopft
der **Klops**, die Klopse
der **Kloß** Ⓜ, die Klöße
das **Klos|ter**, die Klöster
der **Klotz**, die Klötze
der **Klub** Ⓜ, die Klubs
die **Kluft**, die Klüfte
**klug** Ⓝ, klüger, am klügsten
die **Klug|heit** Ⓝ, die Klugheiten
der **Klum|pen**, die Klumpen

## Kn

**knab|bern**, er knabbert
der **Kna|be**, die Knaben
das **Knä|cke|brot** Ⓝ, die Knäcke-
brote
**kna|cken**, die Treppe knackt
**kna|ckig** Ⓝ
der **Knacks**, die Knackse
der **Knall** Ⓝ, die Knalle
**knal|len**, die Tür knallt



a b c d e f g h i j **k** l m n o p q r s t u v w x y z

**knall|hart** Ⓝ
**knall|rot** Ⓝ
**knapp** Ⓝ
die **Knapp|heit** Ⓝ
**knar|ren**, die Tür knarrt
der **Knatsch**
**knat|tern**, das Mofa knattert
der **Knäu|el** Ⓜ *oder* das **Knäu|el**, die Knäuel
**knau|sern**, er knausert
der **Kne|bel**, die Knebel
**kne|beln**, sie knebelt
der **Knecht**, die Knechte
**knei|fen**, er kneift, er kniff, er hat gekniffen
die **Knei|pe**, die Kneipen
die **Kne|te**
**kne|ten**, sie knetet
der **Knick**, die Knicke *oder* Knicks
**kni|cken**, er knickt
der **Knicks**, die Knickse
das **Knie**, die Knie
**knien**, sie kniet
der **Knies** *(= Streit)*
er **kniff** Ⓝ (→ kneifen)
der **Kniff** Ⓝ, die Kniffe
**knif|fe|lig** Ⓝ *oder* **kniff|lig**
**knip|sen**, er knipst
der **Knirps**, die Knirpse
**knir|schen**, sie knirscht
**knis|tern**, das Feuer knistert
**knit|tern**, sie knittert
**kno|beln**, er knobelt
der **Knob|lauch** Ⓜ
der **Knö|chel**, die Knöchel
der **Kno|chen**, die Knochen
**kno|chen|tro|cken**
**kno|chig** Ⓝ
der **Knö|del**, die Knödel
die **Knol|le**, die Knollen
der **Knopf**, die Knöpfe
**knöp|fen**, sie knöpft
der **Knor|pel**, die Knorpel
**knor|pe|lig** Ⓝ
**knor|rig** Ⓝ
die **Knos|pe**, die Knospen
**kno|ten**, er knotet
der **Kno|ten**, die Knoten
der **Knül|ler**, die Knüller
**knüp|fen**, sie knüpft
der **Knüp|pel**, die Knüppel
**knur|ren**, der Hund knurrt
**knus|pe|rig** Ⓝ *oder* **knus|prig**
**knus|pern**, sie knuspert
**knut|schen**, er knutscht

## Ko

der **Ko|a|la**, die Koalas
der **Ko|bold** Ⓝ, die Kobolde
die **Kob|ra**, die Kobras
der **Koch**, die Köche
**ko|chen**, sie kocht
**ko|chend** Ⓝ
die **Kö|chin**, die Köchinnen
der **Kode** Ⓜ, die Kodes
der **Kö|der**, die Köder
**kö|dern**, er ködert
der **Kof|fer**, die Koffer
der **Kohl** Ⓜ
die **Koh|le** Ⓜ, die Kohlen
die **Koh|len|säu|re** Ⓝ
**kohl|ra|ben|schwarz** Ⓝ
der **Kohl|ra|bi** Ⓜ, die Kohlrabi
die **Ko|je**, die Kojen
die **Ko|kos|nuss** Ⓝ, die Kokosnüsse
der **Kol|ben**, die Kolben
die **Ko|lik**, die Koliken
der **Kol|le|ge**, die Kollegen
die **Kol|le|gin**, die Kolleginnen
**Köln**
die **Ko|lo|nie**, die Kolonien
die **Ko|lon|ne**, die Kolonnen
der **Ko|loss** Ⓝ, die Kolosse



Ⓝ Nachdenkwort (Verlängern? Verwandtes Wort? qu, sp oder st?)

das **Ko|ma**, die Komas
der **Kom|bi**, die Kombis
die **Kom|bi|na|ti|on** Ⓜ, die Kombinationen
**kom|bi|nie|ren**, sie kombiniert
der **Ko|met**, die Kometen
der **Kom|fort** Ⓜ
**kom|for|ta|bel**

*Etwas, das sehr bequem ist, nennt man komfortabel.*

der **Ko|mi|ker**, die Komiker
die **Ko|mi|ke|rin**, die Komikerinnen
**ko|misch**
das **Kom|ma**, die Kommas *oder* Kommata
**kom|man|die|ren** er kommandiert
das **Kom|man|do**, die Kommandos
**kom|men**, sie kommt, sie kam, sie ist gekommen
der **Kom|men|tar**, die Kommentare
der **Kom|mis|sar**, die Kommissare
die **Kom|mis|sa|rin**, die Kommissarinnen
die **Kom|mo|de**, die Kommoden
die **Kom|mu|ni|ka|ti|on** Ⓜ
die **Kom|mu|ni|on**, die Kommunionen
die **Ko|mö|die**, die Komödien
der **Kom|pass** Ⓝ, die Kompasse
**kom|plett** Ⓝ
das **Kom|pli|ment**, die Komplimente
der **Kom|pli|ze** Ⓜ, die Komplizen
**kom|pli|ziert**
die **Kom|pli|zin** Ⓜ, die Komplizinnen
**kom|po|nie|ren**, er komponiert
der **Kom|po|nist**, die Komponisten
die **Kom|po|nis|tin**, die Komponistinnen
der **Kom|post**
das **Kom|pott** Ⓝ, die Kompotte
die **Kom|pres|se**, die Kompressen
der **Kom|pro|miss** Ⓝ, die Kompromisse
die **Kon|di|ti|on** Ⓝ, die Konditionen
der **Kon|di|tor**, die Konditoren
die **Kon|di|to|rei**, die Konditoreien
die **Kon|di|to|rin**, die Konditorinnen
das **Kon|dom**, die Kondome
die **Kon|fe|renz**, die Konferenzen
das **Kon|fet|ti**
der **Kon|fir|mand** Ⓝ, die Konfirmanden
die **Kon|fir|man|din**, die Konfirmandinnen
die **Kon|fir|ma|ti|on** Ⓜ, die Konfirmationen
die **Kon|fi|tü|re**, die Konfitüren
der **Kon|flikt**, die Konflikte
der **Kö|nig** Ⓝ, die Könige
die **Kö|ni|gin**, die Königinnen
**kö|nig|lich** Ⓝ
**kon|ju|gie|ren**, sie konjugiert
die **Kon|junk|ti|on** *(= Bindewort)*, die Konjunktionen
der **Kon|kur|rent**, die Konkurrenten
die **Kon|kur|ren|tin**, die Konkurrentinnen
**kon|kur|rie|ren**, er konkurriert
**kön|nen**, sie kann, sie konnte, sie hat gekonnt
der **Kon|rek|tor**, die Konrektoren
die **Kon|rek|to|rin**, die Konrektorinnen
die **Kon|ser|ve**, die Konserven
**kon|ser|vie|ren**, er konserviert

# Ko bis Kr

der **Kon|so|nant** (= *Mitlaut*), die Konsonanten
**kon|stru|ie|ren**, sie konstruiert
die **Kon|struk|ti|on**, die Konstruktionen
der **Kon|takt**, die Kontakte
die Kontaktlinse
der **Kon|ti|nent**, die Kontinente
das **Kon|to**, die Konten *oder* Kontos
**kon|tra**
der **Kon|tra|bass** Ⓝ, die Kontrabässe
der **Kon|trast**, die Konstraste
die **Kon|trol|le**, die Kontrollen
der **Kon|trol|leur** Ⓜ, die Kontrolleure
die **Kon|trol|leu|rin** Ⓜ, die Kontrolleurinnen
**kon|trol|lie|ren**, er kontrolliert
die **Kon|zen|tra|ti|on** Ⓜ
sich **kon|zen|trie|ren** sie konzentriert sich
das **Kon|zert**, die Konzerte
der **Kopf**, die Köpfe
**köp|fen**, er köpft
der **Kopf|hö|rer**, die Kopfhörer
das **Kopf|rech|nen**
der **Kopf|sprung** Ⓝ, die Kopfsprünge
**kopf|über**
die **Ko|pie**, die Kopien
**ko|pie|ren**, sie kopiert
die **Kop|pel**, die Koppeln
die **Ko|ral|le**, die Korallen
der **Ko|ran**
der **Korb** Ⓝ, die Körbe
die **Kor|del**, die Kordeln
der **Kork**
der **Kor|ken**, die Korken
der Korkenzieher
das **Korn**, die Körner
**kör|nig** Ⓝ
der **Kör|per**, die Körper
**kör|per|be|hin|dert**
**kör|per|lich**
das **Kör|per|teil**, die Körperteile
**kor|rekt**
die **Kor|rek|tur**, die Korrekturen
**kor|ri|gie|ren**, er korrigiert
der **Ko|se|na|me**, die Kosenamen
die **Kos|me|tik**
der **Kos|mo|naut**, die Kosmonauten
die **Kos|mo|nau|tin**, die Kosmonautinnen
der **Kos|mos**
die **Kost**
**kost|bar**
**kos|ten** (= *Geld kosten*) Es kostet drei Euro.
**kos|ten** (= *probieren*) Sie kostet die Suppe.
die **Kos|ten**
**kos|ten|los**
**köst|lich**
das **Kos|tüm**, die Kostüme
**kos|tü|mie|ren**, er kostümiert
der **Kot**
das **Ko|te|lett** Ⓜ, die Koteletts
der **Kot|flü|gel**, die Kotflügel
**kot|zen**, sie kotzt

## Kr

die **Krab|be**, die Krabben
**krab|beln**, er krabbelt
der **Krach**
**kräch|zen** Ⓜ, der Rabe krächzt
die **Kraft**, die Kräfte
**kräf|tig** Ⓝ
der **Kra|gen**, die Kragen
die **Krä|he** Ⓜ, die Krähen
**krä|hen** Ⓜ, der Hahn kräht


Ⓝ Nachdenkwort (Verlängern? Verwandtes Wort? qu, sp oder st?)

der **Kra|ke**, die Kraken
**kra|ke|lig** Ⓝ *oder* **krak|lig**
die **Kral|le**, die Krallen
der **Kram**
**kra|men**, sie kramt
der **Krampf**, die Krämpfe
**krampf|haft**
der **Kran**, die Kräne
der **Kra|nich**, die Kraniche
**krank**, kränker, am kränksten
**krän|ken** Ⓜ, er kränkt
das **Kran|ken|haus**, die Krankenhäuser
der **Kran|ken|pfle|ger**, die Krankenpfleger
die **Kran|ken|schwes|ter**, die Krankenschwestern
der **Kran|ken|wa|gen**, die Krankenwagen
die **Krank|heit**, die Krankheiten
der **Kranz**, die Kränze
der **Krap|fen** *(= Berliner)*, die Krapfen
**krass** Ⓝ
der **Kra|ter**, die Krater
**krat|zen**, sie kratzt
sich kratzen
der **Krat|zer**, die Kratzer
**krat|zig** Ⓝ
**krau|len**, er krault
**kraus**
das **Kraut**, die Kräuter
der Kräutertee
der **Kra|wall** Ⓝ, die Krawalle
die **Kra|wat|te**, die Krawatten
der **Krebs** Ⓜ *(= Schalentier)*, die Krebse
der **Krebs** Ⓜ *(= Krankheit)*
**krebs|krank** Ⓝ
**krebs|rot** Ⓝ
der **Kre|dit** Ⓜ, die Kredite
die **Krei|de**, die Kreiden
**krei|de|bleich**
der **Kreis**, die Kreise
**krei|schen**, die Möwe kreischt
der **Krei|sel**, die Kreisel
**krei|sen**, er kreist
**kreis|för|mig** Ⓝ
der **Kreis|lauf**, die Kreisläufe
der **Kreis|ver|kehr** Ⓝ
die **Krem**, die Krems
**kre|mig** Ⓝ
das **Krepp|pa|pier** Ⓜ
die **Kres|se**
das **Kreuz**, die Kreuze
**kreu|zen**, er kreuzt
die **Kreuz|fahrt** Ⓝ, die Kreuzfahrten

*Eine Kreuzfahrt ist eine Urlaubsreise auf einem luxuriösen Schiff. Während dieser Reise legt das Kreuzfahrtschiff an mehreren Häfen an.*

die **Kreuz|ot|ter**, die Kreuzottern
die **Kreu|zung**, die Kreuzungen
das **Kreuz|wort|rät|sel** Ⓝ, die Kreuzworträtsel
**krib|beln**
Es kribbelt in der Nase.
**krie|chen**, sie kriecht, sie kroch, sie ist gekrochen
das **Kriech|tier**, die Kriechtiere
der **Krieg** Ⓝ, die Kriege
**krie|gen**, er kriegt
**krie|ge|risch**
der **Kri|mi**, die Krimis
die **Kri|mi|nal|po|li|zei**
**kri|mi|nell** Ⓝ
der **Krims|krams**

# Kr bis Ku

der **Krin|gel**, die Kringel
die **Krip|pe**, die Krippen
das Krippenspiel
die **Kri|se** Ⓜ, die Krisen
der **Kris|tall** Ⓝ, die Kristalle
die **Kri|tik**, die Kritiken
**kri|tisch**
**kri|ti|sie|ren**, sie kritisiert
**krit|zeln**, er kritzelt
der **Kro|a|te**, die Kroaten
**Kro|a|ti|en** Ⓜ
die **Kro|a|tin**, die Kroatinnen
**kro|a|tisch**
sie **kroch** (➔ kriechen)
das **Kro|ko|dil** Ⓜ, die Krokodile
der **Kro|kus**, die Krokusse
die **Kro|ne**, die Kronen
**krö|nen**, sie krönt
die **Krö|te**, die Kröten
die **Krü|cke**, die Krücken
der **Krug** Ⓝ, die Krüge
der **Krü|mel**, die Krümel
**krü|meln**, er krümelt
**krumm** Ⓝ
die **Krus|te**, die Krusten

## Ku

der **Kü|bel**, die Kübel
die **Kü|che**, die Küchen
der **Ku|chen**, die Kuchen
der **Ku|ckuck**, die Kuckucke
die **Ku|fe**, die Kufen
die **Ku|gel**, die Kugeln
**ku|gel|rund** Ⓝ
der **Ku|gel|schrei|ber**, die Kugelschreiber
die **Kuh** Ⓜ, die Kühe
**kühl** Ⓜ
die **Kuh|le** Ⓜ, die Kuhlen
**küh|len** Ⓜ, sie kühlt
der **Kühl|schrank** Ⓝ, die Kühlschränke
die **Kühl|tru|he** Ⓝ, die Kühltruhen
**kühn** Ⓜ

*Ein kühner Mensch ist mutig und furchtlos. Er tritt Gefahren ohne Angst entgegen.*

die **Kühn|heit** Ⓝ, die Kühnheiten
das **Kü|ken**, die Küken
der **Ku|li** Ⓜ, die Kulis
die **Ku|lis|se**, die Kulissen
**kul|lern**, der Ball kullert
die **Kul|tur**, die Kulturen
**kul|tu|rell** Ⓝ
der **Küm|mel**
der **Kum|mer**
**küm|mer|lich**
sich **küm|mern**, sie kümmert sich
der **Kum|pel**, die Kumpel
der **Kun|de**, die Kunden
**kün|di|gen**, er kündigt
die **Kün|di|gung**, die Kündigungen
die **Kun|din**, die Kundinnen
die **Kund|schaft** Ⓝ
**künf|tig** Ⓝ
die **Kunst**, die Künste
der **Künst|ler**, die Künstler
die **Künst|le|rin**, die Künstlerinnen
**künst|le|risch**
**künst|lich**
der **Kunst|stoff** Ⓝ, die Kunststoffe
das **Kunst|stück** Ⓝ, die Kunststücke
das **Kunst|werk**, die Kunstwerke
**kun|ter|bunt**
das **Kup|fer**
die **Kup|pel**, die Kuppeln
**kup|peln**, er kuppelt

 Ⓝ Nachdenkwort (Verlängern? Verwandtes Wort? qu, sp oder st?)

die **Kupp|lung** Ⓝ, die Kupplungen
die **Kur**, die Kuren
die **Kür**, die Küren
die **Kur|bel**, die Kurbeln
**kur|beln**, sie kurbelt
der **Kür|bis**, die Kürbisse
der **Ku|rier**, die Kuriere
der **Kurs**, die Kurse
die **Kur|ve** Ⓜ, die Kurven
**kur|ven|reich** Ⓝ
**kur|vig** Ⓝ
**kurz**, kürzer, am kürzesten
kurzärmelig *oder* kurzärmlig
**kür|zen**, er kürzt
**kurz|fris|tig** Ⓝ
**kürz|lich**
**kurz|sich|tig** Ⓝ
**ku|sche|lig** Ⓝ
**ku|scheln**, sie kuschelt
das **Ku|schel|tier**, die Kuscheltiere
die **Ku|si|ne** Ⓜ, die Kusinen
der **Kuss** Ⓝ, die Küsse
**küs|sen**, er küsst
die **Küs|te**, die Küsten
die **Kut|sche**, die Kutschen
**kut|schie|ren**, sie kutschiert
die **Kut|te**, die Kutten
der **Kut|ter**, die Kutter
das **Ku|vert** Ⓜ, die Kuverts

# Ll

## La

**la|bern**, sie labert
das **La|bor**, die Labors *oder* Labore
das **La|by|rinth** Ⓜ, die Labyrinthe
**lä|cheln** Ⓝ, er lächelt
das **Lä|cheln** Ⓝ, die Lächeln
**la|chen**, sie lacht
das **La|chen**
**lä|cher|lich** Ⓝ
der **Lachs** Ⓜ, die Lachse
der **Lack**, die Lacke
**la|ckie|ren**, er lackiert
die **La|ckie|rung**, die Lackierungen
**la|den**, sie lädt, sie lud, sie hat geladen
der **La|den**, die Läden
die **La|dung**, die Ladungen
er **lag** (➔ liegen)
die **La|ge**, die Lagen
das **La|ger**, die Lager
**la|gern**, sie lagert
die **La|ge|rung**
**lahm** Ⓜ
**lah|men** Ⓝ, das Pferd lahmt
die **Läh|mung** Ⓝ, die Lähmungen
der **Laib** Ⓜ, die Laibe
ein Laib Brot
der **Laich** Ⓜ
**lai|chen** Ⓝ, der Lachs laicht
der **Laie** Ⓜ, die Laien
das **La|ken**, die Laken
der **La|kritz** *oder* das **Lakritz**
**lal|len**, er lallt
das **La|ma**, die Lamas
das **Lamm** Ⓝ, die Lämmer
die **Lam|pe**, die Lampen
der **Lam|pi|on** Ⓜ, die Lampions
das **Land** Ⓝ, die Länder
die **Lan|de|bahn** Ⓝ, die Landebahnen
**lan|den**, sie landet
**länd|lich** Ⓝ
die **Land|schaft** Ⓝ, die Landschaften
die **Land|stra|ße** Ⓝ, die Landstraßen

Ⓜ Merkwort (Keine Regel, merke dir das Wort!)



a b c d e f g h i j k l m n o p q r s t u v w x y z

die **Lan|dung**, die Landungen
der **Land|wirt** Ⓝ, die Landwirte
die **Land|wir|tin** Ⓝ, die Landwirtinnen
die **Land|wirt|schaft** Ⓝ
**lang**, länger, am längsten
seit Langem
langärmelig *oder* langärmlig
die **Län|ge** Ⓝ, die Längen
die **Lan|ge|wei|le**
der **Lang|lauf**
**läng|lich** Ⓝ
**lang|sam**
die **Lang|sam|keit**
**längst** Ⓝ
**lang|wei|lig**
der **Lap|pen**, die Lappen
der **Lap|top** Ⓜ, die Laptops

**Beachte den Unterschied!**

die **Lär|che** Ⓜ
*(= Nadelbaum)*,
die Lärchen

die **Ler|che**
*(= Singvogel)*,
die Lerchen

der **Lärm** Ⓜ
**lär|men** Ⓝ, er lärmt
die **Lar|ve** Ⓜ, die Larven
er **las** (➔ lesen)

**lasch**
die **La|sche**, die Laschen
der **La|ser** Ⓜ, die Laser
**las|sen**, sie lässt, sie ließ, sie hat gelassen
**läs|sig** Ⓜ
das **Las|so**, die Lassos
die **Last**, die Lasten
der **Las|ter**, die Laster
**läs|tern** Ⓜ, sie lästert
**läs|tig** Ⓜ
das **La|tein**
**la|tei|nisch**
die **La|ter|ne**, die Laternen
**lat|schen**, er latscht
der **Lat|schen**, die Latschen
die **Lat|te**, die Latten
der **Latz**, die Lätze
**lau**
das **Laub** Ⓝ
der Laubbaum
der Laubwald
der **Lauch**
die **Lau|er**
auf der Lauer sein
**lau|ern**, er lauert
der **Lauf**, die Läufe
**lau|fen**, sie läuft, sie lief, sie ist gelaufen
der **Läu|fer** Ⓝ, die Läufer
die **Läu|fe|rin** Ⓝ, die Läuferinnen
das **Lauf|werk**, die Laufwerke
die **Lau|ge**, die Laugen
das Laugenbrötchen
die **Lau|ne**, die Launen
**lau|nisch**
die **Laus**, die Läuse
**lau|schen**, er lauscht
**laut**
der **Laut**, die Laute
**läu|ten** Ⓝ, sie läutet



Ⓝ Nachdenkwort (Verlängern? Verwandtes Wort? qu, sp oder st?)

**lau|ter** *(= ganz viel)*
vor lauter Freude
**laut|hals**
**laut|los**
**lau|warm**
die **La|va** Ⓜ
der **La|ven|del** Ⓜ
die **La|wi|ne** Ⓜ, die Lawinen

## Le

**le|ben**, er lebt
das **Le|ben**
**le|ben|dig** Ⓝ
**le|bens|ge|fähr|lich** Ⓝ
der **Le|bens|ge|fähr|te** Ⓝ, die Lebensgefährten
die **Le|bens|ge|fähr|tin** Ⓝ, die Lebensgefährtinnen
das **Le|bens|mit|tel**, die Lebensmittel
die **Le|ber**, die Lebern
das **Le|be|we|sen**, die Lebewesen
**leb|haft** Ⓝ
der **Leb|ku|chen** Ⓜ, die Lebkuchen
das **Leck**, die Lecks
**le|cken**, sie leckt
**le|cker**
das **Le|der**
**le|dig** Ⓝ
**le|dig|lich** Ⓝ
**leer** Ⓜ
den Teller leer essen
die **Lee|re** Ⓝ
**lee|ren** Ⓝ, sie leert
der **Leer|lauf** Ⓝ
die **Le|gas|the|nie** Ⓜ *(= Lese-Rechtschreib-Schwäche)*
**le|gen**, er legt
sich legen
die **Le|gen|de**, die Legenden
die **Leg|gings** Ⓜ *oder* **Leg|gins**

der **Lehm** Ⓜ
**leh|mig** Ⓝ
die **Leh|ne** Ⓜ, die Lehnen
sich **leh|nen** Ⓝ, sie lehnt sich
die **Leh|re** Ⓜ, die Lehren
**leh|ren** Ⓝ, er lehrt
der **Leh|rer** Ⓝ, die Lehrer
die **Leh|re|rin** Ⓝ, die Lehrerinnen
der **Leib** Ⓝ *(= Körper)*, die Leiber
die **Lei|che**, die Leichen
**lei|chen|blass** Ⓝ
der **Leich|nam**, die Leichname
**leicht**, leicht verletzt
die **Leicht|ath|le|tik** Ⓜ
die **Leich|tig|keit** Ⓜ
der **Leicht|sinn** Ⓝ
**leicht|sin|nig**
**leid** Ⓜ, es tut mir leid
das **Leid** Ⓝ
**lei|den**, sie leidet, sie litt, sie hat gelitten
**lei|dend** Ⓝ
die **Lei|den|schaft**, die Leidenschaften
**lei|den|schaft|lich**
**lei|der**
**leid|tun** Ⓜ, es tut ihm leid, es tat ihm leid, es hat ihm leid getan
**lei|hen**, sie leiht, sie lieh, sie hat geliehen
der **Leim**
**lei|men**, er leimt
die **Lei|ne**, die Leinen
das **Lei|nen**
die **Lein|wand** Ⓝ, die Leinwände
**lei|se**
die **Leis|te**, die Leisten
**leis|ten**, sie leistet
sich etwas leisten
die **Leis|tung**, die Leistungen
**lei|ten**, er leitet

die **Lei|ter** *(= zum Hochklettern)*, die Leitern
der **Lei|ter** *(= Person)*, die Leiter
die **Lei|te|rin**, die Leiterinnen
die **Leit|plan|ke**, die Leitplanken
die **Lei|tung**, die Leitungen
die **Lek|ti|on** Ⓜ, die Lektionen
die **Lek|tü|re**, die Lektüren
**len|ken**, er lenkt
der **Len|ker**, die Lenker
das **Lenk|rad** Ⓝ, die Lenkräder
die **Len|kung**
der **Leo|pard** Ⓝ, die Leoparden
die **Ler|che** *(= Singvogel)*, die Lerchen (➔ Vorsicht! Schau auch unter Lärche.)
**ler|nen**, sie lernt
Englisch lernen
schwimmen lernen
kennenlernen
**le|sen**, er liest, er las, er hat gelesen
**le|sens|wert**
der **Le|ser**, die Leser
die **Le|se|rat|te**, die Leseratten
die **Le|se|rin**, die Leserinnen
**le|ser|lich**
**le|tzte, le|tzter, le|tztes**
letzte Woche
der Letzte, die Letzte
als Letzter, als Letzte
**leuch|ten**, der Mond leuchtet
**leuch|tend** Ⓝ
der **Leucht|turm**, die Leuchttürmer
**leug|nen** Ⓝ, sie leugnet
die **Leu|kä|mie** Ⓜ
die **Leu|te**
das **Le|xi|kon**, die Lexika

**Li**

die **Li|bel|le**, die Libellen
das **Licht**, die Lichter
die **Lich|tung**, die Lichtungen

**Beachte den Unterschied!**

das **Lid** Ⓜ, die Lider

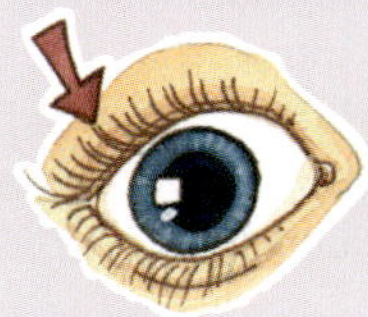

das **Lied** Ⓝ, die Lieder

**lieb** Ⓝ, lieb haben
die **Lie|be**
**lie|ben**, er liebt
der **Lieb|ling** Ⓝ, die Lieblinge
das Lieblingseis
**Liech|ten|stein** Ⓝ
das **Lied** Ⓝ, die Lieder
sie **lief** (➔ laufen)
**lie|fern**, sie liefert
die **Lie|fe|rung**, die Lieferungen
der **Lie|fer|wa|gen**, die Lieferwagen
die **Lie|ge**, die Liegen
**lie|gen**, er liegt, er lag, er hat gelegen
liegen lassen
der **Lie|ge|stuhl** Ⓝ, die Liegestühle
die **Lie|ge|stüt|ze** Ⓝ, die Liegestützen
sie **lieh** (➔ leihen)
sie **ließ** (➔ lassen)
er **liest** (➔ lesen)


Ⓝ Nachdenkwort (Verlängern? Verwandtes Wort? qu, sp oder st?)

der **Lift**, die Lifte *oder* Lifts
**li|la** Ⓜ, das Lila
die **Li|lie** Ⓜ, die Lilien
die **Li|mo|na|de**, die Limonaden
die **Lin|de**, die Linden
**lin|dern**, sie lindert
das **Li|ne|al** Ⓜ, die Lineale
die **Li|nie** Ⓜ, die Linien
**li|niert** Ⓜ
**links** Ⓜ, links abbiegen
der Linkshänder
die Linkshänderin
Er spielt links außen.
von links nach rechts
der **Links|hän|der** Ⓝ,
die **Links|hän|de|rin** Ⓝ,
**links|he|rum**
die **Lin|se**, die Linsen
das **Lip|gloss** Ⓜ
die **Lip|pe**, die Lippen
der Lippenstift
**lis|peln**, sie lispelt
die **List**, die Listen
die **Lis|te**, die Listen
**lis|tig** Ⓝ
der **Li|ter** Ⓜ *oder* das **Li|ter**
die **Li|te|ra|tur**
**li|ter|wei|se** Ⓝ
die **Lit|faß|säu|le** Ⓜ, die Litfaß-säulen
sie **litt** (➔ leiden)
**live** Ⓜ

## Lk

der **LKW** *oder* **Lkw** *(= Lastkraft-wagen)*, die LKWs *oder* Lkws

## Lo

das **Lob** Ⓝ
**lo|ben**, er lobt
**lo|bens|wert**
das **Loch**, die Löcher
**lö|che|rig** Ⓝ *oder* **löch|rig**
die **Lo|cke**, die Locken
**lo|cken**, er lockt
**lo|cker**
**lo|ckern**, er lockert
**lo|ckig** Ⓝ
**lo|dern**, das Feuer lodert
der **Löf|fel**, die Löffel
**löf|feln**, sie löffelt
er **log** (➔ lügen)
**lo|gisch**
der **Lohn** Ⓜ, die Löhne
sich **loh|nen** Ⓜ, es lohnt sich
die **Loi|pe** Ⓜ, die Loipen
die **Lok**, die Loks
das **Lo|kal**, die Lokale
der **Lok|füh|rer** Ⓝ, die Lokführer
die **Lok|füh|re|rin** Ⓝ, die Lok-führerinnen
die **Lo|ko|mo|ti|ve** Ⓜ,
die Lokomotiven
die **Lon|ge** Ⓜ, die Longen
**lon|gie|ren** Ⓜ, sie longiert
der **Loo|ping** Ⓜ *oder*
das **Looping**, die Loopings

*Wenn ein Flugzeug in der Luft einen Purzelbaum macht, dann nennt man das einen Looping.*

der **Lor|beer** Ⓝ, die Lorbeeren
**los**, los sein
auf die Plätze, fertig, los!
das **Los**, die Lose
**lö|schen**, er löscht
**lo|se**
das **Lö|se|geld** Ⓝ

Ⓜ Merkwort (Keine Regel, merke dir das Wort!)

**lo|sen**, sie lost
**lö|sen**, er löst
**los|fah|ren** Ⓝ, sie fährt los, sie fuhr los, sie ist losgefahren
**los|ge|hen**, er geht los, er ging los, er ist losgegangen
**los|las|sen**, sie lässt los, sie ließ los, sie hat losgelassen
die **Lö|sung**, die Lösungen
das **Lot**, die Lote
**lö|ten**, er lötet
der **Lot|se**, die Lotsen
**lot|sen**, sie lotst
die **Lot|sin**, die Lotsinnen
die **Lot|te|rie**, die Lotterien
das **Lot|to**
der **Lö|we**, die Löwen
der **Lö|wen|zahn** Ⓝ
die **Lö|win**, die Löwinnen

### Lu

der **Luchs** Ⓜ, die Luchse
die **Lü|cke**, die Lücken
sie **lud** (➔ laden)
die **Luft**, die Lüfte
**luft|dicht**
**lüf|ten**, sie lüftet
die **Lü|ge**, die Lügen
**lü|gen**, er lügt, er log, er hat gelogen
der **Lüg|ner** Ⓝ, die Lügner
die **Lüg|ne|rin** Ⓝ, die Lügnerinnen
die **Lu|ke**, die Luken
der **Lüm|mel**, die Lümmel
sich **lüm|meln**, er lümmelt sich
der **Lum|pen**, die Lumpen
die **Lun|ge**, die Lungen
die **Lu|pe**, die Lupen
**lu|pen|rein**
der **Lurch**, die Lurche
die **Lust**
**lus|tig** Ⓝ
**lust|los**
**lut|schen**, er lutscht
der **Lut|scher**, die Lutscher
**Lu|xem|burg** Ⓝ
**lu|xem|bur|gisch**
der **Lu|xus**

# Mm

### Ma

**ma|chen**, er macht
die **Macht**, die Mächte
**mäch|tig** Ⓝ
**macht|los**
die **Ma|cke**, die Macken
das **Mäd|chen** Ⓜ, die Mädchen
die **Ma|de**, die Maden
das **Mä|del** Ⓜ, die Mädel *oder* Mädels
**ma|dig** Ⓝ
**ma|dig|ma|chen** Ⓝ
er **mag** Ⓝ (➔ mögen)
die **Magd** Ⓜ, die Mägde
**Mag|de|burg** Ⓜ
der **Ma|gen**, die Mägen *oder* Magen
**ma|ger**
die **Ma|gie**
der **Ma|gier**, die Magier
die **Ma|gierin**, die Magierinnen
der **Ma|gnet**, die Magneten
**ma|gne|tisch**
der **Mäh|dre|scher** Ⓝ, die Mähdrescher
**mä|hen**, sie mäht



Ⓝ Nachdenkwort (Verlängern? Verwandtes Wort? qu, sp oder st?)

das **Mahl** Ⓜ, die Mahle *oder* Mähler
**mah|len** Ⓜ, er mahlt
die **Mäh|ne** Ⓜ, die Mähnen
**mah|nen** Ⓜ, sie mahnt
die **Mah|nung** Ⓝ, die Mahnungen
der **Mai** Ⓜ
**Mainz** Ⓜ
der **Mais** Ⓜ
die **Ma|jes|tät** Ⓜ, die Majestäten
**ma|jes|tä|tisch** Ⓝ
die **Ma|jo|nä|se** Ⓜ
der **Ma|kel**, die Makel

*Hat eine Sache oder eine Person einen Fehler, den man nicht so leicht korrigieren kann, dann hat sie einen Makel.*

**ma|kel|los**
der **Mak|ler**, die Makler
die **Mak|le|rin**, die Maklerinnen
die **Ma|kre|le**, die Makrelen
**mal**
zwei mal zwei (2 x 2)
komm mal her!
noch mal
das **Mal**, die Male, das erste Mal, jedes Mal
**ma|len**, er malt
der **Ma|ler**, die Maler
die **Ma|le|rei**, die Malereien
die **Ma|le|rin**, die Malerinnen
**ma|le|risch**
das **Malz**
die **Ma|ma**, die Mamas
das **Mam|mut**, die Mammuts *oder* Mammute
**man**

der **Ma|na|ger** Ⓜ, die Manager
die **Ma|na|ge|rin** Ⓜ, die Managerinnen
**man|che, man|cher, man|ches**
**manch|mal**
die **Man|da|ri|ne** Ⓜ, die Mandarinen
die **Man|del**, die Mandeln
die **Ma|ne|ge** Ⓜ, die Manegen
der **Man|gel**, die Mängel
**man|gel|haft**
der **Mann** Ⓝ, die Männer
**männ|lich** Ⓝ
die **Mann|schaft** Ⓝ, die Mannschaften
der **Man|tel**, die Mäntel
das **Mäpp|chen** Ⓝ, die Mäppchen
die **Map|pe**, die Mappen
der **Ma|ra|thon** Ⓜ, die Marathons
Marathon laufen
das **Mär|chen** Ⓜ, die Märchen
**mär|chen|haft** Ⓝ
der **Mar|der**, die Marder
die **Mar|ga|ri|ne** Ⓜ
die **Mar|ge|ri|te** Ⓜ, die Margeriten
der **Ma|ri|en|kä|fer** Ⓝ, die Marienkäfer
die **Ma|ril|le** *(= Aprikose)*, die Marillen
die **Ma|rio|net|te**, die Marionetten
die **Mar|ke**, die Marken
der **Mar|ker**, die Marker
**mar|kie|ren**, sie markiert
die **Mar|kie|rung**, die Markierungen
die **Mar|ki|se** Ⓜ, die Markisen
der **Markt**, die Märkte
die **Mar|me|la|de**, die Marmeladen
der **Mar|mor**
der Marmorkuchen
die **Ma|ro|ni** *(= essbare Kastanie)*, die Maroni
heiße Maroni



a b c d e f g h i j k l m n o p q r s t u v w x y z

# Ma bis Me

der **Mars**
der **Marsch**, die Märsche
**mar|schie|ren**, er marschiert
der **März** Ⓜ
der Märzenbecher
das **Mar|zi|pan** Ⓜ
die **Ma|sche**, die Maschen
die **Ma|schi|ne** Ⓜ, die Maschinen
die **Ma|sern**
die **Mas|ke**, die Masken
sich **mas|kie|ren**, sie maskiert sich
das **Mas|kott|chen** Ⓜ,
die Maskottchen
sie **maß** Ⓜ (→ messen)
das **Maß** Ⓜ, die Maße
die **Mas|sa|ge** Ⓜ, die Massagen
die **Mas|se**, die Massen
**mas|sen|haft**
**mas|sen|wei|se**
**mas|sie|ren**, er massiert
**mä|ßig** Ⓝ
**mas|siv** Ⓜ
**maß|los** Ⓝ
der **Maß|stab** Ⓝ, die Maßstäbe
der **Mast**, die Masten *oder* Maste
das **Match** Ⓜ, die Matchs *oder*
Matche
das **Ma|te|ri|al**, die Materialien
die **Ma|the** Ⓜ
die **Ma|the|ma|tik** Ⓜ
**ma|the|ma|tisch** Ⓝ
die **Ma|trat|ze**, die Matratzen
der **Ma|tro|se**, die Matrosen
der **Matsch**
**mat|schig** Ⓝ
**matt** Ⓝ
die **Mat|te**, die Matten
die **Ma|tu|ra** *(= Schulabschluss-
prüfung)*
die **Mau|er**, die Mauern
**mau|ern**, sie mauert
das **Maul**, die Mäuler
die **Maul|ta|sche**, die Maultaschen
das **Maul|tier**, die Maultiere
der **Maul|wurf**, die Maulwürfe
der **Mau|rer**, die Maurer
die **Mau|re|rin**, die Maurerinnen
die **Maus**, die Mäuse
**mäus|chen|still** Ⓝ
**mau|se|tot**
die **Ma|yon|nai|se** Ⓜ

## Me

der **Me|cha|ni|ker**, die Mechaniker
die **Me|cha|ni|ke|rin**,
die Mechanikerinnen
**me|cha|nisch**
**me|ckern**, er meckert
**Meck|len|burg-Vor|pom|mern**
die **Me|dail|le** Ⓜ, die Medaillen
die **Me|di|en**
das **Me|di|ka|ment** Ⓜ,
die Medikamente
die **Me|di|zin** Ⓜ
das **Meer** Ⓜ, die Meere
die Meerenge
der Meeresspiegel
der **Meer|ret|tich** Ⓜ
das **Meer|schwein|chen** Ⓜ,
die Meerschweinchen
**me|ga...**, megagroß
das **Me|ga|byte** Ⓜ, die Megabyte
das **Mehl** Ⓜ
**meh|lig** Ⓝ
**mehr** Ⓜ
**meh|re|re** Ⓝ
die **Mehr|heit** Ⓝ
**mehr|mals** Ⓝ
die **Mehr|zahl** Ⓝ
**mei|den**, sie meidet, sie mied,
sie hat gemieden
die **Mei|le**, die Meilen
**mei|len|weit**
**mein, mei|ne, mei|ner**


Ⓝ Nachdenkwort (Verlängern? Verwandtes Wort? qu, sp oder st?)

**mei|nen**, er meint
die **Mei|nung**, die Meinungen
die **Mei|se**, die Meisen
der Meisenknödel
der **Mei|ßel** Ⓜ, die Meißel
**mei|ßeln** Ⓜ, sie meißelt
**meist**
**meis|tens**
der **Meis|ter**, die Meister
die **Meis|te|rin**, die Meisterinnen
die **Meis|ter|schaft**, die Meisterschaften
sich **mel|den**, er meldet sich
**mel|ken**, sie melkt, sie melkte, sie hat gemolken *oder* gemelkt
die **Melk|ma|schi|ne** Ⓝ, die Melkmaschinen
die **Me|lo|die**, die Melodien
die **Me|lo|ne**, die Melonen
das **Me|mo|ry** Ⓜ, die Memorys
die **Men|ge**, die Mengen
der **Mensch**, die Menschen
**men|schen|leer** Ⓝ
die **Mensch|heit**
**mensch|lich**
die **Mens|tru|a|ti|on** Ⓜ
das **Me|nü**, die Menüs
**mer|ken**, er merkt
sich etwas merken
der **Merk|satz**, die Merksätze
der **Mer|kur**
das **Merk|wort**, die Merkwörter
**merk|wür|dig** Ⓝ
die **Mes|se**, die Messen
**mes|sen**, sie misst, sie maß, sie hat gemessen
das **Mes|ser**, die Messer
**mes|ser|scharf**
das **Mes|sing**
das **Me|tall** Ⓝ, die Metalle
der **Me|teo|rit** Ⓜ, die Meteoriten
der **Me|teo|ro|lo|ge**, die Meteorologen
die **Me|teo|ro|lo|gin**, die Meteorologinnen
der **Me|ter** *oder* das **Me|ter**, die Meter
**me|ter|lang**
die **Me|tho|de** Ⓜ, die Methoden
der **Metz|ger**, die Metzger
die **Metz|ge|rei**, die Metzgereien
die **Metz|ge|rin**, die Metzgerinnen
die **Meu|te**, die Meuten
die **Meu|te|rei**, die Meutereien
**meu|tern**, er meutert

## Mi

**mi|au|en** Ⓜ, die Katze miaut
**mich**, ruf mich an
**mi|cke|rig** Ⓝ *oder* **mick|rig**
sie **mied** (→ meiden)
die **Mie|ne**, die Mienen
**mies**
**mies|ma|chen**
Sie macht ihn mies.
die **Mie|te**, die Mieten
**mie|ten**, er mietet
der **Mie|ter**, die Mieter
die **Mie|te|rin**, die Mieterinnen
die **Miet|woh|nung** Ⓝ, die Mietwohnungen
das **Mi|ka|do**, die Mikados
das **Mi|kro|fon**, die Mikrofone
das **Mi|kro|phon** Ⓜ, die Mikrophone
das **Mi|kro|skop**, die Mikroskope
die **Mi|kro|wel|le**, die Mikrowellen
die **Mil|be**, die Milben
die **Milch**
der Milchshake
die **Milch|stra|ße** Ⓝ
der **Milch|zahn** Ⓝ, die Milchzähne
**mild** Ⓝ *oder* **mil|de**

Ⓜ Merkwort (Keine Regel, merke dir das Wort!)

das **Mi|li|tär** Ⓜ
**mi|li|tä|risch** Ⓝ
die **Mil|li|ar|de** Ⓜ, die Milliarden
das **Mil|li|gramm** Ⓜ, die Milligramme
der **Mil|li|me|ter** Ⓜ *oder* das **Millimeter**, die Millimeter
die **Mil|li|on** Ⓜ, die Millionen
der **Mil|li|o|när** Ⓜ, die Millionäre
die **Mil|li|o|nä|rin** Ⓜ, die Millionärinnen
die **Mil|li|o|nen|stadt** Ⓝ, die Millionenstädte
die **Milz**, die Milzen
die **Mi|mik** Ⓜ
die **Min|der|heit**, die Minderheiten
**min|der|jäh|rig** Ⓝ
**min|des|tens**
die **Mi|ne** Ⓜ, die Minen
das **Mi|ne|ral**, die Mineralien *oder* Minerale
das Mineralwasser
das **Mi|ni|golf** Ⓜ
der **Mi|nis|ter**, die Minister
die **Mi|nis|te|rin**, die Ministerinnen
das **Mi|nis|te|ri|um**, die Ministerien
**mi|nus** Ⓜ
die **Mi|nu|te**, die Minuten
**mi|nu|ten|lang**
**mir** Ⓜ, Er gab mir das Buch.
die **Mi|ra|bel|le** Ⓜ, die Mirabellen
**mi|schen**, sie mischt
die **Mi|schung**, die Mischungen
der **Misch|wald** Ⓝ, die Mischwälder
**mi|se|ra|bel**
der **Miss|brauch** Ⓜ
**miss|brau|chen** Ⓜ
er missbraucht
der **Miss|er|folg** Ⓜ, die Misserfolge

das **Miss|ge|schick** Ⓜ, die Missgeschicke
*Wenn du unvorsichtig bist und dadurch ein Unglück passiert, dann sagt man, dass dir ein Missgeschick geschehen ist.*

**miss|glü|cken** Ⓜ
Der Versuch ist missglückt.
**miss|han|deln** Ⓜ
sie misshandelt
die **Miss|hand|lung** Ⓜ, die Misshandlungen
**miss|lin|gen** Ⓜ, es misslingt, es misslang, es ist misslungen
sie **misst** Ⓝ (➔ messen)
**miss|trau|en** Ⓜ
sie misstraut ihm
das **Miss|trau|en** Ⓜ
**miss|trau|isch** Ⓜ
das **Miss|ver|ständ|nis** Ⓜ, die Missverständnisse
**miss|ver|ste|hen** Ⓜ, er missversteht, er missverstand, er hat missverstanden
der **Mist**
**mit**
die **Mit|ar|beit**
**mit|ar|bei|ten**, sie arbeitet mit
**mit|be|stim|men** Ⓝ
er bestimmt mit
die **Mit|be|stim|mung** Ⓝ
der **Mit|bür|ger**, die Mitbürger
die **Mit|bür|ge|rin**, die Mitbürgerinnen
**mit|ein|an|der**
miteinander leben

**mit|fah|ren** (N), sie fährt mit, sie fuhr mit, sie ist mitgefahren
die **Mit|fahr|ge|le|gen|heit** (N), die Mitfahrgelegenheiten
**mit|füh|len** (N), er fühlt mit
das **Mit|ge|fühl** (N)
das **Mit|glied** (N), die Mitglieder
der **Mit|laut**, die Mitlaute
das **Mit|leid** (M)
**mit|ma|chen**, sie macht mit
der **Mit|mensch**, die Mitmenschen
**mit|neh|men** (N), er nimmt mit, er nahm mit, er hat mitgenommen
der **Mit|schü|ler**, die Mitschüler
die **Mit|schü|le|rin**, die Mitschülerinnen
**mit|spie|len** (N), sie spielt mit
der **Mit|spie|ler** (N), die Mitspieler
die **Mit|spie|le|rin** (N), die Mitspielerinnen
der **Mit|tag** (N), die Mittage
heute Mittag
das Mittagessen
**mit|tags** (N)
der **Mit|tags|schlaf** (N) *oder* **Mit|tag|schlaf**
die **Mit|te**,
**mit|tei|len**, er teilt mit
die **Mit|tei|lung**, die Mitteilungen
das **Mit|tel**, die Mittel
das **Mit|tel|al|ter**
**mit|tel|los**
**mit|tel|mä|ßig** (N)
das **Mit|tel|meer** (N)
der **Mit|tel|punkt**
**mit|ten**
**mit|ten|drin**
um **Mit|ter|nacht**
**mitt|ler|wei|le** (N)

der **Mitt|woch** (N), die Mittwoche
am Mittwoch
am Mittwochabend
**mitt|wochs** (N)
**mi|xen**, sie mixt
der **Mi|xer**, die Mixer

## Mo

die **Mö|bel**
er **moch|te** (→ mögen)
er **möch|te** (→ mögen)
die **Mo|de**, die Moden
das **Mo|del** (M), die Models
das **Mo|dell** (N), die Modelle
**mo|del|lie|ren**, er modelliert
das **Mo|dem**, die Modems
die **Mo|den|schau**, die Modenschauen
der **Mo|de|ra|tor**, die Moderatoren
die **Mo|de|ra|to|rin**, die Moderatorinnen
**mo|de|rig** (N) *oder* **mo|drig**

### Beachte den Unterschied!

**mo|dern**
*(= erste Silbe betont: faulen)*
das Laub modert

**mo|dern**
*(= zweite Silbe betont: neuartig)*
moderne Technik

**mo|disch**
das **Mo|fa**, die Mofas
die **Mo|ge|lei**, die Mogeleien
**mo|geln**, sie mogelt
**mö|gen**, er mag, er mochte, er hat gemocht
er möchte ein Eis
**mög|lich** Ⓜ
alles Mögliche versuchen
**mög|li|cher|wei|se** Ⓝ
die **Mög|lich|keit** Ⓝ, die Möglichkeiten
**mög|lichst** Ⓝ
der **Mohn** Ⓜ
die **Möh|re** Ⓜ, die Möhren
der **Molch**, die Molche
die **Mole**, die Molen
die **Mol|ke|rei**, die Molkereien
**mol|lig** Ⓝ
der **Mo|ment**, die Momente
**mo|men|tan**
der **Mo|nat**, die Monate
**mo|na|te|lang**
**mo|nat|lich**
der **Mönch**, die Mönche
der **Mond** Ⓝ, die Monde
die Mondfinsternis
**mond|hell** Ⓝ
der **Mond|schein** Ⓝ
der **Mo|ni|tor**, die Monitore
das **Mons|ter**, die Monster
der **Mon|tag** Ⓝ, die Montage
am Montag
am Montagabend
**mon|tags** Ⓝ
der **Mon|teur** Ⓜ, die Monteure
die **Mon|teu|rin** Ⓜ, die Monteurinnen
**mon|tie|ren**, sie montiert
das **Moor** Ⓜ, die Moore
das **Moos** Ⓜ, die Moose
**moo|sig** Ⓝ

das **Mo|ped**, die Mopeds
die **Mo|ral**
**mo|ra|lisch**
der **Mo|rast**
der **Mord** Ⓝ, die Morde
der **Mör|der**, die Mörder
die **Mör|de|rin**, die Mörderinnen
**mör|de|risch**
**mor|gen**, morgen Abend
morgen früh
der **Mor|gen**, die Morgen
Guten Morgen!
gestern Morgen
**mor|gens**
**morsch**
**mor|sen**, er morst
das **Mor|se|zei|chen**, die Morsezeichen
der **Mör|tel**
das **Mo|sa|ik**, die Mosaiken *oder* Mosaike
die **Mo|schee** Ⓜ, die Moscheen
die **Mo|sel**
der **Mos|lem**, die Moslems
die **Mos|le|min**, die Mosleminnen
**mos|le|misch**
der **Most**
das **Mo|tiv** Ⓜ, die Motive
der **Mo|tor**, die Motoren
das **Mo|tor|rad** Ⓝ, die Motorräder
die **Mot|te**, die Motten
das **Mot|to**, die Mottos
die Mottoshow
**mot|zen**, sie motzt
das **Moun|tain|bike** Ⓜ, die Mountainbikes
die **Mö|we**, die Möwen

## Mu

die **Mü|cke**, die Mücken
**mucks|mäus|chen|still** Ⓝ
**mü|de**


Ⓝ Nachdenkwort (Verlängern? Verwandtes Wort? qu, sp oder st?)

die **Mü|dig|keit** Ⓜ
**muf|fig** Ⓝ
die **Mü|he**, die Mühen
**mü|he|los**
die **Müh|le** Ⓜ, die Mühlen
**müh|sam** Ⓝ
die **Mul|de**, die Mulden
der **Müll** Ⓜ
die Müllabfuhr
die **Mull|bin|de** Ⓜ, die Mullbinden
der **Mül|ler**, die Müller
die **Mül|le|rin**, die Müllerinnen
die **Müll|ton|ne** Ⓝ, die Mülltonnen
die **Müll|tren|nung** Ⓝ
**mul|mig**
die **Mul|ti|pli|ka|ti|on** Ⓜ *(= Malnehmen)*, die Multiplikationen
**mul|ti|pli|zie|ren**
er multipliziert
die **Mu|mie**, die Mumien
der **Mumps** *oder* die **Mumps**
**Mün|chen**
der **Mund** Ⓝ, die Münder
**mün|den**, der Fluss mündet
**münd|lich** Ⓝ
die **Mün|dung**, die Mündungen
**mun|ter**
die **Mün|ze**, die Münzen
**mür|be** *oder* **mürb**
der **Mür|be|teig** Ⓝ
die **Mur|mel**, die Murmeln
**mur|meln**, sie murmelt
das **Mur|mel|tier**, die Murmeltiere
**mür|risch**
das **Mus** *oder* der **Mus**
die **Mu|schel**, die Muscheln
**mu|schel|för|mig** Ⓝ
das **Mu|se|um**, die Museen
das **Mu|si|cal** Ⓜ, die Musicals
die **Mu|sik** Ⓜ
**mu|si|ka|lisch**
der **Mu|si|ker**, die Musiker
die **Mu|si|ke|rin**, die Musikerinnen
**mu|si|zie|ren**, er musiziert
die **Mus|kat|nuss** Ⓝ
der **Mus|kel**, die Muskeln
das **Müs|li** Ⓜ, die Müslis *oder* Müsli
der **Mus|lim** Ⓜ, die Muslime
die **Mus|li|ma** Ⓜ, die Muslimas
die **Mus|li|min** Ⓜ, die Musliminnen
er **muss** Ⓝ
die **Mu|ße** Ⓜ
**müs|sen**, sie muss
das **Mus|ter**, die Muster
der **Mut**
**mu|tig** Ⓝ
**mut|los**

**Beachte den Unterschied!**

die **Mut|ter** *(= Elternteil)*, die Mütter

die **Mut|ter** *(= Schraubenmutter)*, die Muttern

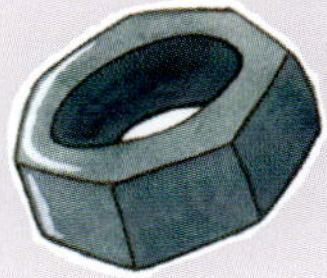

**müt|ter|lich**
das **Mut|ter|mal**, die Muttermale
**mut|ter|see|len|al|lein** Ⓜ
die **Mut|ter|spra|che** Ⓝ, die Muttersprachen
**mut|wil|lig** Ⓝ
die **Müt|ze**, die Mützen
die **Myr|rhe** Ⓜ *oder* **Myr|re**, die Myrrhen

A B C D E F G H I J K L M N O P Q R S T U V W X Y Z

# Nn

**Na**

der **Na|bel**, die Nabel
**nach**
nach der Schule
nach Hause *oder* nachhause
**nach|ah|men** Ⓜ
sie ahmt nach
der **Nach|bar**, die Nachbarn
die **Nach|ba|rin**, die Nachbarinnen
die **Nach|bar|schaft**
**nach|dem**
**nach|den|ken**, er denkt nach, er dachte nach, er hat nachgedacht
**nach|ein|an|der**
nacheinander aufrufen
**nach|er|zäh|len** Ⓝ
sie erzählt nach
die **Nach|er|zäh|lung** Ⓝ, die Nacherzählungen
der **Nach|fol|ger**, die Nachfolger
die **Nach|fol|ge|rin**, die Nachfolgerinnen
**nach|ge|ben**, er gibt nach, er gab nach, er hat nachgegeben
**nach|gie|big** Ⓝ
der **Nach|hau|se|weg** Ⓝ
**nach|her**
die **Nach|hil|fe**
der **Nach|kom|me**, die Nachkommen

**nach|läs|sig** Ⓝ

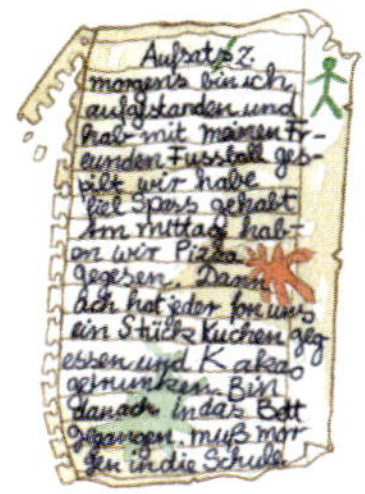

*Wenn du schlampig bist und etwas ohne Sorgfalt tust, dann bist du nachlässig.*

die **Nach|läs|sig|keit** Ⓝ
der **Nach|mit|tag** Ⓝ, die Nachmittage
**nach|mit|tags** Ⓝ
der **Nach|na|me**, die Nachnamen
die **Nach|richt**, die Nachrichten
**nach|schla|gen**, sie schlägt nach, sie schlug nach, sie hat nachgeschlagen
die **Nach|sil|be**, die Nachsilben
die **Nach|spei|se** Ⓝ, die Nachspeisen
**näch|ste, näch|ster, näch|stes** Ⓜ, nächstes Mal
der Nächste, die Nächste
als Nächster, als Nächste
die **Nacht**, die Nächte
bei Nacht, heute Nacht
der **Nach|teil**, die Nachteile
das **Nacht|es|sen** *(= Abendessen)*, die Nachtessen
die **Nach|ti|gall** Ⓝ, die Nachtigallen
der **Nach|tisch**, die Nachtische
**nach|träg|lich** Ⓜ
**nachts**
der **Nacht|tisch**, die Nachttische
der **Nach|wuchs** Ⓝ
**nach|zah|len** Ⓝ, er zahlt nach
die **Nach|zah|lung** Ⓝ, die Nachzahlungen



Ⓝ Nachdenkwort (Verlängern? Verwandtes Wort? qu, sp oder st?)

der **Nach|züg|ler** Ⓜ, die Nachzügler

*Nachzügler kommen später am Ziel an als alle anderen.*

die **Nach|züg|le|rin** Ⓜ, die Nachzüglerinnen
der **Na|cken**, die Nacken
**nackt**
die **Na|del**, die Nadeln
der **Na|gel**, die Nägel
**na|geln**, er nagelt
**na|gel|neu**
**na|gen**
Der Hund nagt am Knochen.
**nah** Ⓜ *oder* **na|he**, näher, am nächsten
von Nahem
ein nahe stehendes Haus
die **Nä|he** Ⓝ
**nä|hen** Ⓜ, sie näht
die **Nä|he|rin** Ⓝ, die Näherinnen
sich **nä|hern** Ⓝ, er nähert sich
sie **nahm** Ⓝ (➔ nehmen)
die **Nah|rung** Ⓜ
die **Naht** Ⓜ, die Nähte
**naht|los** Ⓝ
der **Na|me**, die Namen
**na|men|los**
der **Na|mens|tag** Ⓝ, die Namenstage
**näm|lich** Ⓝ
er **nann|te** Ⓝ (➔ nennen)

der **Napf**, die Näpfe
die **Nar|be**, die Narben
die **Nar|ko|se**, die Narkosen
der **Narr** Ⓝ, die Narren
die **När|rin** Ⓝ, die Närrinnen
die **Nar|zis|se**, die Narzissen
**na|schen**, sie nascht
die **Na|se**, die Nasen
**na|se|weis**
das **Nas|horn**, die Nashörner
**nass** Ⓝ, nass geschwitzt
die **Näs|se**
**nass|kalt** Ⓝ
das **Nas|tuch** *(= Taschentuch)*, die Nastücher
das **Na|tel** *(= Handy)*, die Natels
die **Na|ti|on** Ⓜ, die Nationen
**na|ti|o|nal** Ⓝ
die **Nat|ter**, die Nattern
die **Na|tur**
**na|tür|lich**
der **Na|tur|schutz**
die **Na|tur|wis|sen|schaft**

## Ne

der **Ne|an|der|ta|ler**, die Neandertaler
der **Ne|bel**
**ne|ben**
**ne|ben|an**
**ne|ben|ei|nan|der**
nebeneinandersitzen
**ne|ben|her**
**ne|ben|säch|lich** Ⓝ
**ne|be|lig** Ⓝ *oder* **neb|lig**
der **Nef|fe**, die Neffen
**ne|ga|tiv** Ⓜ
das **Ne|ga|tiv** Ⓜ, die Negative
**neh|men** Ⓜ, sie nimmt, sie nahm, sie hat genommen
der **Neid** Ⓝ
**nei|disch**

# Ne bis Ni

sich **nei|gen**, er neigt sich
die **Nei|gung**, die Neigungen
**nein**
der **Nek|tar**
die **Nek|ta|ri|ne** Ⓜ, die Nektarinen
die **Nel|ke**, die Nelken
**nen|nen**, sie nennt, sie nannte, sie hat genannt
das **Ne|on|licht**, die Neonlichter
der **Nep|tun**
der **Nerv** Ⓜ, die Nerven
**ner|ven** Ⓝ, sie nervt
**ner|vig** Ⓝ
**ner|vös** Ⓝ
die **Nes|sel**, die Nesseln
das **Nest**, die Nester
**nett** Ⓝ
**net|ter|wei|se**
das **Netz**, die Netze
**neu**, neu eröffnet
das neue Jahr
etwas Neues
von Neuem
seit Neuestem
**neu|er|dings**
das **Neu|ge|bo|re|ne**, die Neugeborenen
die **Neu|gier**
**neu|gie|rig** Ⓝ
die **Neu|ig|keit** Ⓜ, die Neuigkeiten
das **Neu|jahr** Ⓝ
**neu|lich**
**neun**
der Neunte, die Neunte
die **Neun**, die Neunen
**neun|zehn** Ⓝ
**neun|zig** Ⓜ
die **Neu|ro|der|mi|tis** Ⓜ
**neu|tral**
die **Neu|zeit**

## Ni

**nicht**
die **Nich|te**, die Nichten
**nichts**, gar nichts
**ni|cken**, er nickt
das **Ni|cker|chen**, die Nickerchen
der **Ni|cki**, die Nickis
**nie**, nie und nimmer
nie mehr, nie wieder
**nie|der**
die **Nie|der|la|ge**, die Niederlagen
die **Nie|der|lan|de**
der **Nie|der|län|der** Ⓝ, die Niederländer
die **Nie|der|län|de|rin** Ⓝ, die Niederländerinnen
**nie|der|län|disch** Ⓝ
**Nie|der|sach|sen**
der **Nie|der|schlag** Ⓝ, die Niederschläge
**nied|lich** Ⓜ
**nied|rig** Ⓝ
**nie|mals**
**nie|mand** Ⓜ
die **Nie|re**, die Nieren
**nie|seln**, es nieselt
der **Nie|sel|re|gen**
**nie|sen**, sie niest
die **Nie|te**, die Nieten
der **Ni|ko|laus**
das **Ni|ko|tin** Ⓜ
das **Nil|pferd** Ⓜ, die Nilpferde
**nim|mer**
er **nimmt** Ⓜ (➔ nehmen)
**nir|gends** Ⓜ
**nir|gend|wo** Ⓝ
**nis|ten**, die Amsel nistet
der **Nist|kas|ten**, die Nistkästen
die **Ni|xe**, die Nixen


Ⓝ Nachdenkwort (Verlängern? Verwandtes Wort? qu, sp oder st?)

**No**

**noch**, noch mehr
noch einmal, noch mal

das **No|men**, die Nomen

der **No|mi|na|tiv** Ⓜ *(= Werfall oder Wasfall)*

die **Non|ne**, die Nonnen

der **Nor|den**

**nörd|lich** Ⓝ

der **Nord|pol** Ⓝ

**Nord|rhein-West|fa|len** Ⓜ

die **Nord|see** Ⓝ

**nör|geln**, er nörgelt

**nor|mal**

**nor|ma|ler|wei|se**

**Nor|we|gen**

der **Nor|we|ger**, die Norweger

die **Nor|we|ge|rin**, die Norwegerinnen

**nor|we|gisch**

die **Not**, die Nöte
der Notarzt, die Notärztin

die **No|te**, die Noten

der **Not|fall** Ⓝ, die Notfälle

**no|tie|ren**, er notiert

**nö|tig** Ⓝ

die **No|tiz**, die Notizen

**not|wen|dig** Ⓝ

die **Not|wen|dig|keit** Ⓝ

der **No|vem|ber** Ⓜ

**Nu**

**nüch|tern**

der **Nu|ckel**, die Nuckel

**nu|ckeln**, das Baby nuckelt

die **Nu|del**, die Nudeln

**null** Ⓜ, null Fehler
bei null anfangen
in null Komma nichts

die **Null** Ⓝ, die Nullen

die **Num|mer**, die Nummern

**num|me|rie|ren**
sie nummeriert

das **Num|mern|schild** Ⓝ, die Nummernschilder

**nun**

**nur**

**nu|scheln**, er nuschelt

die **Nuss** Ⓝ, die Nüsse

die **Nüs|ter**, die Nüstern

**nut|zen**, sie nutzt

**nüt|zen**, es nützt mir nichts

der **Nut|zen**

**nütz|lich**

**nutz|los**

die **Nutz|pflan|ze**, die Nutzpflanzen

# Oo

**Oa**

die **Oa|se**, die Oasen

*Einen Ort in der Wüste, an dem es Wasser gibt und an dem deshalb auch Pflanzen wachsen, nennt man Oase.*

**Ob**

**ob** Ⓜ

**ob|dach|los** Ⓜ

der **Ob|dach|lo|se** Ⓝ *oder* die **Obdachlose**, die Obdachlosen
**oben**
**obe|re**, der obere Teil
die **Ober|flä|che** Ⓝ, die Oberflächen
**ober|fläch|lich** Ⓝ
**ober|halb** Ⓜ
das **Ober|haupt**, die Oberhäupter
das **Obers** *(= Sahne)*
das **Ober|teil**, die Oberteile
das **Ob|jekt**, die Objekte
**ob|jek|tiv** Ⓜ
die **Ob|jek|ti|vi|tät** Ⓜ
die **Oboe**, die Oboen
das **Obst**
**ob|wohl** Ⓜ

### Och

der **Och|se** Ⓜ, die Ochsen

### Od

**öde** *oder* **öd**
**oder**
die **Oder**

### Of

der **Ofen**, die Öfen
**of|fen**
die Tür offen lassen
sich eine Möglichkeit offenlassen
**of|fen|bar**
die **Of|fen|heit**
**of|fen|sicht|lich**
**öf|fent|lich**
die **Öf|fent|lich|keit**
**of|fi|zi|ell** Ⓝ
der **Of|fi|zier**, die Offiziere
die **Of|fi|zie|rin**, die Offizierinnen
**öff|nen**, er öffnet
die **Öff|nung**, die Öffnungen

**oft**, öfter, am öftesten

### Oh

**oh|ne** Ⓜ
ohne Weiteres *oder* weiteres
die **Ohn|macht** Ⓜ
**ohn|mäch|tig** Ⓝ
das **Ohr** Ⓜ, die Ohren
die Ohrenschmerzen
die Ohrfeige
der Ohrring

### Ok

**okay** Ⓜ
die **Öko|lo|gie**
**öko|lo|gisch**
der **Ok|to|ber**

### Ol

das **Öl**, die Öle
**ölig** Ⓝ
die **Oli|ve** Ⓜ, die Oliven
die **Olym|pi|a|de** Ⓜ, die Olympiaden
die Olympischen Spiele

### Om

die **Oma**, die Omas
das **Ome|lett** Ⓜ, die Omeletts *oder* Omelette
die **Omi**, die Omis

### On

der **On|kel**, die Onkel

### Op

der **Opa**, die Opas
das **Open Air** Ⓜ, die Open Airs
die **Oper**, die Opern
die **Ope|ra|ti|on** Ⓜ, die Operationen
**ope|rie|ren**, sie operiert



Ⓝ Nachdenkwort (Verlängern? Verwandtes Wort? qu, sp oder st?)

das **Op|fer**, die Opfer
**op|fern**, er opfert
der **Op|ti|ker**, die Optiker
die **Op|ti|ke|rin**, die Optikerinnen
**op|ti|mal**
der **Op|ti|mis|mus**
**op|ti|mis|tisch**

**Or**
**oran|ge** Ⓜ
die **Oran|ge** Ⓜ, die Orangen
der Orangensaft
**oran|ge|far|ben** Ⓝ
der **Orang-Utan**, die Orang-Utans
das **Or|ches|ter** Ⓜ, die Orchester
die **Or|chi|dee** Ⓜ, die Orchideen
der **Or|den**, die Orden
**or|dent|lich**
**ord|nen** Ⓝ, sie ordnet
die **Ord|nung** Ⓜ
**ord|nungs|ge|mäß** Ⓝ
das **Or|gan**, die Organe
die **Or|ga|ni|sa|ti|on** Ⓜ, die Organisationen
**or|ga|ni|sie|ren**, er organisiert
der **Or|ga|nist**, die Organisten
die **Or|ga|nis|tin**, die Organistinnen
die **Or|gel**, die Orgeln
der **Ori|ent**
sich **ori|en|tie|ren**, sie orientiert sich
die **Ori|en|tie|rung**
die Orientierungsstufe
das **Ori|gi|nal** Ⓜ, die Originale
der **Or|kan**, die Orkane
der **Ort**, die Orte
die **Or|tho|gra|fie** Ⓜ
**or|tho|gra|fisch** Ⓜ
**ört|lich**
die **Ort|schaft**, die Ortschaften

**Os**
die **Öse**, die Ösen
der **Os|ten**
das **Os|ter|ei**, die Ostereier
die **Os|ter|glo|cke**, die Osterglocken
der **Os|ter|ha|se**
**Os|tern**
**Ös|ter|reich**
der **Ös|ter|rei|cher**, die Österreicher
die **Ös|ter|rei|che|rin**, die Österreicherinnen
**ös|ter|rei|chisch**
**öst|lich**
die **Ost|see** Ⓝ

**Ou**
**out** Ⓜ *(= unmodisch)*
Solche Hosen sind out.

**Ov**
**oval** Ⓜ

**Oz**
der **Oze|an**, die Ozeane
der **Ozon** *oder* das **Ozon**
das Ozonloch
die Ozonschicht

Ⓜ Merkwort (Keine Regel, merke dir das Wort!)

# Pp

Pa

**Beachte den Unterschied!**

ein **paar** Ⓜ
*(= einige)*
ein paar
Murmeln

das **Paar** Ⓜ
*(= zwei)*,
die Paare
ein Paar
Schuhe
sich in
Paaren
aufstellen

**paar|mal** Ⓝ, ein paarmal
die **Pacht**, die Pachten
**pach|ten**, er pachtet
das **Päck|chen** Ⓜ, die Päckchen
**pa|cken**, sie packt
die **Pa|ckung**, die Packungen
das **Pad|del**, die Paddel
das Paddelboot
**pad|deln**, er paddelt
das **Pa|ket**, die Pakete
der **Pa|last**, die Paläste
die **Pa|la|tschin|ke** *(= Pfann-kuchen)*, die Palatschinken
die **Pal|me**, die Palmen
der **Palm|sonn|tag** Ⓝ
die **Pam|pel|mu|se**, die Pampelmusen
**pam|pig** Ⓝ
der **Pan|da**, die Pandas
**pa|niert**
die **Pa|nik**
**pa|nisch**
die **Pan|ne**, die Pannen
das **Pa|no|ra|ma**, die Panoramen
der **Pan|ter**, die Panter
der **Pan|ther** Ⓜ, die Panther
der **Pan|tof|fel**, die Pantoffeln
die **Pan|to|mi|me** Ⓜ, die Pantomimen
der **Pan|zer**, die Panzer
der **Pa|pa**, die Papas
der **Pa|pa|gei**, die Papageien
das **Pa|pier**, die Papiere
der **Papp|be|cher** Ⓝ, die Papp-becher
die **Pap|pe**, die Pappen
die **Pap|pel**, die Pappeln
der **Papp|kar|ton** Ⓝ, die Papp-kartons
das **Papp|ma|ché** Ⓜ *oder* das **Papp|ma|schee** Ⓜ
der **Pap|ri|ka**, die Paprikas
die Paprikaschote
der **Papst**, die Päpste
das **Pa|ra|dies**, die Paradiese
**pa|ra|die|sisch**
**pa|ral|lel**
die **Pa|ral|le|le**, die Parallelen
der **Pa|ra|sit** Ⓜ, die Parasiten
das **Pär|chen** Ⓝ, die Pärchen
der **Par|cours** Ⓜ, die Parcours
das **Par|füm**, die Parfüms *oder* Parfüme
die **Par|fü|me|rie**, die Parfümerien
der **Park**, die Parks



Ⓝ Nachdenkwort (Verlängern? Verwandtes Wort? qu, sp oder st?)

a b c d e f g h i j k l m n o p q r s t u v w x y z

**par|ken**, sie parkt
das **Par|kett** Ⓜ
der **Park|platz**, die Parkplätze
das **Park|ver|bot** Ⓝ
das **Par|la|ment**, die Parlamente
die **Par|tei**, die Parteien
das **Par|ter|re** Ⓜ *(= Erdgeschoss)*
der **Part|ner**, die Partner
die **Part|ne|rin**, die Partnerinnen
die **Part|ner|schaft**, die Partner-schaften
die **Par|ty** Ⓜ, die Partys
der **Pass** Ⓝ, die Pässe
der **Pas|sa|gier** Ⓜ, die Passagiere
die **Pas|sa|gie|rin** Ⓜ, die Passagierinnen
der **Pas|sant**, die Passanten
die **Pas|san|tin**, die Passantinnen
**pas|sen**, es passt
**pas|send** Ⓝ
**pas|sie|ren**, es passiert
**pas|siv** Ⓜ *(= nicht tätig)*
die **Pas|te**, die Pasten
die **Pas|te|te**, die Pasteten
der **Pas|tor**, die Pastoren
die **Pas|to|rin**, die Pastorinnen
der **Pa|te**, die Paten
das Patenkind
die Patenschaft
der **Pa|ti|ent** Ⓜ, die Patienten
die **Pa|ti|en|tin** Ⓜ, die Patientinnen
die **Pa|tin**, die Patinnen
die **Pa|tro|ne**, die Patronen
**patsch|nass** Ⓝ
der **Pat|zer**, die Patzer
**pat|zig** Ⓝ
die **Pau|ke**, die Pauken
**pau|ken**, sie paukt
die **Pau|se**, die Pausen
das Pausenbrot
**pau|sen|los**
der **Pa|vil|lon** Ⓜ, die Pavillons
der **Pa|zi|fik** Ⓜ
der Pazifische Ozean

## Pc

der **PC**, die PCs

## Pe

das **Pech**
das **Pe|dal**, die Pedale
der **Pe|gel**, die Pegel
**pein|lich**
die **Peit|sche**, die Peitschen
**peit|schen**, er peitscht
der **Pe|li|kan** Ⓜ, die Pelikane
die **Pel|le** *(= Schale)*, die Pellen
**pel|len** *(= schälen)*, sie pellt
die **Pell|kar|tof|fel** Ⓝ, die Pell-kartoffeln
der **Pelz**, die Pelze
das **Pen|del**, die Pendel
**pen|deln**, er pendelt
der **Pend|ler**, die Pendler
die **Pend|le|rin**, die Pendlerinnen
der **Pe|nis**, die Penisse
**pen|nen**, sie pennt
die **Pen|si|on** Ⓜ, die Pensionen
**per** *(= mit)*, per Bahn reisen
**per|fekt**
das **Per|ga|ment|pa|pier**
die **Pe|ri|ode**, die Perioden
die **Per|le**, die Perlen
die **Per|son**, die Personen
das **Per|so|nal**
der **Per|so|nal|aus|weis**, die Personalausweise
**per|sön|lich**
die **Per|sön|lich|keit**, die Persönlichkeiten
die **Pe|rü|cke**, die Perücken
die **Pe|ter|si|lie** Ⓜ
das **Pe|tro|le|um**
**pet|zen**, sie petzt

Ⓜ Merkwort (Keine Regel, merke dir das Wort!)

### Pf

der **Pfad** (N), die Pfade
der **Pfad|fin|der** (N), die Pfadfinder
die **Pfad|fin|de|rin** (N),
die Pfadfinderinnen
der **Pfahl** (M), die Pfähle
die **Pfalz**
das **Pfand** (N), die Pfänder
die **Pfan|ne**, die Pfannen
der **Pfann|ku|chen** (N), die Pfann-kuchen
der **Pfar|rer**, die Pfarrer
die **Pfar|re|rin**, die Pfarrerinnen
der **Pfau**, die Pfauen
das Pfauenauge
der **Pfef|fer**
die **Pfef|fer|min|ze**
**pfef|fern**, er pfeffert
die **Pfei|fe**, die Pfeifen
**pfei|fen**, sie pfeift, sie pfiff,
sie hat gepfiffen
der **Pfeil**, die Pfeile
der **Pfei|ler**, die Pfeiler
**pfeil|schnell** (N)
das **Pferd** (N), die Pferde
der Pferdeschwanz
sie **pfiff** (M) (➔ pfeifen)
der **Pfif|fer|ling**, die Pfifferlinge
**pfif|fig** (N)
das **Pfing|sten**
der **Pfingst|sonn|tag** (N)
der **Pfir|sich**, die Pfirsiche
die **Pflan|ze**, die Pflanzen
**pflan|zen**, sie pflanzt
das **Pflas|ter**, die Pflaster
**pflas|tern**, er pflastert
die **Pflau|me**, die Pflaumen
die **Pfle|ge**
die Pflegeeltern
**pfle|ge|leicht**
**pfle|gen**, sie pflegt
der **Pfle|ger**, die Pfleger
die **Pfle|ge|rin**, die Pflegerinnen
die **Pflicht**, die Pflichten
**pflü|cken**, er pflückt
der **Pflug** (N), die Pflüge
**pflü|gen**, sie pflügt
die **Pfor|te**, die Pforten
der **Pfört|ner**, die Pförtner
die **Pfört|ne|rin**, die Pförtnerinnen
der **Pfos|ten**, die Pfosten
die **Pfo|te**, die Pfoten
das **Pfund** (N), die Pfunde
**pfu|schen**, er pfuscht
die **Pfüt|ze**, die Pfützen

### Ph

die **Phan|ta|sie** (M), die Phantasien
**phan|ta|sie|ren** (N)
sie phantasiert
**phan|ta|sie|voll** (N)
**phan|tas|tisch** (N)
das **Phan|tom** (M), die Phantome
der **Pha|rao** (M), die Pharaonen
die **Phy|sik** (M)
**phy|si|ka|lisch** (N)

### Pi

der **Pi|a|nist** (M), die Pianisten
die **Pi|a|nis|tin** (M), die Pianistinnen
der **Pi|ckel**, die Pickel
**pi|cke|lig** (N) *oder* **pick|lig**
**pi|cken**
Das Huhn pickt Körner.
das **Pick|nick** (N), die Picknicke
*oder* Picknicks
**pick|ni|cken**, sie picknickt
**piep|sen**, der Vogel piepst
**pi|kant** (M)
**pik|sen** (M), es pikst
der **Pil|ger**, die Pilger
die Pilgerfahrt
die **Pil|ge|rin**, die Pilgerinnen
die **Pil|le**, die Pillen



(N) Nachdenkwort (Verlängern? Verwandtes Wort? qu, sp oder st?)

der **Pi|lot** Ⓝ, die Piloten
die **Pi|lo|tin** Ⓝ, die Pilotinnen
der **Pilz**, die Pilze
**pin|ge|lig** Ⓝ
der **Pin|gu|in** Ⓜ, die Pinguine
**pink**, das Pink
**pin|keln**, er pinkelt
die **Pinn|wand** Ⓜ, die Pinnwände
der **Pin|sel**, die Pinsel
**pin|seln**, er pinselt
die **Pin|zet|te**, die Pinzetten
der **Pi|rat** Ⓜ, die Piraten
das Piratenschiff
die **Pi|ra|tin** Ⓜ, die Piratinnen
**pir|schen**, sie pirscht

*Pirschen ist ein anderes Wort für schleichen. Es wird häufig im Zusammenhang mit Jägern oder Tieren verwendet. Hier pirscht sich die Katze an den Vogel heran.*

die **Pis|ta|zie**, die Pistazien
die **Pis|te**, die Pisten
die **Pis|to|le**, die Pistolen
**pitsch|nass** Ⓝ
die **Piz|za** Ⓜ, die Pizzas *oder* Pizzen
die **Piz|ze|ria** Ⓜ, die Pizzerias *oder* Pizzerien

### Pk

der **PKW** *oder* **Pkw** *(= Personenkraftwagen)*, die PKWs *oder* Pkws

### Pl

die **Pla|ge**, die Plagen
**pla|gen**, er plagt
sich plagen
das **Pla|kat**, die Plakate
die **Pla|ket|te**, die Plaketten
der **Plan**, die Pläne
die **Pla|ne**, die Planen
**pla|nen**, sie plant
der **Pla|net**, die Planeten
**plan|los**
das **Plansch|be|cken**, die Planschbecken
**plan|schen**, er planscht
die **Plan|ta|ge** Ⓜ, die Plantagen
das **Plantsch|be|cken** Ⓜ, die Plantschbecken
**plant|schen** Ⓜ, sie plantscht
der **Plan|wa|gen**, die Planwagen
**plap|pern**, er plappert
**plär|ren** Ⓜ, das Baby plärrt
das **Plas|tik**
**plät|schern**
der Springbrunnen plätschert
**platt** Ⓝ
die **Plat|te**, die Platten
der **Platt|fuß** Ⓝ, die Plattfüße
der **Platz**, die Plätze
**plat|zen**, sie platzt
der **Platz|re|gen**
**platz|spa|rend** Ⓝ
die **Platz|wun|de**, die Platzwunden
**plau|dern**, er plaudert
**plei|te**, pleite sein
die **Plei|te**, die Pleiten
**plei|te|ge|hen**, die Firma geht pleite, sie ging pleite, sie ist pleitegegangen
die **Plom|be**, die Plomben
**plötz|lich**
**plump|sen**, es plumpst
**plün|dern**, sie plündert

a b c d e f g h i j k l m n o p q r s t u v w x y z

der **Plu|ral** *(= Mehrzahl)*
**plus**
der **Plus|punkt**, die Pluspunkte
das **Plus|zei|chen**, die Pluszeichen
der **Plu|to**

## Po

der **Po**, die Pos
**po|chen**, das Herz pocht
die **Po|cke**, die Pocken
das **Poe|sie|al|bum**, die Poesie-alben
der **Po|kal**, die Pokale
der **Pol**, die Pole
der **Po|lar|stern** Ⓝ
der **Po|le**, die Polen
**Po|len**
**po|lie|ren**, er poliert
die **Po|lin**, die Polinnen
die **Po|li|tik** Ⓜ
der **Po|li|ti|ker** Ⓜ, die Politiker
die **Po|li|ti|ke|rin** Ⓜ, die Politikerinnen
**po|li|tisch** Ⓜ
die **Po|li|tur** Ⓜ, die Polituren
die **Po|li|zei** Ⓜ
**po|li|zei|lich** Ⓝ
der **Po|li|zist**, die Polizisten
die **Po|li|zis|tin**, die Polizistinnen
der **Pol|len**
die Pollenallergie
**pol|nisch**
das **Pols|ter**, die Polster
**pols|tern**, sie polstert
der **Pol|ter|abend** Ⓝ, die Polter-abende
**pol|tern**, er poltert
die **Pom|mes**
die Pommes frites
das **Po|ny** Ⓜ, die Ponys
der **Pool** Ⓜ, die Pools
das **Pop|corn** Ⓜ
die **Pop|mu|sik** Ⓜ
der **Po|po**, die Popos
die **Po|re**, die Poren
**po|rös**
der **Por|ree** Ⓜ, die Porrees
das **Porte|mon|naie** Ⓜ, die Portmonnaies
die **Por|ti|on** Ⓜ, die Portionen
**por|ti|ons|wei|se** Ⓝ
das **Port|mo|nee** Ⓜ, die Portmonees
das **Por|to**, die Portos *oder* Porti
das **Por|trät** Ⓜ, die Porträts
**Por|tu|gal**
der **Por|tu|gie|se**, die Portugiesen
die **Por|tu|gie|sin**, die Portugiesinnen
**por|tu|gie|sisch**
das **Por|zel|lan**
die **Po|sau|ne**, die Posaunen
**po|si|tiv** Ⓜ
die **Post**
das **Pos|ter** *oder* der **Poster**, die Poster
**Pots|dam**
die **Po|wer** Ⓜ *(= Kraft, Wucht)*
**po|wern** Ⓜ, die Band powert
der **Po|widl** *(= Pflaumenmus)*

## Pr

die **Pracht**
**präch|tig** Ⓝ
das **Prä|di|kat** Ⓜ, die Prädikate
**prä|gen** Ⓜ, er prägt
**prah|len** Ⓜ, sie prahlt
die **Prah|le|rei** Ⓝ, die Prahlereien
**prak|tisch**
die **Pra|li|ne** Ⓜ, die Pralinen
**prall** Ⓝ
**pral|len**, er prallt
**prall|voll** Ⓝ

 Ⓝ Nachdenkwort (Verlängern? Verwandtes Wort? qu, sp oder st?)

der **Pran|ger**, die Pranger

*Zur Strafe wurden Verbrecher früher oft an einen Pfahl, den so genannten Pranger gebunden. Jeder der vorbeikam durfte den Angebundenen beschimpfen und bewerfen.*

die **Pran|ke**, die Pranken
die **Prä|po|si|ti|on** Ⓜ *(= Verhältniswort)*, die Präpositionen
die **Prä|rie** Ⓜ, die Prärien
das **Prä|sens** Ⓜ *(= Gegenwartsform)*
der **Prä|si|dent** Ⓜ, die Präsidenten
die **Prä|si|den|tin** Ⓜ, die Präsidentinnen
**pras|seln**, der Regen prasselt
das **Prä|te|ri|tum** Ⓜ *(= 1. Vergangenheit)*
die **Pra|xis**, die Praxen
**pre|di|gen**, er predigt
die **Pre|digt** Ⓝ, die Predigten
der **Preis**, die Preise
**preis|wert**
die **Prel|lung**, die Prellungen
die **Pre|mie|re** Ⓜ, die Premieren
die **Pres|se**
**pres|sen**, sie presst
**pri|ckeln**, es prickelt
**pri|ckelnd** Ⓝ
der **Pries|ter**, die Priester
die **Pries|te|rin**, die Priesterinnen
**pri|ma** Ⓜ
die **Pri|mel** Ⓜ, die Primeln
der **Prinz**, die Prinzen
die **Prin|zes|sin**, die Prinzessinnen
das **Prin|zip** Ⓜ, die Prinzipien
die **Pri|se** Ⓜ, die Prisen
**pri|vat**
**pro**, pro Stück
das Pro und Kontra
die **Pro|be**, die Proben
**pro|ben**, sie probt
**pro|be|wei|se**
**pro|bie|ren**, er probiert
das **Pro|blem**, die Probleme
**pro|blem|los**
das **Pro|dukt**, die Produkte
die **Pro|duk|ti|on** Ⓜ
**pro|du|zie|ren**, sie produziert
der **Pro|fes|sor**, die Professoren
die **Pro|fes|so|rin**, die Professorinnen
der **Pro|fi**, die Profis
das **Pro|gramm** Ⓝ, die Programme
**pro|gram|mie|ren** er programmiert
das **Pro|jekt**, die Projekte
der **Pro|jek|tor**, die Projektoren
**prompt**
das **Pro|no|men** *(= Fürwort)*, die Pronomen *oder* Pronomina
der **Pro|pel|ler**, die Propeller
der **Pro|phet** Ⓜ, die Propheten
die **Pro|phe|tin** Ⓜ, die Prophetinnen

Ⓜ Merkwort (Keine Regel, merke dir das Wort!)

# Pr bis Py

der **Pro|spekt**, die Prospekte
**Prost!**
der **Pro|test**, die Proteste
der **Pro|tes|tant**, die Protestanten
die **Pro|tes|tan|tin**, die Protestantinnen
**pro|tes|tan|tisch**
**pro|tes|tie|ren**, sie protestiert
die **Pro|the|se** Ⓜ, die Prothesen
das **Pro|to|koll** Ⓝ, die Protokolle
**prot|zen**, er protzt
der **Pro|vi|ant** Ⓜ
das **Pro|zent**, die Prozente
der **Pro|zess** Ⓝ, die Prozesse
die **Pro|zes|si|on** Ⓜ, die Prozessionen
**prü|fen**, sie prüft
die **Prü|fung**, die Prüfungen
die **Prü|gel**
die **Prü|ge|lei**, die Prügeleien
**prü|geln**, er prügelt
sich prügeln

## Pu

die **Pu|ber|tät** Ⓜ
das **Pu|bli|kum**
der **Pud|ding**, die Puddinge *oder* Puddings
der **Pu|del**
die Pudelmütze
**pu|del|nass** Ⓝ
**pu|del|wohl** Ⓝ

*Du fühlst dich pudelwohl, wenn du rundum zufrieden bist*

der **Pu|der** *oder* das **Puder**
der **Pul|li**, die Pullis
der **Pul|lo|ver** Ⓜ, die Pullover
der **Pul|lun|der**, die Pullunder
der **Puls**, die Pulse
der Pulsschlag
das **Pult**, die Pulte
das **Pul|ver** Ⓜ, die Pulver
**pum|me|lig** Ⓝ *oder* **pumm|lig**
die **Pum|pe**, die Pumpen
**pum|pen**, er pumpt
der **Punkt**, die Punkte
**pünkt|lich**
die **Pünkt|lich|keit**
die **Punkt|zahl** Ⓝ
die **Pu|pil|le**, die Pupillen
das **Püpp|chen**, die Püppchen
die **Pup|pe**, die Puppen
das Puppenhaus
**pur**
das **Pü|ree** Ⓜ, die Pürees
der **Pur|zel|baum**, die Purzelbäume
**pur|zeln**, sie purzelt
die **Pus|te**
die **Pus|te|blu|me**, die Pusteblumen
**pus|ten**, sie pustet
die **Pu|te**, die Puten
der **Pu|ter**, die Puter
der **Putz**
**put|zen**, er putzt
**put|zig** Ⓝ
das **Putz|mit|tel**, die Putzmittel
**puz|zeln** Ⓜ, sie puzzelt
das **Puz|zle** Ⓜ, die Puzzles

## Py

der **Py|ja|ma** Ⓜ, die Pyjamas
die **Py|ra|mi|de** Ⓜ, die Pyramiden


Ⓝ Nachdenkwort (Verlängern? Verwandtes Wort? qu, sp oder st?)

# Qq

### Qua

das **Qua|drat** Ⓝ, die Quadrate
**qua|dra|tisch** Ⓝ
**qua|ken** Ⓝ, die Ente quakt
die **Qual** Ⓝ, die Qualen
**quä|len** Ⓝ, sie quält
die **Quä|le|rei** Ⓝ, die Quälereien
die **Qua|li|fi|ka|ti|on** Ⓜ, die Qualifikationen
sich **qua|li|fi|zie|ren** Ⓝ er qualifiziert sich
die **Qua|li|tät** Ⓜ, die Qualitäten
die **Qual|le** Ⓝ, die Quallen
der **Qualm** Ⓝ
**qual|men** Ⓝ, sie qualmt
die **Qua|ran|tä|ne** Ⓜ
*Wenn ein Mensch unter Quarantäne steht, dann heißt das, dass er von allen anderen getrennt untergebracht ist, weil er eine ansteckende Krankheit hat.*

der **Quark** Ⓝ
das **Quar|tett** Ⓝ, die Quartette
das **Quar|tier** Ⓝ, die Quartiere
der **Quarz** Ⓝ
**quas|seln** Ⓝ, er quasselt
der **Quatsch** Ⓝ
**quat|schen** Ⓝ, sie quatscht

### Que

das **Queck|sil|ber** Ⓝ
die **Quel|le** Ⓝ, die Quellen
**quel|len** Ⓝ, es quillt, es quoll, es ist gequollen
**quen|ge|lig** Ⓝ *oder* **queng|lig**
**quen|geln** Ⓝ, er quengelt
**quer** Ⓝ, quer gestreift
querbeet
in die Quere kommen
die **Quer|flö|te** Ⓝ, die Querflöten
der **Quer|schnitt** Ⓝ, die Querschnitte
sich **quer|stel|len** Ⓝ er stellt sich quer
**quet|schen** Ⓝ, sie quetscht

### Qui

**quiet|schen** Ⓝ, er quietscht
es **quillt** Ⓝ (→ quellen)
**quitt** Ⓜ
die **Quit|tung** Ⓝ, die Quittungen
das **Quiz** Ⓜ

### Quo

es **quoll** Ⓝ (→ quellen)

# Rr

### Ra

der **Ra|batt** Ⓝ, die Rabatte
der **Rab|bi**, die Rabbis
der **Ra|be**, die Raben
**ra|ben|schwarz**
**ra|bi|at** Ⓜ
die **Ra|che**

Ⓜ Merkwort (Keine Regel, merke dir das Wort!)



a b c d e f g h i j k l m n o p q r s t u v w x y z

A B C D E F G H I J K L M N O P Q R S T U V W X Y Z

der **Ra|chen**, die Rachen
sich **rä|chen** Ⓝ, sie rächt sich
**rach|süch|tig** Ⓝ
das **Rad** Ⓝ, die Räder
Rad fahren
(ein) Rad schlagen
der **Ra|dar** *oder* das **Radar**
der **Ra|dau**
**ra|deln**, sie radelt
der **Ra|di** Ⓝ *(= Rettich)*, die Radi
**ra|die|ren**, er radiert
der **Ra|dier|gum|mi** Ⓝ, die Radiergummis
das **Ra|dies|chen**, die Radieschen
das **Ra|dio** Ⓜ, die Radios
**ra|dio|ak|tiv** Ⓝ
die **Ra|dio|ak|ti|vi|tät** Ⓝ
der **Ra|di|us** Ⓜ, die Radien
**raf|fen**, er rafft
**raff|gie|rig** Ⓝ

*Jemanden, der immer noch mehr Sachen und Geld haben will, obwohl er eigentlich schon sehr viel besitzt, nennt man raffgierig.*

**raf|fi|niert**
**ra|gen**, sie ragt
der **Rah|men** Ⓜ, die Rahmen
sich **rä|keln** Ⓜ, er räkelt sich
die **Ra|ke|te**, die Raketen
die **Ral|lye** Ⓜ, die Rallyes
der **Ra|ma|dan**
**ram|men**, sie rammt
die **Ram|pe**, die Rampen
der **Ramsch**
der **Rand** Ⓝ, die Ränder
**ran|da|lie|ren**, er randaliert
**rand|voll** Ⓝ
sie **rang** (→ ringen)
der **Rang**, die Ränge
**ran|gie|ren** Ⓜ, er rangiert
die **Ran|gier|lok** Ⓝ, die Rangierloks
sich **ran|hal|ten**, sie hält sich ran, sie hielt sich ran, sie hat sich rangehalten
es **rann** Ⓝ (→ rinnen)
er **rann|te** Ⓝ (→ rennen)
der **Ran|zen**, die Ranzen
**ran|zig** Ⓝ
der **Raps**
**rar**
die **Ra|ri|tät** Ⓜ, die Raritäten
**ra|sant**
**rasch**
**ra|scheln**, er raschelt
**ra|sen**, sie rast
der **Ra|sen**, die Rasen
**ra|send** Ⓝ
der **Ra|sen|mä|her** Ⓝ, die Rasenmäher
der **Ra|ser**, die Raser
die **Ra|se|rei**, die Rasereien
die **Ra|se|rin**, die Raserinnen
der **Ra|sier|ap|pa|rat**, die Rasierapparate
sich **ra|sie|ren**, er rasiert sich
die **Ra|sier|klin|ge**, die Rasierklingen
die **Ras|pel**, die Raspeln
**ras|peln**, sie raspelt
die **Ras|se**, die Rassen
die **Ras|sel**, die Rasseln
die **Rast**, die Rasten
**ras|ten**, sie rastet
**rast|los**
die **Rast|stät|te** Ⓜ, die Raststätten
der **Rat**
er **rät** Ⓝ (→ raten)



Ⓝ Nachdenkwort (Verlängern? Verwandtes Wort? qu, sp oder st?)

die **Ra|te**, die Raten
**ra|ten**, er rät, er riet, er hat geraten
das **Rat|haus**, die Rathäuser
**rat|los**
der **Rat|schlag**, die Ratschläge
das **Rät|sel** Ⓜ, die Rätsel
**rät|seln** Ⓜ, sie rätselt
die **Rat|te**, die Ratten
**rat|tern**, es rattert
**rau**
der **Raub** Ⓝ, die Raube
**rau|ben**, sie raubt
der **Räu|ber** Ⓝ, die Räuber
die **Räu|be|rin** Ⓝ, die Räuberinnen
das **Raub|tier** Ⓝ, die Raubtiere
der **Rauch**
**rau|chen**, er raucht
der **Rau|cher**, die Raucher
die **Rau|che|rin**, die Raucherinnen
**räu|chern** Ⓝ, sie räuchert
**rau|chig** Ⓝ
**rauf** *(= herauf)*
rauf und runter
**rau|fen**, er rauft
die **Rau|fe|rei**, die Raufereien
der **Raum**, die Räume
**räu|men** Ⓝ, sie räumt
die **Raum|fahrt** Ⓝ
die **Raum|kap|sel**, die Raumkapseln
**räum|lich** Ⓝ
das **Raum|schiff** Ⓝ, die Raumschiffe
die **Rau|pe**, die Raupen
der **Rau|reif**
**raus** *(= heraus)*
der **Rausch**, die Räusche
**rau|schen**, der Wind rauscht
das **Rausch|gift**
sich **räus|pern** Ⓜ, sie räuspert sich

## Re

**rea|gie|ren**, er reagiert
die **Re|ak|ti|on** Ⓜ, die Reaktionen
der **Re|ak|tor**, die Reaktoren
**re|al**
die **Re|a|li|tät** Ⓜ
die **Re|al|schu|le**, die Realschulen
die **Re|be**, die Reben
**re|bel|lie|ren**, sie rebelliert
der **Reb|stock** Ⓝ, die Rebstöcke
**re|chen**, er recht
der **Re|chen**, die Rechen
die **Re|chen|auf|ga|be**, die Rechenaufgaben
der **Re|chen|feh|ler** Ⓝ, die Rechenfehler
**rech|nen**, sie rechnet
die **Rech|nung**, die Rechnungen
**recht**, du hast recht
es geschieht dir recht
das ist mir recht
das **Recht**, die Rechte
im Recht sein
das **Recht|eck**, die Rechtecke
**recht|eckig** Ⓝ
**recht|ha|be|risch**
**rechts**, rechts abbiegen
von links nach rechts
der **Rechts|an|walt**, die Rechtsanwälte
die **Rechts|an|wäl|tin** Ⓝ, die Rechtsanwältinnen
der **Recht|schreib|feh|ler** Ⓝ, die Rechtschreibfehler
die **Recht|schrei|bung**
**rechts|her|um**
**recht|zei|tig** Ⓝ
das **Reck**, die Recke *oder* Recks
sich **re|cken**, sie reckt sich
der **Re|cor|der** Ⓜ, die Recorder
**re|cy|celn** Ⓜ, er recycelt
das **Re|cy|cling** Ⓜ

Ⓜ Merkwort (Keine Regel, merke dir das Wort!)

die **Re|de**, die Reden
**re|den**, sie redet
die **Re|dens|art**, die Redensarten
der **Red|ner** Ⓝ, die Redner
die **Red|ne|rin** Ⓝ, die Rednerinnen
**red|se|lig** Ⓝ
**re|flek|tie|ren**, es reflektiert
der **Re|flek|tor**, die Reflektoren
die **Re|form**, die Reformen
das **Re|form|haus**, die Reformhäuser
**re|for|mie|ren**, er reformiert
der **Re|frain** Ⓜ, die Refrains
das **Re|gal**, die Regale
**re|ge**
die **Re|gel**, die Regeln
**re|gel|mä|ßig** Ⓝ
die **Re|gel|mä|ßig|keit** Ⓝ
**re|geln**, sie regelt
sich **re|gen**, er regt sich
der **Re|gen**
der Regenbogen
die **Re|gie** Ⓜ
**re|gie|ren**, sie regiert
die **Re|gie|rung**, die Regierungen
die **Re|gi|on**, die Regionen
der **Re|gis|seur** Ⓜ, die Regisseure
die **Re|gis|seu|rin** Ⓜ, die Regisseurinnen
**reg|nen** Ⓝ, es regnet
**reg|ne|risch** Ⓝ
**re|gungs|los**
das **Reh** Ⓝ, die Rehe
die **Rei|be**, die Reiben
**rei|ben**, er reibt, er rieb, er hat gerieben
die **Rei|bung**, die Reibungen
**rei|bungs|los**
**reich**
reich geschmückt
das **Reich**, die Reiche
**rei|chen**, sie reicht
**reich|hal|tig** Ⓝ
**reich|lich**
der **Reich|tum**, die Reichtümer

**Beachte den Unterschied!**

**reif** *(= voll entwickelt und zum Essen geeignet)*
reife Erdbeeren

der **Reif** *(= gefrorener Tau)*

der **Reif** *(= Schmuckstück)*, die Reife

die **Rei|fe**
der **Rei|fen**, die Reifen
der **Rei|gen**, die Reigen
die **Rei|he**, die Reihen
der **Rei|her**, die Reiher
**reih|um** Ⓝ
der **Reim**, die Reime
sich **rei|men**, es reimt sich
**rein** *(= herein)*
**rein** *(= sauber)*, rein waschen
**rei|ni|gen**, sie reinigt
die **Rei|ni|gung**, die Reinigungen
der **Reis**
die **Rei|se**, die Reisen
das **Rei|se|bü|ro**, die Reisebüros
**rei|sen**, sie reist


Ⓝ Nachdenkwort (Verlängern? Verwandtes Wort? qu, sp oder st?)

der **Rei|se|pass** Ⓝ, die Reisepässe
das **Rei|sig** Ⓜ
**rei|ßen** Ⓜ, es reißt, es riss, es ist gerissen
der **Reiß|ver|schluss** Ⓝ, die Reißverschlüsse
die **Reiß|zwe|cke** Ⓝ, die Reißzwecken
**rei|ten**, sie reitet, sie ritt, sie ist *oder* hat geritten
der **Rei|ter**, die Reiter
die **Rei|te|rin**, die Reiterinnen
der **Reiz**, die Reize
**rei|zen**, sie reizt
**rei|zend** Ⓝ
sich **re|keln**, er rekelt sich
die **Re|kla|ma|ti|on** Ⓜ, die Reklamationen
die **Re|kla|me**, die Reklamen
**re|kla|mie|ren**, sie reklamiert
der **Re|kord**, die Rekorde
der **Re|kor|der**, die Rekorder
der **Rek|tor**, die Rektoren
die **Rek|to|rin**, die Rektorinnen
**re|la|tiv** Ⓜ
die **Re|li|gi|on**, die Religionen
**re|li|gi|ös**
**rem|peln**, er rempelt
**ren|nen**, sie rennt, sie rannte, sie ist gerannt
das **Ren|nen**, die Rennen
das **Renn|rad** Ⓝ, die Rennräder
**re|no|vie|ren** Ⓜ, er renoviert
die **Re|no|vie|rung** Ⓜ, die Renovierungen
die **Ren|te**, die Renten
das **Ren|tier**, die Rentiere
der **Rent|ner**, die Rentner
die **Rent|ne|rin**, die Rentnerinnen
die **Re|pa|ra|tur**, die Reparaturen
**re|pa|rie|ren**, sie repariert

der **Re|por|ter**, die Reporter
die **Re|por|te|rin**, die Reporterinnen
das **Rep|til** Ⓜ, die Reptilien
die **Re|pub|lik** Ⓜ, die Republiken
die **Re|ser|ve** Ⓜ, die Reserven
**re|ser|vie|ren** Ⓜ, sie reserviert
die **Re|ser|vie|rung** Ⓜ, die Reservierungen
der **Re|spekt**
**re|spek|tie|ren**, er respektiert
der **Rest**, die Reste
das **Re|stau|rant** Ⓜ, die Restaurants
das **Re|sul|tat**, die Resultate
**ret|ten**, sie rettet
der **Ret|tich**, die Rettiche
die **Ret|tung**
die **Reue**

*Wenn man etwas Böses oder Falsches getan hat und danach merkt, dass man es viel lieber nicht getan hätte, dann empfindet man Reue.*

sich **re|van|chie|ren** Ⓜ sie revanchiert sich
das **Re|vier** Ⓜ, die Reviere
die **Re|vo|lu|ti|on** Ⓜ, die Revolutionen
das **Re|zept**, die Rezepte

**Rh**

der **Rha|bar|ber** Ⓜ
der **Rhein** Ⓜ

Ⓜ Merkwort (Keine Regel, merke dir das Wort!)

**Rhein|land-Pfalz** Ⓝ
**rhyth|misch** Ⓜ
der **Rhyth|mus** Ⓜ, die Rhythmen

### Ri

die **Ri|bi|sel** Ⓜ *(= Johannisbeere)*, die Ribiseln
**rich|ten**, er richtet
der **Rich|ter**, die Richter
die **Rich|te|rin**, die Richterinnen
**rich|tig** Ⓝ, etwas richtig machen das Richtige tun
die **Rich|tung**, die Richtungen
er **rieb** Ⓝ (➔ reiben)
**rie|chen**, sie riecht, sie roch, sie hat gerochen
sie **rief** (➔ rufen)
der **Rie|gel**, die Riegel
der **Rie|men**, die Riemen
der **Rie|se**, die Riesen
**rie|seln**, es rieselt
**rie|sen|groß** Ⓝ
**rie|sig** Ⓝ
die **Rie|sin**, die Riesinnen
sie **riet** (➔ raten)
das **Riff** Ⓝ, die Riffe
die **Ril|le**, die Rillen
das **Rind** Ⓝ, die Rinder
die **Rin|de**, die Rinden
das **Rind|fleisch** Ⓝ
der **Ring**, die Ringe
die **Rin|gel|nat|ter**, die Ringelnattern
**rin|gen**, sie ringt, sie rang, sie hat gerungen
der **Ring|kampf**, die Ringkämpfe
**rings|he|rum**
die **Rin|ne**, die Rinnen
**rin|nen**, es rinnt, es rann, es ist geronnen
das **Rinn|sal** Ⓝ, die Rinnsale
die **Rip|pe**, die Rippen
das **Ri|si|ko** Ⓜ, die Risiken *oder* Risikos
**ris|kant**
**ris|kie|ren**, sie riskiert
es **riss** Ⓜ (➔ reißen)
der **Riss** Ⓝ, die Risse
er **ritt** Ⓜ (➔ reiten)
der **Ritt** Ⓝ, die Ritte
der **Rit|ter**, die Ritter
der **Rit|ter|sporn** Ⓝ
der **Ritz**, die Ritze
die **Rit|ze**, die Ritzen
**rit|zen**, er ritzt
der **Ri|va|le** Ⓜ, die Rivalen
die **Ri|va|lin** Ⓜ, die Rivalinnen
die **Ri|va|li|tät** Ⓜ, die Rivalitäten

### Ro

die **Rob|be**, die Robben
der **Ro|bo|ter**, die Roboter
**ro|bust**
er **roch** (➔ riechen)
**rö|cheln**, er röchelt
der **Rock**, die Röcke
die **Rock|mu|sik** Ⓝ
die **Ro|del|bahn** Ⓝ, die Rodelbahnen
**ro|deln**, sie rodelt
**ro|den**, er rodet
der **Rog|gen**
**roh** Ⓜ
die **Roh|kost** Ⓝ
das **Rohr** Ⓜ, die Rohre
die **Röh|re** Ⓜ, die Röhren
der **Roh|stoff** Ⓝ, die Rohstoffe
die **Rol|le**, die Rollen
**rol|len**, es rollt
der **Rol|ler**, die Roller
der **Roll|kra|gen**, die Rollkragen
der **Roll|la|den** Ⓜ, die Rollläden
das **Rol|lo**, die Rollos

der **Roll|schuh** Ⓝ, die Rollschuhe
der **Roll|stuhl** Ⓝ, die Rollstühle
die **Roll|trep|pe**, die Rolltreppen
die **Ro|ma**
der **Ro|man**, die Romane
**ro|man|tisch**
*Jemand, der zu schwärmerischen oder gefühlsbetonten Gesten neigt, nennt man romantisch. Auch besonders schöne Landschaften oder sehr gefühlvolle Musik werden als romantisch bezeichnet.*

der **Rö|mer**, die Römer
die **Rö|me|rin**, die Römerinnen
**rönt|gen**, sie röntgt
die **Rönt|gen|auf|nah|me** Ⓝ, die Röntgenaufnahmen
**ro|sa**, das Rosa
die **Ro|se**, die Rosen
**ro|sig** Ⓝ
die **Ro|si|ne** Ⓜ, die Rosinen
das **Ross** Ⓝ, die Rosse *oder* Rösser
der **Rost** *(= rotbrauner Eisenbelag)*
der **Rost** *(= Gitter)*, die Roste
**ros|ten**, es rostet
**rös|ten**, er röstet
**rost|frei**
**ros|tig** Ⓝ
**rot**, röter, am rötesten
das Rot
die Rote Beete
die Rote Karte
die **Rö|teln**
**rot|haa|rig** Ⓝ
das **Rot|kehl|chen** Ⓝ, die Rotkehlchen
**röt|lich**
**rotz|frech**
die **Rou|la|de** Ⓜ, die Rouladen
die **Rou|te** Ⓜ, die Routen
der **Row|dy** Ⓜ, die Rowdys

## Ru

**rub|beln**, sie rubbelt
die **Rü|be**, die Rüben
**rü|ber** *(= herüber)*
der **Ruck**, die Rucke
**ruck|ar|tig** Ⓝ
**rü|cken**, er rückt
der **Rü|cken**, die Rücken
die **Rück|fahrt** Ⓝ, die Rückfahrten
das **Rück|grat**, die Rückgrate
die **Rück|kehr** Ⓝ
das **Rück|licht**, die Rücklichter
der **Ruck|sack**, die Rucksäcke
die **Rück|sei|te**, die Rückseiten
die **Rück|sicht**
**rück|sichts|los**
**rück|sichts|voll** Ⓝ
**rück|wärts** Ⓜ
**rück|wärts|fah|ren** Ⓝ, sie fährt rückwärts, sie fuhr rückwärts, sie ist rückwärts gefahren
der **Rück|wärts|gang** Ⓝ
der **Rück|weg** Ⓝ, die Rückwege
der **Rü|de**, die Rüden
das **Ru|del**, die Rudel
das **Ru|der**, die Ruder
das Ruderboot
**ru|dern**, er rudert
der **Ruf**, die Rufe
**ru|fen**, sie ruft, sie rief, sie hat gerufen
die **Ru|he**

Ⓜ Merkwort (Keine Regel, merke dir das Wort!)

# Ru bis Sa

ru|hen, er ruht
ru|hig Ⓝ
der Ruhm Ⓜ
sich rüh|men Ⓜ, sie rühmt sich
die Ruhr Ⓜ
das Rühr|ei Ⓝ, die Rühreier
rüh|ren Ⓜ, sie rührt
die Rui|ne Ⓜ, die Ruinen
rui|nie|ren, er ruiniert
rülp|sen, sie rülpst
der Rülp|ser, die Rülpser
der Ru|mä|ne Ⓝ, die Rumänen
die Ru|mä|nin Ⓝ, die Rumäninnen
Ru|mä|ni|en Ⓜ
ru|mä|nisch Ⓝ
der Rum|mel
die Rum|pel|kam|mer, die Rumpelkammern
der Rumpf, die Rümpfe
rümp|fen, Er rümpft die Nase.
rund Ⓝ
die Rund|fahrt Ⓝ, die Rundfahrten
der Rund|funk Ⓝ
der Rund|gang Ⓝ, die Rundgänge
rund|her|um Ⓝ
rund|lich Ⓝ
rund|um Ⓝ
run|ter *(= herunter)*
run|ze|lig Ⓝ *oder* runz|lig
run|zeln, Sie runzelt die Stirn.
der Rü|pel, die Rüpel
rup|fen, er rupft
rup|pig Ⓝ
der Ruß Ⓜ
der Rus|se, die Russen
der Rüs|sel, die Rüssel
ru|ßen Ⓝ, der Schornstein rußt
die Rus|sin, die Russinnen
rus|sisch
Russ|land Ⓜ

die Ru|te, die Ruten
die Rutsch|bahn Ⓝ, die Rutschbahnen
die Rut|sche, die Rutschen
rut|schen, sie rutscht
rutsch|fest
rut|schig Ⓝ
rüt|teln, er rüttelt

# Ss

## Sa

der Saal Ⓜ, die Säle
das Saar|land Ⓜ
die Saat Ⓜ, die Saaten
der Sab|bat, die Sabbate
sab|bern, er sabbert
der Sä|bel Ⓜ, die Säbel
die Sa|che, die Sachen
die Sach|kun|de
säch|lich Ⓝ
der Sach|scha|den, die Sachschäden
Sach|sen Ⓜ
Sach|sen-An|halt Ⓝ
der Sack, die Säcke
die Sackgasse
das Sackerl *(= Tüte)*, die Sackerl
sä|en Ⓝ, sie sät
der Safe Ⓜ *oder* das Safe, die Safes
der Saft, die Säfte
saf|tig Ⓝ
die Sa|ge, die Sagen
die Sä|ge Ⓜ, die Sägen
sa|gen, sie sagt


Ⓝ Nachdenkwort (Verlängern? Verwandtes Wort? qu, sp oder st?)

**sä|gen** Ⓝ, er sägt
**sa|gen|haft**
er **sah** Ⓝ (➔ sehen)
die **Sa|ha|ra**
die **Sah|ne** Ⓜ
**sah|nig** Ⓝ
die **Sai|son** Ⓜ, die Saisons

**Beachte den Unterschied!**

die **Sai|te** Ⓜ
*(= an Instru-
menten),*
die Saiten

die **Sei|te**
*(= im Buch),*
die Seiten

das **Sa|kra|ment**, die Sakramente
der **Sa|la|man|der**,
die Salamander
die **Sa|la|mi** Ⓜ, die Salamis
der **Sa|lat**, die Salate
die **Sal|be**, die Salben
der **Sal|bei**
der **Sal|to**, die Saltos *oder* Salti
das **Salz**, die Salze
**sal|zen**, sie salzt
**sal|zig** Ⓝ
der **Sa|men**, die Samen
**sam|meln**, er sammelt
der **Samm|ler** Ⓝ, die Sammler
die **Samm|le|rin** Ⓝ,
die Sammlerinnen

die **Samm|lung** Ⓝ,
die Sammlungen
der **Sams|tag** Ⓝ, die Samstage
am Samstag
am Samstagabend
**sams|tags** Ⓝ
der **Samt**
**sämt|lich** Ⓜ
**samt|weich**
der **Sand** Ⓝ, die Sande
die **San|da|le**, die Sandalen
**san|dig** Ⓝ
der **Sand|kas|ten** Ⓝ, die Sand-
kästen
sie **sand|te** Ⓜ (➔ senden)
das **Sand|wich** Ⓜ *oder* der **Sand-
wich**, die Sandwiche *oder*
Sandwiches
**sanft**
die **Sänf|te** Ⓜ, die Sänften
er **sang** Ⓝ (➔ singen)
der **Sän|ger** Ⓜ, die Sänger
die **Sän|ge|rin** Ⓜ,
die Sängerinnen
der **Sa|ni|tä|ter** Ⓝ, die Sanitäter
die **Sa|ni|tä|te|rin** Ⓝ,
die Sanitäterinnen
sie **sank** (➔ sinken)
die **Sar|di|ne** Ⓜ, die Sardinen
der **Sarg** Ⓝ, die Särge
er **saß** Ⓜ (➔ sitzen)
der **Sa|tel|lit** Ⓜ, die Satelliten
**satt** Ⓝ, satt machen
sich satt essen
der **Sat|tel**, die Sättel
**sat|tel|fest**
**satt|ha|ben** Ⓝ, Er hat es satt.
**sät|ti|gen** Ⓝ, Die Suppe
sättigt.
**sät|ti|gend** Ⓝ
der **Sa|turn**

der **Satz**, die Sätze
die Satzaussage
der Satzgegenstand
das Satzglied
das Satzzeichen
die **Sau**, die Säue *oder* Sauen
**sau|ber**, sauber machen
die **Sau|ber|keit**
**säu|bern** Ⓝ, sie säubert
**sau|blöd** Ⓝ
die **Sau|ce** Ⓜ, die Saucen
**sau|er**
die **Saue|rei**, die Sauereien
die **Sau|er|kir|sche**, die Sauerkirschen
das **Sau|er|kraut**
**säu|er|lich** Ⓝ
der **Sau|er|stoff** Ⓝ
**sau|fen**, er säuft, er soff, er hat gesoffen
**sau|gen**, sie saugt, sie saugte *oder* sog, sie hat gesaugt *oder* gesogen
**säu|gen** Ⓝ, sie säugt
der **Sau|ger**, die Sauger
der **Säug|ling** Ⓝ, die Säuglinge
die **Säu|le** Ⓜ, die Säulen
der **Saum**, die Säume
die **Sau|na**, die Saunas *oder* Saunen
die **Säu|re** Ⓝ, die Säuren
der **Sau|ri|er**, die Saurier
**sau|sen**, er saust
der **Sau|se|schritt** Ⓝ
der **Sau|stall** Ⓝ
das **Sau|wet|ter**
**sau|wohl** Ⓝ
die **Sa|van|ne** Ⓜ, die Savannen
das **Sa|xo|fon**, die Saxofone

### Sb

die **S-Bahn** Ⓝ, die S-Bahnen

### Sc

der **Scan|ner** Ⓜ, die Scanner

### Scha

die **Scha|be**, die Schaben
**scha|ben**, er schabt
der **Scha|ber|nack**
**schä|big** Ⓜ
die **Scha|blo|ne**, die Schablonen
das **Schach**
der **Schacht**, die Schächte
die **Schach|tel**, die Schachteln
**scha|de**
der **Schä|del** Ⓜ, die Schädel
**scha|den**, sie schadet
der **Scha|den**, die Schäden
die **Scha|den|freu|de**
**scha|den|froh** Ⓝ

*Du bist schadenfroh, wenn du dich darüber freust, dass einem anderen ein Unglück zustöst.*

**schä|di|gen** Ⓝ, er schädigt
**schäd|lich** Ⓝ
der **Schäd|ling** Ⓝ, die Schädlinge
der **Schad|stoff** Ⓝ, die Schadstoffe
das **Schaf**, die Schafe
der **Schä|fer** Ⓝ, die Schäfer
die **Schä|fe|rin** Ⓝ, die Schäferinnen
**schaf|fen** *(= bewältigen, vollbringen)*, sie schafft die Prüfung, sie schaffte, sie hat geschafft

**schaf|fen** *(= schöpfen, gestalten)*, sie schafft Ordnung, sie schuf, sie hat geschaffen
der **Schaff|ner** Ⓜ, die Schaffner
die **Schaff|ne|rin** Ⓜ, die Schaffnerinnen
die **Schaf|gar|be**
der **Schal**, die Schals
die **Scha|le**, die Schalen
**schä|len** Ⓝ, er schält
der **Schall** Ⓝ
**schall|dicht** Ⓝ
**schal|len**, es schallt
**schal|ten**, sie schaltet
der **Schal|ter**, die Schalter
das **Schalt|jahr** Ⓝ, die Schaltjahre
die **Schal|tung**, die Schaltungen
die **Scham**
sich **schä|men** Ⓝ, er schämt sich
die **Schan|de**
die **Schan|ze**, die Schanzen
die **Schar**, die Scharen
**scharf**, schärfer, am schärfsten
die **Schär|fe** Ⓝ, die Schärfen
**schär|fen** Ⓝ, sie schärft
der **Schar|lach**
das **Schar|nier**, die Scharniere
**schar|ren**, Das Pony scharrt mit den Hufen.
der **Schat|ten**, die Schatten
**schat|tig** Ⓝ
die **Scha|tul|le**, die Schatullen
der **Schatz**, die Schätze
**schät|zen** Ⓝ, sie schätzt
die **Schät|zung** Ⓝ, die Schätzungen
**schät|zungs|wei|se** Ⓝ
**schau|der|haft**
**schau|en**, er schaut
der **Schau|er**, die Schauer
**schau|er|lich**

die **Schau|fel**, die Schaufeln
**schau|feln**, sie schaufelt
das **Schau|fens|ter**, die Schaufenster
die **Schau|kel**, die Schaukeln
**schau|keln**, er schaukelt
der **Schau|lus|ti|ge** *oder* die **Schaulustige**, die Schaulustigen

*Schaulustige betrachten neugierig das Geschehen an einer Unfallstelle.*

der **Schaum**
**schäu|men** Ⓝ, es schäumt
**schau|mig** Ⓝ
das **Schau|spiel** Ⓝ
der **Schau|spie|ler** Ⓝ, die Schauspieler
die **Schau|spie|le|rin** Ⓝ, die Schauspielerinnen

## Sche

der **Scheck**, die Schecks
**sche|ckig** Ⓝ
**scheib|chen|wei|se** Ⓝ
die **Schei|be**, die Scheiben
der **Schei|ben|wi|scher**, die Scheibenwischer
die **Schei|de**, die Scheiden
**schei|den**, er scheidet
sich scheiden lassen
die **Schei|dung**, die Scheidungen
der **Schein**, die Scheine
**schein|bar**
**schei|nen**, sie scheint, sie schien, sie hat geschienen

# Sche bis Schi

der **Schein|wer|fer**, die Scheinwerfer
die **Schei|ße** Ⓜ
der **Schei|tel**, die Scheitel
**schei|tern**, er scheitert
die **Schel|le**, die Schellen
**schel|len**, es schellt
der **Schelm**, die Schelme
**schel|misch**
der **Sche|mel**, die Schemel
der **Schen|kel**, die Schenkel
**schen|ken**, sie schenkt
**schep|pern**, es scheppert
die **Scher|be**, die Scherben
die **Sche|re**, die Scheren
**sche|ren**, er schert das Schaf, er scherte *oder* schor, er hat geschoren *oder* geschert
der **Scherz**, die Scherze
**scher|zen**, er scherzt
**scherz|haft**
**scheu**
die **Scheu**
**scheu|chen**, sie scheucht
**scheu|en**, er scheut
**scheu|ern**, sie scheuert
die **Scheu|ne**, die Scheunen
das **Scheu|sal**, die Scheusale
**scheuß|lich** Ⓜ

## Schi

der **Schi**, die Schier
die **Schicht**, die Schichten
**schich|ten**, er schichtet
**schick**
**schi|cken**, sie schickt
das **Schick|sal**, die Schicksale
**schick|sal|haft**
**schie|ben**, er schiebt, er schob, er hat geschoben
der **Schieds|rich|ter** Ⓜ, die Schiedsrichter
die **Schieds|rich|te|rin** Ⓜ, die Schiedsrichterinnen
**schief**
der **Schie|fer**
**schief|ge|hen**, es geht schief, es ging schief, es ist schief gegangen
**schie|len**, er schielt
es **schien** (➔ scheinen)
das **Schien|bein**, die Schienbeine
die **Schie|ne**, die Schienen
**schier**, es ist schier unmöglich
**schie|ßen** Ⓜ, sie schießt, sie schoss, sie hat geschossen
die **Schie|ße|rei** Ⓝ, die Schießereien
das **Schieß|pul|ver** Ⓝ
das **Schiff** Ⓝ, die Schiffe
der *oder* die Schiffbrüchige
die **Schi|ka|ne**, die Schikanen
**schi|ka|nie|ren** *(= quälen)* sie schikaniert

**Beachte den Unterschied!**

der **Schild** Ⓝ *(= des Ritters)*, die Schilde

das **Schild** Ⓝ *(= Zeichen)*, die Schilder

Ⓝ Nachdenkwort (Verlängern? Verwandtes Wort? qu, sp oder st?)

**schil|dern**, er schildert
die **Schil|de|rung**, die Schilderungen
die **Schild|krö|te** Ⓝ, die Schildkröten
das **Schilf**
**schil|lern** *(= glänzen)* es schillert
**schil|lernd** Ⓝ
der **Schim|mel**, die Schimmel
**schim|me|lig** Ⓝ *oder* **schimm|lig**
**schim|meln**, es schimmelt
der **Schim|mer**
**schim|mern**, die Kerze schimmert
der **Schim|pan|se**, die Schimpansen
**schimp|fen**, sie schimpft
das **Schimpf|wort**, die Schimpfwörter
die **Schin|del**, die Schindeln
der **Schin|ken**, die Schinken
die **Schip|pe**, die Schippen
**schip|pen**, sie schippt
der **Schirm**, die Schirme
der **Schiss** Ⓜ

## Schl

die **Schlacht**, die Schlachten
**schlach|ten**, er schlachtet
der **Schlach|ter**, die Schlachter
die **Schlach|te|rin**, die Schlachterinnen
**schla|ckern**, er schlackert
der **Schlaf**
die **Schlä|fe** Ⓜ, die Schläfen
**schla|fen**, sie schläft, sie schlief, sie hat geschlafen
**schlaff** Ⓝ
**schlaf|los**
**schläf|rig** Ⓝ
der **Schlag** Ⓝ, die Schläge
**schlag|ar|tig** Ⓝ
**schla|gen**, er schlägt, er schlug, er hat geschlagen
der **Schla|ger**, die Schlager
der **Schlä|ger** Ⓝ, die Schläger
die **Schlä|ge|rin** Ⓝ, die Schlägerinnen
die **Schlä|ge|rei** Ⓝ, die Schlägereien
**schlag|fer|tig** Ⓝ
die **Schlag|sah|ne** Ⓝ
die **Schlag|zei|le** Ⓝ, die Schlagzeilen
das **Schlag|zeug** Ⓝ
der **Schlag|zeu|ger** Ⓝ, die Schlagzeuger
die **Schlag|zeu|ge|rin** Ⓝ, die Schlagzeugerinnen
der **Schla|mas|sel** *oder* das **Schla|mas|sel**
der **Schlamm** Ⓜ
**schlam|mig** Ⓝ
die **Schlam|pe|rei**, die Schlampereien
**schlam|pig** Ⓝ
sie **schlang** (→ schlingen)
die **Schlan|ge**, die Schlangen
sich **schlän|geln** Ⓝ der Weg schlängelt sich
**schlank**
**schlapp** Ⓝ
das **Schla|raf|fen|land** Ⓝ
**schlau**
der **Schlauch**, die Schläuche
die **Schlau|fe**, die Schlaufen
**schlecht**, schlecht gelaunt
**schle|cken**, sie schleckt
**schlei|chen**, er schleicht, er schlich, er ist geschlichen
der **Schleich|weg** Ⓝ, die Schleichwege

Ⓜ Merkwort (Keine Regel, merke dir das Wort!)

der **Schlei|er**, die Schleier
**schlei|er|haft**
die **Schlei|fe**, die Schleifen

**Beachte den Unterschied!**

**schlei|fen** *(= schärfen)*, er schleift, er schliff, er hat geschliffen

**schlei|fen** *(= ziehen)*, er schleift, er schleifte, er hat geschleift

der **Schleim**
**schlei|mig** Ⓝ
**schlem|men** *(= viel und gut essen)*, er schlemmt
**schlen|dern**, sie schlendert
die **Schlep|pe**, die Schleppen
**schlep|pen**, er schleppt
**schlep|pend** Ⓝ
der **Schlep|per**, die Schlepper
im **Schlepp|tau** Ⓝ
**Schles|wig-Hol|stein** Ⓜ
die **Schleu|der**, die Schleudern
**schleu|dern**, sie schleudert
**schleu|nigst**
die **Schleu|se**, die Schleusen
**schleu|sen**, er schleust
er **schlich** (➔ schleichen)
**schlicht**
**schlich|ten**, sie schlichtet

*Schlichten ist, wenn du zwischen zwei Menschen, die Streit haben, vermittelst und ihnen dabei hilfst, den Streit beizulegen.*

**schlie|ßen** Ⓜ, er schließt, er schloss, er hat geschlossen
das **Schließ|fach** Ⓝ, die Schließfächer
**schließ|lich** Ⓝ
sie **schliff** Ⓜ (➔ schleifen)
**schlimm** Ⓝ
die **Schlin|ge**, die Schlingen
der **Schlin|gel**, die Schlingel
**schlin|gen**, sie schlingt, sie schlang, sie hat geschlungen
die **Schling|pflan|ze**, die Schlingpflanzen
der **Schlips**, die Schlipse
der **Schlit|ten**, die Schlitten
Schlitten fahren
**schlit|tern**, er schlittert
der **Schlitt|schuh** Ⓝ, die Schlittschuhe
Schlittschuh laufen
der **Schlitz**, die Schlitze
das **Schloss** Ⓝ, die Schlösser
der **Schlos|ser**, die Schlosser
die **Schlos|se|rin**, die Schlosserinnen
der **Schlot**, die Schlote
die **Schlucht**, die Schluchten
**schluch|zen**, sie schluchzt
der **Schluck**, die Schlucke
der Schluckauf
**schlu|cken**, er schluckt



Ⓝ Nachdenkwort (Verlängern? Verwandtes Wort? qu, sp oder st?)

**schlu|dern**, sie schludert
**schlum|mern**, er schlummert
**schlüp|fen**, sie schlüpft
der **Schlüp|fer**, die Schlüpfer
das **Schlupf|loch**, die Schlupflöcher
der **Schluss** Ⓝ, die Schlüsse
der **Schlüs|sel**, die Schlüssel
das **Schlüs|sel|bein**, die Schlüsselbeine

## Schm

**schmäch|tig** Ⓝ
**schmack|haft**
**schmal**
das **Schmalz**
**schmal|zig** Ⓝ
**schmat|zen**, sie schmatzt
**schme|cken**, es schmeckt
**schmei|cheln**, er schmeichelt
**schmei|ßen** Ⓜ, sie schmeißt, sie schmiss, sie hat geschmissen
**schmel|zen**, der Schnee schmilzt, er schmolz, er ist geschmolzen
der **Schmerz**, die Schmerzen
**schmer|zen**, es schmerzt
**schmerz|haft**
**schmerz|los**
der **Schmet|ter|ling**, die Schmetterlinge
**schmet|tern**, er schmettert
der **Schmied** Ⓝ, die Schmiede
die **Schmie|din**, die Schmiedinnen
das **Schmie|de|ei|sen**
**schmie|den**, sie schmiedet
sich **schmie|gen**, er schmiegt sich
**schmie|ren**, sie schmiert
**schmie|rig** Ⓝ
der **Schmier|zet|tel**, die Schmierzettel

die **Schmin|ke**, die Schminken
sich **schmin|ken**, sie schminkt sich
sie **schmiss** (➔ schmeißen)
der **Schmö|ker**, die Schmöker
**schmö|kern**, er schmökert
*Wenn du genussvoll, begeistert und sehr vertieft ein Buch liest, dann schmökerst du.*

**schmol|len**, er schmollt
es **schmolz** (➔ schmelzen)
**schmo|ren**, der Braten schmort
der **Schmuck**
**schmü|cken**, er schmückt
**schmud|de|lig** Ⓝ *oder* **schmudd|lig**
das **Schmud|del|wet|ter**
**schmug|geln**, sie schmuggelt
der **Schmugg|ler** Ⓝ, die Schmuggler
die **Schmugg|le|rin** Ⓝ, die Schmugglerinnen
**schmun|zeln**, er schmunzelt
**schmu|sen**, er schmust
der **Schmutz**
**schmut|zig** Ⓝ
der **Schna|bel**, die Schnäbel

## Schn

die **Schna|ke**, die Schnaken
die **Schnal|le**, die Schnallen
**schnal|len**, sie schnallt
**schnal|zen**
er schnalzt mit der Zunge
das **Schnäpp|chen** Ⓜ, die Schnäppchen

Ⓜ Merkwort (Keine Regel, merke dir das Wort!)

**schnap|pen**, sie schnappt
der **Schnapp|schuss** Ⓝ, die Schnappschüsse
der **Schnaps**, die Schnäpse
**schnar|chen**, er schnarcht
**schnat|tern** die Gans schnattert
**schnau|ben** das Pferd schnaubt
**schnau|fen**, er schnauft
die **Schnau|ze**, die Schnauzen
**schnäu|zen** Ⓜ, sie schnäuzt
die **Schne|cke**, die Schnecken
der **Schnee** Ⓜ
**schnee|weiß** Ⓝ
**schnei|den**, er schneidet, er schnitt, er hat geschnitten
der **Schnei|der**, die Schneider
die **Schnei|de|rin**, die Schneiderinnen
der **Schnei|de|zahn** Ⓝ, die Schneidezähne
**schnei|en**, es schneit
die **Schnei|se**, die Schneisen
**schnell** Ⓝ
die **Schnel|lig|keit** Ⓜ
**schnip|peln**, er schnippelt
das **Schnip|sel** *oder* der **Schnip|sel**, die Schnipsel
er **schnitt** Ⓜ (➔ schneiden)
der **Schnitt** Ⓝ, die Schnitte
die **Schnit|te**, die Schnitten
der **Schnitt|lauch** Ⓜ
das **Schnit|zel**, die Schnitzel
**schnit|zen**, er schnitzt
der **Schnor|chel**, die Schnorchel
**schnor|cheln**, sie schnorchelt
der **Schnör|kel**, die Schnörkel
**schnüf|feln**, er schnüffelt
der **Schnul|ler**, die Schnuller
der **Schnup|fen**
**schnup|pern**, sie schnuppert
die **Schnur**, die Schnüre
**schnü|ren**, er schnürt
**schnur|ge|ra|de**
der **Schnurr|bart** Ⓜ, die Schnurrbärte
**schnur|ren**, die Katze schnurrt
der **Schnür|sen|kel**, die Schnürsenkel

## Scho

der **Schock**, die Schocks
**scho|cken**, er schockt
die **Scho|ko|la|de**
die **Schol|le**, die Schollen
**schon**
**schön**, sich schön machen etwas Schönes
**scho|nen**, sie schont sich schonen
die **Schön|heit**, die Schönheiten
die **Scho|nung**
**scho|nungs|los**
die **Schon|zeit**
der **Schopf**, die Schöpfe
**schöp|fen**, er schöpft

*Wenn du mit einem Eimer, einer Kelle oder ähnlichem eine Flüssigkeit irgendwo herausholst, dann nennt man das schöpfen.*

der **Schöp|fer**, die Schöpfer
die **Schöp|fe|rin**, die Schöpferinnen
die **Schöp|fung**
der **Schorf**

der **Schorn|stein** (N), die Schornsteine
der Schornsteinfeger
die Schornsteinfegerin
der **Schoß** (M), die Schöße
die **Scho|te**, die Schoten
der **Schot|ter**

### Schr

**schräg** (M)
die **Schram|me**, die Schrammen
der **Schrank**, die Schränke
die **Schran|ke**, die Schranken
die **Schrau|be**, die Schrauben
**schrau|ben**, er schraubt
der **Schre|ber|gar|ten**, die Schrebergärten
der **Schreck** *oder* der **Schre|cken**, die Schrecken
**schre|cken**, er schreckt
**schreck|haft**
**schreck|lich**
der **Schrei**, die Schreie
**schrei|ben**, sie schreibt, sie schrieb, sie hat geschrieben
die **Schreib|ma|schi|ne** (N), die Schreibmaschinen
der **Schreib|tisch** (N), die Schreibtische
**schrei|en**, sie schreit, sie schrie, sie hat geschrien
der **Schrei|ner**, die Schreiner
die **Schrei|ne|rin**, die Schreinerinnen
die **Schrei|ne|rei**, die Schreinereien
**schrei|ten**, er schreitet, er schritt, er ist geschritten
sie **schrie** (→ schreien)
sie **schrieb** (→ schreiben)
die **Schrift**, die Schriften
**schrift|lich**
der **Schrift|stel|ler** (N), die Schriftsteller
die **Schrift|stel|le|rin** (N), die Schriftstellerinnen
**schrill** (N)
er **schritt** (→ schreiten)
der **Schritt** (N), die Schritte
**schroff** (N)
der **Schrott** (N)
**schrub|ben**, sie schrubbt
der **Schrub|ber**, die Schrubber
**schrump|fen**, er schrumpft

### Schu

der **Schub** (N), die Schübe
der **Schubs** (M), die Schubse
**schub|sen** (N), sie schubst
**schüch|tern**
die **Schüch|tern|heit**
der **Schuft**, die Schufte
**schuf|ten**, er schuftet
der **Schuh** (N), die Schuhe
die **Schuld** (N)
Es ist meine Schuld.
Ich bin schuld.
**schul|den**, sie schuldet
die **Schul|den**
**schul|dig** (N)
der **Schul|di|ge** *oder* die **Schuldi|ge**, die Schuldigen
die **Schu|le**, die Schulen
der **Schü|ler**, die Schüler
die **Schü|le|rin**, die Schülerinnen
**schul|frei**
die **Schul|ter**, die Schultern
**schul|ter|frei**
**schum|meln**, er schummelt
**schun|keln**, sie schunkelt
die **Schup|pe**, die Schuppen
der **Schup|pen**, die Schuppen
der **Schur|ke**, die Schurken
die **Schur|wol|le**

(M) Merkwort (Keine Regel, merke dir das Wort!)

die **Schür|ze**, die Schürzen
der **Schuss** Ⓝ, die Schüsse
die **Schüs|sel**, die Schüsseln
**schus|se|lig** Ⓝ *oder* **schuss|lig**
der **Schus|ter**, die Schuster
die **Schus|te|rin**, die Schusterinnen
der **Schutt** Ⓜ
der **Schüt|tel|frost**
**schüt|teln**, sie schüttelt
**schüt|ten**, er schüttet
der **Schutz**
der **Schüt|ze**, die Schützen
**schüt|zen**, er schützt
der **Schutz|en|gel**, die Schutzengel
die **Schüt|zin**, die Schützinnen
der **Schütz|ling**, die Schützlinge
**schutz|los**

## Schw

**schwach**, schwächer, am schwächsten
die **Schwä|che** Ⓝ, die Schwächen
der **Schwa|ger**, die Schwäger
die **Schwä|ge|rin** Ⓝ, die Schwägerinnen
die **Schwal|be**, die Schwalben
sie **schwamm** (➔ schwimmen)
der **Schwamm** Ⓝ, die Schwämme
der **Schwan**, die Schwäne
er **schwang** (➔ schwingen)
**schwan|ger**
die **Schwan|ge|re**, die Schwangeren
die **Schwan|ger|schaft**, die Schwangerschaften
**schwan|ken**, er schwankt
der **Schwanz**, die Schwänze
der **Schwarm**, die Schwärme
**schwär|men** Ⓜ
Sie schwärmt für ihn.
die **Schwär|me|rei** Ⓝ, die Schwärmereien
**schwarz**, schwärzer, am schwärzesten
das Schwarz
**schwarz|fah|ren** Ⓝ, er fährt schwarz, er fuhr schwarz, er ist schwarzgefahren
**schwarz|haa|rig** Ⓝ
**schwarz|se|hen**, sie sieht schwarz, sie sah schwarz, sie hat schwarzgesehen
das **Schwätz|chen** Ⓝ, die Schwätzchen
**schwat|zen**, er schwatzt
**schwatz|haft**
**schwe|ben**, sie schwebt
der **Schwe|de**, die Schweden
**Schwe|den**
die **Schwe|din**, die Schwedinnen
**schwe|disch**
der **Schweif** *(= Schwanz)*, die Schweife
**schwei|gen**, sie schweigt, sie schwieg, sie hat geschwiegen
das **Schwei|gen**
**schweig|sam** Ⓝ
das **Schwein**, die Schweine
die **Schwei|ne|rei**, die Schweinereien
der **Schweiß** Ⓜ
**schwei|ßen** Ⓜ, er schweißt
die **Schweiz**
der **Schwei|zer**, die Schweizer
die **Schwei|ze|rin**, die Schweizerinnen
**schwei|ze|risch**
die **Schwel|le**, die Schwellen
**schwel|len**, es schwillt, es schwoll, es ist geschwollen

 Ⓝ Nachdenkwort (Verlängern? Verwandtes Wort? qu, sp oder st?)

die **Schwel|lung**, die Schwellungen
**schwen|ken**, er schwenkt
**schwer**, schwer krank schwer verletzt
**schwe|re|los**
**schwer|fäl|lig** Ⓜ
**schwer|hö|rig** Ⓝ
die **Schwer|kraft**
der **Schwer|punkt**, die Schwerpunkte
das **Schwert**, die Schwerter
die **Schwes|ter**, die Schwestern
sie **schwieg** Ⓝ (➔ schweigen)
die **Schwie|ger|el|tern**
die **Schwie|ger|mut|ter**, die Schwiegermütter
der **Schwie|ger|sohn** Ⓝ, die Schwiegersöhne
die **Schwie|ger|toch|ter**, die Schwiegertöchter
der **Schwie|ger|va|ter** Ⓝ, die Schwiegerväter
**schwie|rig** Ⓝ
die **Schwie|rig|keit** Ⓝ, die Schwierigkeiten
das **Schwimm|bad** Ⓝ, die Schwimmbäder
**schwim|men**, sie schwimmt, sie schwamm, sie ist geschwommen
der **Schwim|mer**, die Schwimmer
die **Schwim|me|rin**, die Schwimmerinnen
die **Schwimm|wes|te** Ⓝ, die Schwimmwesten
der **Schwin|del**
**schwin|de|lig** Ⓝ *oder* **schwind|lig**
**schwin|deln**, sie schwindelt
**schwin|gen**, er schwingt, er schwang, er hat geschwungen
die **Schwin|gung**, die Schwingungen
**schwir|ren**, die Mücke schwirrt
**schwit|zen**, sie schwitzt
es **schwoll** Ⓝ (➔ schwellen)
**schwö|ren**, er schwört, er schwor, er hat geschworen
**schwul**
**schwül**
der **Schwung**, die Schwünge
**schwung|voll** Ⓝ
der **Schwur**, die Schwüre

## Se

**sechs** Ⓜ
die **Sechs** Ⓜ, die Sechsen eine Sechs würfeln
das **Sechs|eck** Ⓝ, die Sechsecke
das **Sechs|tel** Ⓝ, die Sechstel
**sech|zehn** Ⓝ
**sech|zig** Ⓜ
der **Se|cond|hand|la|den** Ⓜ, die Secondhandläden

**Beachte den Unterschied!**

der **See** Ⓜ *(= Binnengewässer)*, die Seen

die **See** Ⓜ *(= Meer)*

Ⓜ Merkwort (Keine Regel, merke dir das Wort!)

**see|krank** Ⓝ
die **See|le** Ⓜ, die Seelen
das **Se|gel**, die Segel
**se|geln**, sie segelt
der **Se|gen**, die Segen
der **Seg|ler** Ⓝ, die Segler
die **Seg|le|rin** Ⓝ, die Seglerinnen
**seg|nen** Ⓝ, er segnet
**se|hen**, sie sieht, sie sah, sie hat gesehen
**se|hens|wert**
die **Se|hens|wür|dig|keit** Ⓝ, die Sehenswürdigkeiten
die **Seh|ne** Ⓜ, die Sehnen
sich **seh|nen** Ⓜ, sie sehnt sich
die **Sehn|sucht** Ⓝ, die Sehnsüchte
**sehn|süch|tig** Ⓝ
**sehr** Ⓜ, sehr groß, sehr viel
der **Seh|test** Ⓝ, die Sehtests
es **sei** (➔ sein)
**seicht**
ihr **seid** Ⓜ (➔ sein)
die **Sei|de**, die Seiden
**sei|dig** Ⓝ
die **Sei|fe**, die Seifen
das **Seil**, die Seile
**seil|sprin|gen** Ⓝ
Ich bin früher seilgesprungen.
**sein**, er ist, er war, er ist gewesen
**sein**, sein Buch
**seit**
**seit|dem**
die **Sei|te**, die Seiten (➔ Schaue auch unter Saite!)
**seit|lich**
**seit|wärts** Ⓜ
der **Se|kre|tär**, die Sekretäre
die **Se|kre|tä|rin**, die Sekretärinnen
das **Se|kre|ta|ri|at**, die Sekretariate
der **Sekt**
die **Sek|te**, die Sekten
die **Se|kun|de**, die Sekunden
**sel|ber**
**selbst** Ⓜ, selbst gemacht
**selb|stän|dig** Ⓝ
die **Selb|stän|dig|keit** Ⓝ
die **Selbst|be|die|nung** Ⓝ
**selbst|be|wusst** Ⓝ
das **Selbst|be|wusst|sein** Ⓝ
der **Selbst|laut** Ⓝ, die Selbstlaute
**selbst|los** Ⓝ
der **Selbst|mord** Ⓝ, die Selbstmorde
**selbst|stän|dig** Ⓝ
die **Selbst|stän|dig|keit** Ⓝ
**selbst|ver|ständ|lich** Ⓝ
die **Selbst|ver|tei|di|gung** Ⓝ
das **Selbst|ver|trau|en** Ⓝ
**se|lig**
der **Sel|le|rie**
**sel|ten**
die **Sel|ten|heit**, die Seltenheiten
**selt|sam**
die **Sem|mel** *(= Brötchen)*, die Semmeln
der **Se|nat**, die Senate
**sen|den**, sie sendet, sie sandte *oder* sendete, sie hat gesandt *oder* gesendet
der **Sen|der**, die Sender
die **Sen|dung**, die Sendungen
der **Senf**
der **Se|ni|or**, die Senioren
die **Se|ni|o|rin**, die Seniorinnen
**sen|ken**, er senkt
**senk|recht**
die **Sen|sa|ti|on** Ⓜ, die Sensationen
**sen|sa|tio|nell** Ⓝ
die **Sen|se**, die Sensen
**sen|si|bel** Ⓜ

se|pa|rat
der **Sep|tem|ber**
der **Ser|be**, die Serben
die **Ser|bin**, die Serbinnen
**Ser|bi|en**
**ser|bisch**
die **Se|rie**, die Serien
die **Ser|pen|ti|ne** Ⓜ, die Serpentinen

*Eine Serpentine ist eine Straße, die sich in vielen engen Kurven einen Berg hinaufschlängelt.*

der **Ser|vice** Ⓜ *(= Bedienung)*
das **Ser|vice** Ⓜ *(= Geschirr)*, die Services
**ser|vie|ren** Ⓜ, er serviert
die **Ser|vi|et|te** Ⓜ, die Servietten
**ser|vus** Ⓜ *(= Gruß)*
der **Ses|sel**, die Sessel
das **Set** *oder* der **Set**, die Sets
sich **set|zen**, sie setzt sich
die **Seu|che**, die Seuchen
**seuf|zen**, er seufzt
der **Seuf|zer**, die Seufzer
der **Sex**
die **Se|xu|a|li|tät** Ⓜ

## Sh

das **Sham|poo** Ⓜ, die Shampoos
der **She|riff** Ⓜ, die Sheriffs
die **Shorts** Ⓜ
die **Show** Ⓜ, die Shows

## Si

**sich**, sich anziehen
die **Si|chel**, die Sicheln
**si|cher**
die **Si|cher|heit**, die Sicherheiten
**si|cher|lich**
**si|chern**, sie sichert
die **Si|che|rung**, die Sicherungen
die **Sicht**
**sicht|bar**
**sich|ten**, er sichtet
**si|ckern**, es sickert
**sie**
sie singt, sie singen
Kennst du sie?
**Sie**
Sind Sie Herr Schmidt?
das **Sieb** Ⓝ, die Siebe
**sie|ben**, die Sieben
**sie|ben**, er siebt
das **Sieb|tel** Ⓝ, die Siebtel
**sieb|zehn** Ⓝ
**sieb|zig** Ⓜ
**sie|deln**, er siedelt
der **Sied|ler** Ⓝ, die Siedler
die **Sied|le|rin** Ⓝ, die Siedlerinnen
die **Sied|lung** Ⓝ, die Siedlungen
der **Sieg** Ⓝ, die Siege
das **Sie|gel**, die Siegel
**sie|gen**, er siegt
der **Sie|ger**, die Sieger
die **Sie|ge|rin**, die Siegerinnen
sie **sieht** (→ sehen)
das **Si|gnal**, die Signale
**si|gna|li|sie|ren**, sie signalisiert
die **Sil|be**, die Silben
das **Sil|ber**
**sil|bern**
der **Si|lo** Ⓜ *oder* das **Silo**, die Silos
der **Sil|ves|ter** Ⓜ *oder* das **Sil|ves|ter**, die Silvester

Ⓜ Merkwort (Keine Regel, merke dir das Wort!)

simpel (= *einfach*)
wir **sind** Ⓜ (→ sein)
die **Sin|fo|nie**, die Sinfonien
**sin|gen**, er singt, er sang, er hat gesungen
der **Sin|gu|lar** (= *Einzahl*), die Singulare
der **Sing|vo|gel** Ⓝ, die Singvögel
**sin|ken**, das Boot sinkt, es sank, es ist gesunken
der **Sinn** Ⓝ, die Sinne
**sinn|los** Ⓝ
**sinn|voll** Ⓝ
die **Sint|flut**
die **Sin|ti**
die **Sip|pe**, die Sippen
die **Si|re|ne**, die Sirenen
der **Si|rup**
die **Sit|te**, die Sitten
die **Si|tu|a|ti|on** Ⓜ, die Situationen
der **Sitz**, die Sitze
**sit|zen**, sie sitzt, sie saß, sie hat gesessen
die **Sit|zung**, die Sitzungen

## Sk

die **Ska|la**, die Skalen *oder* Skalas
der **Skan|dal**, die Skandale
**Skan|di|na|vi|en** Ⓜ
**skan|di|na|visch** Ⓝ
das **Skate|board** Ⓜ, die Skateboards
das **Ske|lett** Ⓝ, die Skelette
der **Ski** Ⓜ, die Skier
Ski fahren
die **Skiz|ze**, die Skizzen
**skiz|zie|ren**, sie skizziert
der **Skla|ve** Ⓜ, die Sklaven
die **Skla|vin** Ⓜ, die Sklavinnen
die **Skla|ve|rei** Ⓝ
der **Skru|pel**, die Skrupel
**skru|pel|los**

*Jemand ist skrupellos, wenn er ohne Zweifel oder Hemmungen etwas Unrechtes tut.*

die **Skulp|tur**, die Skulpturen

## Sl

der **Sla|lom**, die Slaloms
der **Slip**, die Slips
der **Slo|wa|ke**, die Slowaken
die **Slo|wa|kei**
die **Slo|wa|kin**, die Slowakinnen
**slo|wa|kisch**
der **Slo|we|ne**, die Slowenen
**Slo|we|ni|en**
die **Slo|we|nin**, die Sloweninnen
**slo|we|nisch**
der **Slum** Ⓜ, die Slums

## Sm

der **Smog** Ⓜ
die **SMS**, die SMS

## Sn

der **Snack** Ⓜ, die Snacks
das **Snow|board** Ⓜ, die Snowboards

## So

**so**
**so|bald** Ⓝ
das **Söck|chen**, die Söckchen
die **So|cke**, die Socken
der **So|ckel**, die Sockel
**so|dass** Ⓝ
**so|eben**
das **So|fa**, die Sofas

so|fort
die Soft|ware Ⓜ
so|gar
so ge|nannt Ⓝ
so|gleich
die Soh|le Ⓜ, die Sohlen
der Sohn Ⓜ, die Söhne
die So|ja|boh|ne Ⓝ, die Sojabohnen
so|lan|ge
Solange ich krank bin, ...
so lan|ge
Ich warte so lange, bis ...
die So|lar|ener|gie
die So|lar|zel|le, die Solarzellen
solch
der Sol|dat, die Soldaten
die Sol|da|tin, die Soldatinnen
der So|list, die Solisten
die So|lis|tin, die Solistinnen
sol|len, sie soll
so|lo *(= allein)*, solo tanzen
das So|lo, die Solos *oder* Soli
ein Solo spielen
so|mit
der Som|mer
som|mer|lich
die So|na|te, die Sonaten
das Son|der|an|ge|bot, die Sonderangebote
son|der|bar
der Son|der|müll Ⓝ
son|dern
nicht grün, sondern blau
die Son|der|schu|le, die Sonderschulen
der Song Ⓜ, die Songs
der Sonn|abend Ⓜ *(= Samstag)*, die Sonnabende
am Sonnabend
sonn|abends Ⓝ
die Son|ne, die Sonnen
sich son|nen, er sonnt sich
son|nig Ⓝ
der Sonn|tag Ⓜ, die Sonntage
am Sonntag
am Sonntagabend
sonn|tags Ⓝ
sonst, sonst wie
so|oft
Er kommt, sooft er kann.
so oft
Ich habe dir so oft gesagt, dass ...
die Sor|ge, die Sorgen
sor|gen, er sorgt
das Sor|ge|recht
die Sorg|falt Ⓝ
sorg|fäl|tig Ⓝ
sorg|los Ⓝ
die Sor|te, die Sorten
sor|tie|ren, sie sortiert
die So|ße Ⓜ, die Soßen
das Sou|ve|nir Ⓜ, die Souvenirs
so|viel Ⓝ
Soviel ich weiß, kommt sie.
so viel Ⓝ
so viel wie möglich
so|weit
Soweit ich mich erinnere.
so weit
Wirf den Ball so weit wie möglich.
so|wie
Sowie er kommt, soll er anrufen.
Ich mag Äpfel, Birnen sowie Kiwis.
so wie
Es kam so, wie ich es erwartet habe.
so|wie|so
so|wohl Ⓝ
so|zi|al Ⓜ

Ⓜ Merkwort (Keine Regel, merke dir das Wort!)

## Sp

der **Spach|tel** Ⓝ
der **Spa|gat** Ⓝ
die **Spa|get|ti** Ⓝ *oder* **Spa|ghet|ti**
**spä|hen** Ⓜ, er späht

*Wenn du angestrengt in die Ferne schaust, um etwas Bestimmtes zu entdecken, dann spähst du. Auch wenn jemand ganz vorsichtig um eine Ecke oder durch ein Schlüsselloch schaut, nennt man das spähen.*

die **Spal|te** Ⓝ, die Spalten
**spal|ten**, er spaltet
der **Span** Ⓝ, die Späne
die **Span|ge** Ⓝ, die Spangen
**Spa|ni|en** Ⓝ
der **Spa|ni|er** Ⓝ
die **Spa|nie|rin** Ⓝ, die Spanierinnen
**spa|nisch** Ⓝ
sie **spann** Ⓝ (➔ spinnen)
**span|nen** Ⓝ, sie spannt
**span|nend** Ⓝ
die **Span|nung** Ⓝ
die **Spar|do|se** Ⓝ, die Spardosen
**spa|ren** Ⓝ, sie spart
der **Spar|gel** Ⓝ
**spär|lich** Ⓝ
**spar|sam** Ⓝ
die **Spar|sam|keit** Ⓝ
der **Spaß** Ⓜ, die Späße
**spa|ßig** Ⓝ
**spät** Ⓜ
der **Spa|ten** Ⓝ, die Spaten
**spä|ter** Ⓝ
**spä|tes|tens** Ⓝ
der **Spatz** Ⓝ, die Spatzen
**spa|zie|ren** Ⓜ, er spaziert
der **Spa|zier|gang** Ⓝ, die Spaziergänge
der **Spa|zier|gän|ger** Ⓝ, die Spaziergänger
die **Spa|zier|gän|ge|rin** Ⓝ, die Spaziergängerinnen
der **Specht** Ⓝ, die Spechte
der **Speck** Ⓝ
**spe|ckig** Ⓝ
der **Speer** Ⓜ, die Speere
die **Spei|che** Ⓝ, die Speichen
der **Spei|chel** Ⓝ
der **Spei|cher** Ⓝ, die Speicher
**spei|chern** Ⓝ, er speichert
die **Spei|se** Ⓝ, die Speisen
**spei|sen** Ⓝ, sie speist
die **Spen|de** Ⓝ, die Spenden
**spen|den** Ⓝ, sie spendet
der **Spen|der** Ⓝ, die Spender
die **Spen|de|rin** Ⓝ, die Spenderinnen
**spen|die|ren** Ⓝ, er spendiert
der **Sper|ber** Ⓝ, die Sperber
das **Sper|ma** Ⓝ, die Spermen
die **Sper|re** Ⓝ, die Sperren
**sper|ren** Ⓝ, sie sperrt
die **Sper|rung** Ⓝ, die Sperrungen
der **Spe|zia|list** Ⓜ, die Spezialisten
die **Spe|zia|lis|tin** Ⓜ, die Spezialistinnen
die **Spe|zia|li|tät** Ⓜ, die Spezialitäten
**spe|zi|ell** Ⓜ
**spi|cken** Ⓝ, sie spickt
der **Spick|zet|tel** Ⓝ, die Spickzettel
der **Spie|gel** Ⓝ, die Spiegel
das **Spie|gel|ei** Ⓝ, die Spiegeleier

sich **spie|geln** Ⓝ, Das Haus spiegelt sich im Wasser.
das **Spiel** Ⓝ, die Spiele
**spie|len** Ⓝ, er spielt
der **Spiel|ka|me|rad** Ⓝ, die Spielkameraden
die **Spiel|ka|me|ra|din** Ⓝ, die Spielkameradinnen
der **Spiel|platz** Ⓝ, die Spielplätze
die **Spiel|sa|chen** Ⓝ
der **Spiel|ver|der|ber** Ⓝ, die Spielverderber
die **Spiel|ver|der|be|rin** Ⓝ, die Spielverderberinnen
der **Spieß** Ⓜ, die Spieße
der **Spi|nat** Ⓝ
die **Spin|del** Ⓝ, die Spindeln
die **Spin|ne** Ⓝ, die Spinnen
**spin|nen** Ⓝ, er spinnt, er spann, er hat gesponnen
der **Spi|on** Ⓝ, die Spione
die **Spio|na|ge** Ⓜ
**spio|nie|ren** Ⓝ, sie spioniert
die **Spio|nin** Ⓝ, die Spioninnen
die **Spi|ra|le** Ⓝ, die Spiralen
das **Spi|tal** Ⓝ *(= Krankenhaus)*, die Spitäler
**spitz** Ⓝ
spitzbekommen
die **Spit|ze** Ⓝ, die Spitzen
**spit|zen** Ⓝ, er spitzt
der **Spit|zer** Ⓝ, die Spitzer
der **Spitz|na|me** Ⓝ, die Spitznamen
der **Split|ter** Ⓝ, die Splitter
**spon|tan** Ⓝ
der **Sport** Ⓝ
der **Sport|ler** Ⓝ, der Sportler
die **Sport|le|rin** Ⓝ, die Sportlerinnen
**sport|lich** Ⓝ
der **Spott** Ⓝ
**spott|bil|lig** Ⓝ
**spot|ten** Ⓝ, er spottet
**spöt|tisch** Ⓝ
sie **sprach** Ⓝ (➔ sprechen)
die **Spra|che** Ⓝ, die Sprachen
**sprach|los** Ⓝ
sie **sprang** Ⓝ (➔ springen)
der **Spray** Ⓜ *oder* das **Spray**, die Sprays
**spre|chen** Ⓝ, sie spricht, sie sprach, sie hat gesprochen
die **Sprech|stun|de** Ⓝ
**sprei|zen** Ⓝ
Er spreizt die Finger.
**spren|gen** Ⓝ, sie sprengt
der **Spreng|stoff** Ⓝ
das **Sprich|wort** Ⓝ, die Sprichwörter
**sprie|ßen** Ⓜ, es sprießt, es spross, es ist gesprossen
der **Spring|brun|nen** Ⓝ, die Springbrunnen
**sprin|gen** Ⓝ, sie springt, sie sprang, sie ist gesprungen
**sprin|ten** Ⓝ, er sprintet
der **Sprit** Ⓝ
die **Sprit|ze** Ⓝ, die Spritzen
**sprit|zen** Ⓝ, er spritzt
es **spross** Ⓜ (➔ sprießen)
der **Spross** Ⓝ, die Sprosse *oder* Sprossen
die **Spros|se** Ⓝ, die Sprossen
der **Spruch** Ⓝ, die Sprüche
der **Spru|del** Ⓝ
**spru|deln** Ⓝ, es sprudelt
die **Sprüh|do|se** Ⓝ, die Sprühdosen
**sprü|hen** Ⓝ, sie sprüht
der **Sprung** Ⓝ, die Sprünge
das **Sprung|brett** Ⓝ, die Sprungbretter
die **Spu|cke** Ⓝ

Ⓜ Merkwort (Keine Regel, merke dir das Wort!)

# Sp bis St

| | |
|---|---|
| | **spu\|cken** Ⓝ, er spuckt |
| der | **Spuk** Ⓝ |
| | **spu\|ken** Ⓝ, es spukt |
| die | **Spü\|le** Ⓝ, die Spülen |
| | **spü\|len** Ⓝ, sie spült |
| die | **Spü\|lung** Ⓝ, die Spülungen |
| die | **Spur** Ⓝ, die Spuren |
| | **spü\|ren** Ⓝ, er spürt |
| der | **Spür\|hund** Ⓝ, die Spürhunde |
| | **spur\|los** Ⓝ |
| der | **Spurt** Ⓝ, die Spurts |
| | **spur\|ten** Ⓝ, sie spurtet |

## St

| | |
|---|---|
| der | **Staat** Ⓜ, die Staaten |
| | **staat\|lich** Ⓝ |
| die | **Staats\|an\|ge\|hö\|rig\|keit** Ⓜ |
| der | **Stab** Ⓝ, die Stäbe |
| | **sta\|bil** Ⓜ |
| er | **stach** Ⓝ (➔ stechen) |
| der | **Sta\|chel** Ⓝ, die Stacheln der Stacheldraht |
| | **sta\|che\|lig** Ⓝ *oder* **stach\|lig** |
| das | **Sta\|di\|on** Ⓝ, die Stadien |
| die | **Stadt** Ⓜ, die Städte |
| | **städ\|tisch** Ⓝ |
| der | **Stadt\|teil** Ⓝ, die Stadtteile |
| die | **Staf\|fel** Ⓝ, die Staffeln |
| die | **Staf\|fe\|lei** Ⓝ, die Staffeleien |
| sie | **stahl** Ⓝ (➔ stehlen) |
| der | **Stahl** Ⓜ |
| der | **Stall** Ⓝ, die Ställe |
| der | **Stamm** Ⓝ, die Stämme |
| | **stam\|meln** Ⓝ, er stammelt |
| | **stam\|men** Ⓝ, sie stammt |
| | **stamp\|fen** Ⓝ, er stampft |
| sie | **stand** Ⓝ (➔ stehen) |
| der | **Stand** Ⓝ, die Stände |
| der | **Stän\|der** Ⓝ, die Ständer |
| das | **Stan\|des\|amt** Ⓝ, die Standesämter |
| | **stän\|dig** Ⓜ |
| die | **Stan\|ge** Ⓝ, die Stangen |
| der | **Stän\|gel** Ⓝ, die Stängel |
| es | **stank** Ⓝ (➔ stinken) |
| | **stän\|kern** Ⓝ, er stänkert |
| | **stan\|zen** Ⓝ, sie stanzt |
| der | **Sta\|pel** Ⓝ, die Stapel |
| | **sta\|peln** Ⓝ, er stapelt |
| | **stap\|fen** Ⓝ, sie stapft |
| der | **Star** Ⓝ *(= Vogel)*, die Stare |
| der | **Star** Ⓜ *(= berühmte Person)*, die Stars |
| er | **starb** Ⓝ (➔ sterben) |
| | **stark** Ⓝ, stärker, am stärksten |
| die | **Stär\|ke** Ⓝ |
| sich | **stär\|ken** Ⓝ, sie stärkt sich |
| | **starr** Ⓝ |
| | **star\|ren** Ⓝ, sie starrt |
| der | **Start** Ⓝ, die Starts |
| | **star\|ten** Ⓝ, er startet |
| die | **Sta\|ti\|on** Ⓜ, die Stationen |
| | **statt** Ⓜ |
| | **statt\|des\|sen** Ⓝ |
| | **statt\|fin\|den** Ⓝ, es findet statt, es fand statt, es hat stattgefunden |
| die | **Sta\|tue** Ⓝ, die Statuen |
| der | **Stau** Ⓝ, die Staus *oder* Staue |
| der | **Staub** Ⓝ |
| | **stau\|big** Ⓝ |
| | **staub\|sau\|gen** Ⓝ sie staubsaugt |
| der | **Staub\|sau\|ger** Ⓝ, die Staubsauger |
| die | **Stau\|de** Ⓝ, die Stauden |
| | **stau\|en** Ⓝ, er staut |
| | **stau\|nen** Ⓝ, sie staunt |
| das | **Steak** Ⓜ, die Steaks |
| | **ste\|chen** Ⓝ, er sticht, er stach, er hat gestochen |
| die | **Stech\|mü\|cke** Ⓝ, die Stechmücken |



Ⓝ Nachdenkwort (Verlängern? Verwandtes Wort? qu, sp oder st?)

die **Steck|do|se** Ⓝ, die Steckdosen
**ste|cken** Ⓝ, sie steckt
der **Ste|cker** Ⓝ, die Stecker
der **Steck|ling** Ⓝ, die Stecklinge
die **Steck|na|del** Ⓝ, die Stecknadeln
der **Steg** Ⓝ, die Stege
**ste|hen** Ⓝ, er steht, er stand, er hat gestanden
**steh|len** Ⓜ, sie stiehlt, sie stahl, sie hat gestohlen
**steif** Ⓝ
der **Steig|bü|gel** Ⓝ, die Steigbügel
**stei|gen** Ⓝ, er steigt, er stieg, er ist gestiegen
**stei|gern** Ⓝ, sie steigert
die **Stei|ge|rung** Ⓝ, die Steigerungen
die **Stei|ge|rungs|form** Ⓝ
die **Stei|gung** Ⓝ, die Steigungen
**steil** Ⓝ
der **Stein** Ⓝ, die Steine
**stein|alt** Ⓝ
**stei|nig** Ⓝ
**stein|reich** Ⓝ
die **Stel|le** Ⓝ, die Stellen
**stel|len** Ⓝ, er stellt
das **Stel|len|an|ge|bot** Ⓝ, die Stellenangebote
der **Stell|ver|tre|ter** Ⓝ, die Stellvertreter
die **Stell|ver|tre|te|rin** Ⓝ, die Stellvertreterinnen
die **Stel|ze** Ⓝ, die Stelzen
**stem|men** Ⓝ, er stemmt
der **Stem|pel** Ⓝ, die Stempel
**stem|peln** Ⓝ, sie stempelt
die **Stepp|de|cke** Ⓝ, die Steppdecken
die **Step|pe** Ⓝ, die Steppen
**ster|ben** Ⓝ, er stirbt, er starb, er ist gestorben
die **Ste|reo|an|la|ge** Ⓝ, die Stereoanlagen
der **Stern** Ⓝ, die Sterne
**ster|nen|klar** Ⓝ
**stern|för|mig** Ⓝ
**ste|tig** Ⓝ
**stets** Ⓝ
das **Steu|er** Ⓝ *(= Lenkrad)*, die Steuer
die **Steu|er** Ⓝ *(= Zahlung an Staat)*, die Steuern
**steu|er|bord** Ⓝ
**steu|ern** Ⓝ, sie steuert
**sti|bit|zen** Ⓝ, er stibitzt
der **Stich** Ⓝ, die Stiche
**sti|cken** Ⓝ, sie stickt
der **Sti|cker** Ⓝ, die Sticker
**sti|ckig** Ⓝ
der **Stie|fel** Ⓝ, die Stiefel
die **Stief|mut|ter** Ⓝ, die Stiefmütter
das **Stief|müt|ter|chen** Ⓝ, die Stiefmütterchen
der **Stief|sohn** Ⓝ, die Stiefsöhne
die **Stief|toch|ter** Ⓝ, die Stieftöchter
der **Stief|va|ter** Ⓝ, die Stiefväter
er **stieg** Ⓝ (➔ steigen)
die **Stie|ge** Ⓝ *(= Treppe)*, die Stiegen
der **Stiel** Ⓝ, die Stiele
der **Stier** Ⓝ, die Stiere
sie **stieß** Ⓝ (➔ stoßen)
der **Stift** Ⓝ, die Stifte
**stif|ten** Ⓝ, er stiftet
die **Stif|tung** Ⓝ, die Stiftungen
der **Stil** Ⓜ, die Stile
**still** Ⓝ
die **Stil|le** Ⓝ
**stil|len** Ⓝ, sie stillt

**still|hal|ten** Ⓝ, er hält still, er hielt still, er hat stillgehalten
**still|sit|zen** Ⓝ, sie sitzt st ll, sie saß still, sie hat stillgesessen
der **Still|stand** Ⓝ
das **Stimm|band** Ⓝ, die Stimmbänder
der **Stimm|bruch** Ⓝ
die **Stim|me** Ⓝ, die Stimmen
**stim|men** Ⓝ, es stimmt
Sie stimmt für Paul.
die **Stimm|ga|bel** Ⓝ, die Stimmgabeln
die **Stim|mung** Ⓝ, die Stimmungen
**stim|mungs|voll** Ⓝ
der **Stimm|zet|tel** Ⓝ, die Stimmzettel
**stin|ken** Ⓝ, es stinkt, es stank, es hat gestunken
**stink|lang|wei|lig** Ⓝ
das **Stink|tier** Ⓝ, die Stinktiere
das **Sti|pen|di|um** Ⓝ, die Stipendien
die **Stirn** Ⓝ *oder* **Stir|ne**, die Stirnen
**stö|bern** Ⓝ, er stöbert
**sto|chern** Ⓝ, sie stochert
der **Stock** Ⓝ *(= Etage)*
Er wohnt im dritten Stock.
der **Stock** Ⓝ *(= Stab)*, die Stöcke
**stock|dun|kel** Ⓝ
der **Stö|ckel|schuh** Ⓝ, die Stöckelschuhe
**sto|cken** Ⓝ, der Verkehr stockt
das **Stock|werk** Ⓝ, die Stockwerke
der **Stoff** Ⓝ, die Stoffe
**stöh|nen** Ⓜ, sie stöhnt
der **Stol|len** Ⓝ, die Stollen
**stol|pern** Ⓝ, sie stolpert
der **Stol|per|stein** Ⓝ, die Stolpersteine
**stolz** Ⓝ
der **Stolz** Ⓝ
**stol|zie|ren** Ⓝ, er stolziert
**stop|fen** Ⓝ, sie stopft
**Stopp!** Ⓝ
die **Stop|pel** Ⓝ, die Stoppeln
**stop|pen** Ⓝ, er stoppt
das **Stopp|schild** Ⓝ, die Stoppschilder
die **Stopp|uhr** Ⓝ, die Stoppuhren
der **Stöp|sel** Ⓝ, die Stöpsel
**stöp|seln** Ⓝ, er stöpselt
der **Storch** Ⓝ, die Störche
**stö|ren** Ⓝ, sie stört
**stö|rend** Ⓝ
**stör|risch** Ⓝ

*Wenn sich ein Tier oder Mensch weigert, einem Befehl zu gehorchen, dann nennt man sein Verhalten störrisch.*

die **Stö|rung** Ⓝ, die Störungen
der **Stoß** Ⓜ, die Stöße
**sto|ßen** Ⓝ, er stößt, er stieß, er hat gestoßen
der **Stot|te|rer** Ⓝ, die Stotterer
die **Stot|te|rin** Ⓝ, die Stotterinnen
**stot|tern** Ⓝ, sie stottert
die **Straf|ar|beit** Ⓝ, die Strafarbeiten
**straf|bar** Ⓝ
die **Stra|fe** Ⓝ, die Strafen
**stra|fen** Ⓝ, er straft
**straff** Ⓝ

der **Straf|raum** Ⓝ, die Strafräume
der **Straf|stoß** Ⓝ, die Strafstöße
die **Straf|tat** Ⓝ, die Straftaten
der **Straf|zet|tel** Ⓝ, die Strafzettel
der **Strahl** Ⓜ, die Strahlen
**strah|len** Ⓝ, sie strahlt
**strah|lend** Ⓝ
die **Sträh|ne** Ⓜ, die Strähnen
**sträh|nig** Ⓝ
**stramm** Ⓝ
**stram|peln** Ⓝ, er strampelt
der **Strand** Ⓝ, die Strände
**stran|den** Ⓝ, er strandet
die **Stra|pa|ze** Ⓜ, die Strapazen
**stra|pa|zie|ren** Ⓝ
sie strapaziert
die **Stra|ße** Ⓜ, die Straßen
die Straßenbahn
der Straßenverkehr
die **Stra|te|gie** Ⓝ, die Strategien
sich **sträu|ben** Ⓜ, er sträubt sich
der **Strauch** Ⓝ, die Sträucher

**Beachte den Unterschied!**

der **Strauß** Ⓜ
*(= Blumen)*,
die Sträuße

der **Strauß** Ⓜ
*(= Vogel)*,
die Strauße

**stre|ben** Ⓝ, sie strebt
der **Stre|ber** Ⓝ, die Streber
die **Stre|be|rin** Ⓝ,
die Streberinnen
**streb|sam** Ⓝ
die **Stre|cke** Ⓝ, die Strecken
sich **stre|cken** Ⓝ, sie streckt sich
der **Streich** Ⓝ, die Streiche
**strei|cheln** Ⓝ, er streichelt
**strei|chen** Ⓝ, sie streicht,
sie strich, sie hat gestrichen
das **Streich|holz** Ⓝ, die Streich-
hölzer
**strei|fen** Ⓝ, er streift
der **Strei|fen** Ⓝ, die Streifen
der **Streik** Ⓝ, die Streiks
**strei|ken** Ⓝ, sie streikt
der **Streit** Ⓝ, die Streite
**strei|ten** Ⓝ, er streitet,
er stritt, er hat gestritten
die **Strei|te|rei** Ⓝ, die Streitereien
**streng** Ⓝ
der **Stress** Ⓝ
**stres|sen** Ⓝ, es stresst mich
**stres|sig** Ⓝ
die **Streu** Ⓝ
**streu|en** Ⓝ, sie streut
**streu|nen** Ⓝ, er streunt
der **Streu|sel|ku|chen** Ⓝ,
die Streuselkuchen
sie **strich** Ⓝ (➔ streichen)
der **Strich** Ⓝ, die Striche
der **Strick** Ⓝ, die Stricke
**stri|cken** Ⓝ, sie strickt
die **Strick|ja|cke** Ⓝ, die Strick-
jacken
die **Strick|na|del** Ⓝ, die Strick-
nadeln
**strie|geln** Ⓝ, er striegelt
der **Strie|men** Ⓝ *(= Wunde)*,
die Striemen
er **stritt** Ⓝ (➔ streiten)
das **Stroh** Ⓜ
der **Strolch** Ⓝ, die Strolche

# St bis Sü

der **Strom** Ⓝ *(= Fluss)*, die Ströme
der **Strom** Ⓝ *(= Elektrizität)*
**strom|ab|wärts** Ⓝ
**strom|auf|wärts** Ⓝ
**strö|men** Ⓝ das Wasser strömt
die **Strö|mung** Ⓝ, die Strömungen
die **Stro|phe** Ⓜ, die Strophen
**strot|zen** Ⓝ Er strotzt vor Gesundheit.
der **Stru|del** Ⓝ, die Strudel
der **Strumpf** Ⓝ, die Strümpfe
**strup|pig** Ⓝ
die **Stu|be** Ⓝ, die Stuben
**stu|ben|rein** Ⓝ
das **Stück** Ⓝ, die Stücke
das **Stück|chen** Ⓝ, die Stückchen
**stü|ckeln** Ⓝ, sie stückelt
der **Stu|dent** Ⓝ, die Studenten
die **Stu|den|tin** Ⓝ, die Studentinnen
**stu|die|ren** Ⓝ, er studiert
das **Stu|dio** Ⓝ, die Studios
das **Stu|di|um** Ⓝ, die Studien
die **Stu|fe** Ⓝ, die Stufen
der **Stuhl** Ⓜ, die Stühle
**stül|pen** Ⓝ, sie stülpt
**stumm** Ⓝ
der **Stum|mel** Ⓝ, die Stummel
**stumpf** Ⓝ
die **Stun|de** Ⓝ, die Stunden
**stun|den|lang** Ⓝ
der **Stun|den|plan** Ⓝ, die Stundenpläne
**stünd|lich** Ⓝ
**stup|sen** Ⓝ, er stupst
die **Stups|na|se** Ⓝ, die Stupsnasen
**stur** Ⓝ
die **Stur|heit** Ⓝ
der **Sturm** Ⓝ, die Stürme
**stür|men** Ⓝ, es stürmt
der **Stür|mer** Ⓝ, die Stürmer
die **Stür|me|rin** Ⓝ, die Stürmerinnen
**stür|misch** Ⓝ
der **Sturz** Ⓝ, die Stürze
**stür|zen** Ⓝ, sie stürzt
die **Stu|te** Ⓝ, die Stuten
**Stutt|gart** Ⓜ
die **Stüt|ze** Ⓝ, die Stützen
**stut|zen** Ⓝ, er stutzt
**stüt|zen** Ⓝ, sie stützt
**stut|zig** Ⓝ
**sty|len** Ⓜ, er stylt
das **Sty|ro|por** Ⓜ

## Su

das **Sub|jekt** *(= Satzgegenstand)*, die Subjekte
das **Sub|stan|tiv** Ⓜ *(= Namenwort)*, die Substantive
die **Sub|stanz**, die Substanzen
**sub|tra|hie|ren** *(= abziehen)* er subtrahiert
die **Sub|trak|ti|on** Ⓜ, die Subtraktionen
die **Su|che**
**su|chen**, sie sucht
die **Such|ma|schi|ne** Ⓝ, die Suchmaschinen
die **Sucht**, die Süchte *oder* Suchten
**süch|tig** Ⓝ
der **Süch|ti|ge** *oder* die **Süch|ti|ge**
**Süd|ame|ri|ka** Ⓝ
der **Sü|den**
die **Süd|halb|ku|gel** Ⓝ
**süd|lich** Ⓝ
der **Süd|os|ten** Ⓝ
**süd|öst|lich** Ⓝ
der **Süd|pol** Ⓝ


Ⓝ Nachdenkwort (Verlängern? Verwandtes Wort? qu, sp oder st?)

die **Süd|see** Ⓝ
**süd|wärts** Ⓜ
der **Süd|wes|ten** Ⓝ
**süd|west|lich** Ⓝ
der **Sul|tan**, die Sultane
die **Sul|ta|nin**, die Sultaninnen
die **Sul|ta|ni|ne** Ⓜ, die Sultaninen
die **Sül|ze** Ⓜ, die Sülzen
die **Sum|me**, die Summen
**sum|men**, sie summt
der **Sumpf**, die Sümpfe
**sump|fig** Ⓝ
die **Sün|de**, die Sünden
der **Sün|der**, die Sünder
die **Sün|de|rin**, die Sünderinnen
**su|per**
der **Su|per|markt**, die Supermärkte
die **Sup|pe**, die Suppen
das **Surf|brett** Ⓜ, die Surfbretter
**sur|fen** Ⓜ, sie surft
der **Sur|fer** Ⓜ, die Surfer
die **Sur|fe|rin** Ⓜ, die Surferinnen
**sur|ren**, es surrt
**süß** Ⓜ
**sü|ßen** Ⓝ, er süßt
die **Sü|ßig|keit** Ⓜ, die Süßigkeiten
**süß|lich** Ⓝ
**süß|sau|er** Ⓝ
die **Süß|spei|se** Ⓝ, die Süßspeisen
das **Süß|was|ser** Ⓝ

### Sw

das **Sweat|shirt** Ⓜ, die Sweatshirts
der **Swim|ming|pool** Ⓜ, die Swimmingpools

### Sy

das **Sym|bol** Ⓜ, die Symbole
**sym|bo|lisch** Ⓜ
die **Sym|me|trie** Ⓜ *(= Gleichheit)*, die Symmetrien
**sym|me|trisch** Ⓜ
die **Sym|pa|thie** Ⓜ, die Sympathien
**sym|pa|thisch** Ⓜ
die **Sym|pho|nie** Ⓜ, die Symphonien
das **Symp|tom** Ⓜ, die Symptome
die **Sy|na|go|ge** Ⓜ, die Synagogen
das **Sys|tem** Ⓜ, die Systeme

### Sz

die **Sze|ne** Ⓜ, die Szenen

# Tt

### Ta

der **Ta|bak**
die **Ta|bel|le**, die Tabellen
das **Ta|blett** Ⓜ, die Tabletts *oder* Tablette
die **Ta|blet|te**, die Tabletten
**ta|bu**, das ist tabu
das **Ta|bu**, die Tabus
der **Ta|cho**, die Tachos
**ta|del|los**
**ta|deln**, sie tadelt
die **Ta|fel**, die Tafeln
der **Tag** Ⓝ, die Tage
bei Tag und Nacht
Tag für Tag
Guten Tag!
das **Ta|ge|buch**, die Tagebücher
**ta|ge|lang**
das **Ta|ges|licht**
die **Ta|ges|zeit**, die Tageszeiten

die **Ta|ges|zei|tung**, die Tageszeitungen
**täg|lich** Ⓝ
**tags|über** Ⓝ
**tag|täg|lich** Ⓝ
die **Ta|gung**, die Tagungen
die **Tail|le** Ⓜ, die Taillen
der **Takt**, die Takte
die **Tak|tik**, die Taktiken
**takt|los**
**takt|voll** Ⓝ
das **Tal**, die Täler
das **Ta|lent**, die Talente
der **Ta|ler**, die Taler
der **Ta|lis|man** *(= Glücksbringer)*, die Talismane
die **Talk|show** Ⓜ, die Talkshows
das **Tam|bur|in** Ⓜ, die Tamburine
das **Tan|dem**, die Tandems
der **Tang**, die Tange
der **Tank**, die Tanks
**tan|ken**, er tankt
der **Tan|ker**, die Tanker
die **Tank|stel|le** Ⓝ, die Tankstellen
der **Tank|wart**, die Tankwarte
die **Tank|war|tin**, die Tankwartinnen
die **Tan|ne**, die Tannen
der Tannenbaum
die Tannennadel
der Tannenzapfen
die **Tan|te**, die Tanten
der **Tanz**, die Tänze
**tan|zen**, sie tanzt
der **Tän|zer** Ⓝ, die Tänzer
die **Tän|ze|rin** Ⓝ, die Tänzerinnen
die **Ta|pe|te**, die Tapeten
**ta|pe|zie|ren**, er tapeziert
**tap|fer**
die **Tap|fer|keit**
**tap|pen**, sie tappt
**tap|sig** Ⓝ
sich **tar|nen**, er tarnt sich
die **Tar|nung**, die Tarnungen
die **Ta|sche**, die Taschen
das Taschengeld
der Taschenrechner
die **Tas|se**, die Tassen
die **Tas|ta|tur**, die Tastaturen
die **Tas|te**, die Tasten
**tas|ten**, sie tastet
er **tat** (➔ tun)
die **Tat**, die Taten
der **Tä|ter** Ⓝ, die Täter
die **Tä|te|rin** Ⓝ, die Täterinnen
**tä|tig** Ⓝ
die **Tä|tig|keit** Ⓝ, die Tätigkeiten
**tat|kräf|tig** Ⓝ
**tä|to|wie|ren** Ⓜ, er tätowiert
die **Tä|to|wie|rung** Ⓜ, die Tätowierungen
die **Tat|sa|che**, die Tatsachen
**tat|säch|lich** Ⓝ
die **Tat|ze**, die Tatzen

**Beachte den Unterschied!**

der **Tau**
*(= Feuchtigkeit auf Gras und Wiesen)*
der Tautropfen

das **Tau**
*(= starkes Seil)*,
die Taue
das Tauziehen

taub (N)
die **Tau|be**, die Tauben
die **Taub|heit** (N)
**tau|chen**, er taucht
der **Tau|cher**, die Taucher
die **Tau|che|rin**, die Taucherinnen
**tau|en**, es taut
die **Tau|fe**, die Taufen
**tau|fen**, sie tauft
der **Tauf|pa|te**, die Taufpaten
die **Tauf|pa|tin**, die Taufpatinnen
**tau|gen**, Das Rad taugt nichts.
der **Tau|ge|nichts**, die Taugenichtse
**taug|lich** (N)
**tau|meln**, sie taumelt
der **Tausch**, die Tausche
**tau|schen**, er tauscht
sich **täu|schen** (M), sie täuscht sich
die **Täu|schung** (M), die Täuschungen
**tau|send** (N)
tausend Euro
tausende von Menschen
der **Tau|send|fü|ßer** (N) *oder* der **Tau|send|füß|ler**, die Tausendfüßer *oder* Tausendfüßler
**tau|send|mal** (N)
das **Tau|wet|ter**
das **Ta|xi**, die Taxis

## Te

das **Team** (M), die Teams
die **Tech|nik**, die Techniken
der **Tech|ni|ker**, die Techniker
die **Tech|ni|ke|rin**, die Technikerinnen
**tech|nisch**
der **Tech|no** (M) *oder* das **Tech|no**
die **Tech|no|lo|gie**, die Technologien
der **Ted|dy** (M), die Teddys
der **Tee** (M), die Tees
der **Teen|ager** (M), die Teenager
der **Teer** (M)
**tee|ren** (M), er teert
der **Teich**, die Teiche
der **Teig** (N), die Teige
der **Teil** *oder* das **Teil** *(= Anteil)*, die Teile
seinen *oder* sein Teil abbekommen
der **Teil** *(= Teilbereich)*, die Teile
der erste Teil des Buches
das **Teil** *(= Stück)*, die Teile
ein defektes Teil ersetzen
**teil|bar**
**tei|len**, sie teilt
die **Teil|nah|me** (N), die Teilnahmen
**teil|neh|men** (N), er nimmt teil, er nahm teil, er hat teilgenommen
der **Teil|neh|mer** (N), die Teilnehmer
die **Teil|neh|me|rin** (N), die Teilnehmerinnen
die **Tei|lung**, die Teilungen
**teil|wei|se**
das **Te|le|fon**, die Telefone
**te|le|fo|nie|ren**, sie telefoniert
das **Te|le|gramm** (N), die Telegramme
der **Tel|ler**, die Teller
der **Tem|pel**, die Tempel

*Ein Tempel ist ein Gebäude, in dem Menschen bestimmter nichtchristlicher Religionen einen oder mehrere Götter anbeten oder religiöse Opfer darbringen.*

# Te bis To

das **Tem|pe|ra|ment**,
die Temperamente
**tem|pe|ra|ment|voll** Ⓝ
die **Tem|pe|ra|tur**,
die Temperaturen
das **Tem|po**, die Tempos *oder* Tempi
das Tempolimit
das **Ten|nis**
Tennis spielen
das Tennismatch
der **Tep|pich**, die Teppiche
der **Ter|min** Ⓜ, die Termine
das **Ter|ra|ri|um** Ⓜ, die Terrarien
die **Ter|ras|se**, die Terrassen
der **Ter|ri|er**, die Terrier
der **Ter|ror**
**ter|ro|ri|sie|ren** Ⓜ
sie terrorisiert
der **Ter|ro|ris|mus**
der **Ter|ro|rist**, die Terroristen
die **Ter|ro|ris|tin**, die Terroristinnen
der **Test**, die Tests *oder* Teste
das **Tes|ta|ment**, die Testamente
**tes|ten**, er testet
**teu|er**
der **Teu|fel**, die Teufel
**teuf|lisch**
der **Text**, die Texte
die Textaufgabe

## Th

das **Thea|ter** Ⓜ, die Theater
das Theaterstück
die **The|ke** Ⓜ, die Theken
das **The|ma** Ⓜ, die Themen
**theo|re|tisch** Ⓜ
die **Theo|rie** Ⓜ, die Theorien
die **The|ra|pie** Ⓜ, die Therapien
das **Ther|mal|bad** Ⓜ, die Thermalbäder
das **Ther|mo|me|ter** Ⓜ,
die Thermometer
die **Ther|mos|fla|sche** Ⓜ,
die Thermosflaschen
die **Tho|ra** Ⓜ *(= Heilige Schrift des Judentums)*
der **Thron** Ⓜ, die Throne
der **Thun|fisch** Ⓜ, die Thunfische
**Thü|rin|gen** Ⓜ
der **Thy|mi|an** Ⓜ

## Ti

der **Tick**, die Ticks
**ti|cken**, die Uhr tickt
das **Ti|cket** Ⓜ, die Tickets
**tief**
die **Tie|fe**, die Tiefen
**tief|ge|fro|ren**
die **Tief|kühl|tru|he** Ⓝ, die Tiefkühltruhen
das **Tier**, die Tiere
der Tierarzt
die Tierärztin
**tier|lieb** Ⓝ
der **Ti|ger** Ⓜ, die Tiger
die **Tin|te**, die Tinten
der Tintenfisch
der **Tipp** Ⓜ, die Tipps
**tip|pen**, sie tippt
**tipp|topp** Ⓜ
der **Tisch**, die Tische
der **Tisch|ler**, die Tischler
die **Tisch|le|rin**, die Tischlerinnen
das **Tisch|ten|nis**
Tischtennis spielen
der **Ti|tel**, die Titel
der Titelverteidiger
die Titelverteidigerin

## To

der **Toast** Ⓜ, die Toaste *oder* Toasts
das Toastbrot
**toas|ten** Ⓝ, er toastet

der **Toas|ter** Ⓝ, die Toaster
**to|ben**, sie tobt
der **Tob|suchts|an|fall** Ⓝ, die Tobsuchtsanfälle

*Wenn du so wütend bist, dass du brüllst, um dich schlägst, mit den Füßen stampfst oder dich auf dem Boden wälzt, dann hast du einen Tobsuchtsanfall.*

die **To|chter**, die Töchter
der **Tod** Ⓝ, die Tode
**tod|ernst** Ⓝ
der **To|des|fall** Ⓝ, die Todesfälle
die **To|des|ge|fahr** Ⓝ
das **To|des|op|fer**, die Todesopfer
der **Tod|feind** Ⓝ, die Todfeinde
die **Tod|fein|din** Ⓝ, die Todfeindinnen
**tod|krank** Ⓝ
**töd|lich** Ⓝ
**tod|mü|de** Ⓝ
**tod|si|cher** Ⓝ
der **To|fu**
die **Toi|let|te** Ⓝ, die Toiletten
das Toilettenpapier
**to|le|rant**
die **To|le|ranz**
**toll** Ⓝ
der **Toll|patsch** Ⓜ, die Tollpatsche
**toll|pat|schig** Ⓝ
die **Toll|wut** Ⓜ
**toll|wü|tig** Ⓝ
die **To|ma|te**, die Tomaten
die **Tom|bo|la**, die Tombolas
der **Ton** *(= zum Töpfern verwendete Erde)*, die Tone
ein Gefäß aus Ton

der **Ton** *(= Laut)*, die Töne
ein leiser Ton
die Tonart
**tö|nen**, sie tönt die Haare
die **Ton|lei|ter**, die Tonleiter
die **Ton|ne**, die Tonnen
**ton|nen|wei|se**
die **Tö|nung**, die Tönungen
der **Topf**, die Töpfe
der **Top|fen** *(= Quark)*
der **Töp|fer**, die Töpfer
die **Töp|fe|rei**, die Töpfereien
die **Töp|fe|rin**, die Töpferinnen
**töp|fern**, er töpfert
**top|fit**
das **Tor**, die Tore
**tö|richt**
**tor|keln**, sie torkelt
der **Tor|na|do**, die Tornados
der **Tor|nis|ter**, die Tornister
die **Tor|te**, die Torten
die **Tor|tel|li|ni** Ⓜ
der **Tor|wart**, die Torwarte
die **Tor|war|tin**, die Torwartinnen
**to|sen**, die Brandung tost

*Wenn sich Wasser wild bewegt oder ein starker Wind durch die Bäume weht und dabei ein sehr lautes Rauschen zu hören ist, dann nennt man das tosen.*

**tot**, sich tot stellen
**to|tal**
der **To|te** *oder* die **Tote**
**tö|ten**, sie tötet
**to|ten|still** Ⓝ
sich **tot|la|chen**, er lacht sich tot

# To bis Tr

die **Tour** Ⓜ, die Touren
der **Tou|ris|mus** Ⓝ
der **Tou|rist** Ⓝ, die Touristen
die **Tou|ris|tin** Ⓝ, die Touristinnen
die **Tour|nee** Ⓜ, die Tournees *oder* Tourneen

## Tr

der **Trab** Ⓝ
**tra|ben**, das Pony trabt
die **Tracht**, die Trachten
die **Tra|di|ti|on** Ⓜ, die Traditionen
er **traf** (➔ treffen)
der **Tra|fo**, die Trafos
**trä|ge** Ⓜ *oder* **träg**
**tra|gen**, sie trägt, sie trug, sie hat getragen
der **Trä|ger** Ⓝ, die Träger
die **Trag|flä|che** Ⓝ, die Tragflächen
die **Träg|heit** Ⓜ
**tra|gisch**
der **Trai|ner** Ⓜ, die Trainer
die **Trai|ne|rin** Ⓝ, die Trainerinnen
**trai|nie|ren** Ⓝ, er trainiert
das **Trai|ning** Ⓝ, die Trainings
der **Trak|tor**, die Traktoren
die **Tram** *(= Straßenbahn)*, die Trams
**tram|peln**, sie trampelt
**tram|pen** Ⓜ, er trampt
*Wenn man einen Autofahrer anhält und sich von ihm mitnehmen lässt, dann nennt man das trampen.*

der **Tram|per** Ⓝ, die Tramper
die **Tram|pe|rin** Ⓝ, die Tramperinnen
das **Tram|po|lin** Ⓜ, die Trampoline
die **Tram|way** *(= Straßenbahn)*, die Tramways
die **Trä|ne** Ⓜ, die Tränen
sie **trank** (➔ trinken)
die **Trän|ke** Ⓜ, die Tränken
**trans|pa|rent**
der **Trans|port**, die Transporte
**trans|por|tie|ren** sie transportiert
das **Tra|pez**, die Trapeze
er **trat** (➔ treten)
der **Tratsch**
**trat|schen**, sie tratscht
die **Trau|be**, die Trauben der Traubenzucker
sich **trau|en**, sie traut sich
die **Trau|er**
**trau|ern**, er trauert
**träu|feln** Ⓜ, sie träufelt
der **Traum**, die Träume
**träu|men** Ⓝ, er träumt
**traum|haft**
**trau|rig** Ⓝ
die **Trau|rig|keit** Ⓝ
die **Trau|ung**, die Trauungen
der **Trau|zeu|ge**, die Trauzeugen
die **Trau|zeu|gin**, die Trauzeuginnen
der **Tre|cker**, die Trecker
**tref|fen**, er trifft, er traf, er hat getroffen
das **Tref|fen**, die Treffen
**tref|fend** Ⓝ
der **Tref|fer**, die Treffer
der **Treff|punkt** Ⓝ, die Treffpunkte
**trei|ben**, sie treibt, sie trieb, sie hat getrieben
das **Trei|ben**
das **Treib|haus** Ⓝ, die Treibhäuser


Ⓝ Nachdenkwort (Verlängern? Verwandtes Wort? qu, sp oder st?)

der **Treib|stoff** Ⓝ, die Treibstoffe
**trenn|bar** Ⓝ
**tren|nen**, er trennt
sich trennen
die **Tren|nung**, die Trennungen
die **Trenn|wand** Ⓝ, die Trennwände
**trepp|ab** Ⓝ
**trepp|auf** Ⓝ
die **Trep|pe**, die Treppen
das Treppengeländer
das Treppenhaus
der **Tre|sor**, die Tresore
*Ein Tresor ist ein kleiner Schrank aus sehr starken Stahlplatten und mit einem besonders sicheren Schloss. Dort kann man wichtige und wertvolle Sachen einschließen.*

das **Tret|boot** Ⓝ, die Tretboote
**tre|ten**, sie tritt, sie trat,
Sie hat ihn getreten.
Sie ist in eine Pfütze getreten.
**treu**
die **Treue**
**treu|her|zig** Ⓝ
**treu|los**
der **Tri|an|gel** Ⓜ *oder* die **Triangel**, die Triangel
die **Tri|bü|ne** Ⓜ, die Tribünen
der **Trich|ter**, die Trichter
**trich|ter|för|mig** Ⓝ
der **Trick**, die Tricks
der Trickfilm
sie **trieb** (➔ treiben)
der **Trieb** Ⓝ, die Triebe
**trie|fen**, er trieft
sie **trifft** (➔ treffen)
**trif|tig** Ⓝ
das **Tri|kot** Ⓜ, die Trikots
**tril|lern**, sie trillert
die **Tril|ler|pfei|fe**, die Trillerpfeifen
**trink|bar**
**trin|ken**, er trinkt, er trank,
er hat getrunken
das **Trink|geld** Ⓝ, die Trinkgelder
das **Trink|was|ser**
sie **tritt** Ⓜ (➔ treten)
der **Tritt** Ⓝ, die Tritte
der **Tri|umph** Ⓜ, die Triumphe
**tri|um|phie|ren** Ⓝ
er triumphiert
**tro|cken**, trocken reiben
die **Tro|cken|heit**
**trock|nen**, sie trocknet
der **Trock|ner**, die Trockner
der **Trö|del|markt**, die Trödelmärkte
**trö|deln**, er trödelt
der **Trog** Ⓝ, die Tröge
die **Trom|mel**, die Trommeln
**trom|meln**, sie trommelt
der **Tromm|ler** Ⓝ, die Trommler
die **Tromm|le|rin** Ⓝ,
die Trommlerinnen
die **Trom|pe|te**, die Trompeten
der **Trom|pe|ter**, die Trompeter
die **Trom|pe|te|rin**,
die Trompeterinnen
die **Tro|pen**
**trop|fen**, der Hahn tropft
der **Trop|fen**, die Tropfen
die **Tropf|stein|höh|le** Ⓝ,
die Tropfsteinhöhlen
die **Tro|phäe** Ⓜ, die Trophäen
**tro|pisch**
der **Trost**
**trös|ten**, sie tröstet
**trost|los**
der **Trot|tel**, die Trottel

Ⓜ Merkwort (Keine Regel, merke dir das Wort!)

**trotz** allem
trotz des Regens
der **Trotz**
**trotz|dem**
**trot|zen**, er trotzt
**trot|zig** Ⓝ
die **Trotz|pha|se** Ⓝ, die Trotzphasen
**trüb** Ⓝ
der **Tru|bel**
er **trug** Ⓝ (➔ tragen)
die **Tru|he**, die Truhen
die **Trüm|mer**
der **Trumpf**, die Trümpfe
die **Trup|pe**, die Truppen
der **Trut|hahn** Ⓝ, die Truthähne

## Ts

der **Tsa|tsi|ki** Ⓜ *oder* das **Tsatsiki**
der **Tsche|che** Ⓝ, die Tschechen
**Tsche|chi|en** Ⓜ
die **Tsche|chin** Ⓝ, die Tschechinnen
**tsche|chisch** Ⓝ
die Tschechische Republik
**tschüs** *oder* **tschüss**
das **T-Shirt** Ⓜ, die T-Shirts
der **Tsu|na|mi** Ⓜ, die Tsunamis

## Tu

die **Tu|be**, die Tuben
das **Tuch**, die Tücher
**tüch|tig** Ⓝ
die **Tüch|tig|keit** Ⓝ
**tu|ckern**, er tuckert
**tü|ckisch**
**tüf|teln**, sie tüftelt
der **Tüft|ler**, die Tüftler
die **Tüft|le|rin**, die Tüftlerinnen
die **Tu|gend** Ⓝ, die Tugenden
die **Tul|pe**, die Tulpen
sich **tum|meln**, er tummelt sich
der **Tu|mor**, die Tumoren
der **Tüm|pel**, die Tümpel
der **Tu|mult** (*= Chaos*), die Tumulte
**tun**, sie tut, sie tat, sie hat getan
**Tu|ne|si|en**
**tu|ne|sisch**
der **Tun|fisch**, die Tunfische
**tun|ken**, er tunkt
der **Tun|nel**, die Tunnel *oder* Tunnels
das **Tun|wort**, die Tunwörter
**tup|fen**, sie tupft
die **Tür**, die Türen
der **Tur|ban**, die Turbane
die **Tur|bi|ne** Ⓜ, die Turbinen
**tur|bu|lent**
der **Tür|ke**, die Türken
die **Tür|kei**
die **Tür|kin**, die Türkinnen
**tür|kis** Ⓜ
**tür|kisch**
der **Turm**, die Türme
**tur|nen**, er turnt
der **Tur|ner**, die Turner
die **Tur|ne|rin**, die Turnerinnen
die **Turn|hal|le**, die Turnhallen
das **Tur|nier**, die Turniere
der **Turn|ver|ein** Ⓝ, die Turnvereine
das **Turn|zeug** Ⓝ
die **Tu|sche**, die Tuschen
**tu|scheln**, sie tuschelt
die **Tü|te**, die Tüten
das **Tu|wort**, die Tuwörter

## Ty

der **Typ** Ⓜ, die Typen
**ty|pisch** Ⓝ

# Uu

**Ub**

die **U-Bahn** Ⓝ, die U-Bahnen
**übel**, jemandem etwas übel nehmen
das **Übel**
die Übelkeit
**üben**, sie übt
**über**
**über|all** Ⓜ
das **Über|bleib|sel** Ⓝ, die Überbleibsel
der **Über|blick**
**über|bli|cken**, sie überblickt
**über|ei|nan|der**
übereinanderlegen
übereinander reden
der **Über|fall** Ⓝ, die Überfälle
**über|fal|len**, er überfällt, er überfiel, er hat überfallen
der **Über|fluss** Ⓝ
**über|flüs|sig** Ⓝ
die **Über|flu|tung**, die Überflutungen
**über|for|dern**, sie überfordert
**über|füllt** Ⓝ
der **Über|gang**, die Übergänge
**über|ge|ben**, er übergibt, er übergab, er hat übergeben
**über|glück|lich**
**über|haupt**
**über|heb|lich** Ⓜ
die **Über|heb|lich|keit** Ⓝ
**über|ho|len**, sie überholt
**über|las|sen**, er überlässt, er überließ, er hat überlassen
**über|le|ben**, sie überlebt
der **Über|le|ben|de** *oder* die **Überlebende**
**über|le|gen** *(= nachdenken)*, sie überlegt
Überleg dir das gut!
**über|le|gen** *(= besser oder stärker)*

Du bist ihm an Kraft weit überlegen.
*Wenn du etwas besser als andere kannst, dann bist du in diesem Bereich den anderen überlegen.*

die **Über|le|gung**, die Überlegungen
er **über|ließ** Ⓜ (➔ überlassen)
**über|lis|ten**, er überlistet
**über|mä|ßig** Ⓝ
**über|mor|gen**
übermorgen Abend
**über|mü|det**
der **Über|mut**
**über|mü|tig** Ⓝ
**über|nächs|te, über|nächs|ter, über|nächs|tes**
**über|nach|ten**, er übernachtet
die **Über|nach|tung**, die Übernachtungen
**über|neh|men** Ⓝ
sie übernimmt, sie übernahm, sie hat übernommen
**über|prü|fen**, er überprüft
**über|que|ren** Ⓝ, er überquert
**über|ra|schen**, sie überrascht
die **Über|ra|schung**, die Überraschungen
**über|re|den**, er überredet
**über|rum|peln**, sie überrumpelt
die **Über|schrift**, die Überschriften

**über|schwem|men**
der Fluss überschwemmt
die **Über|schwem|mung**,
die Überschwemmungen
**über|set|zen**, sie übersetzt
die **Über|set|zung**,
die Übersetzungen
die **Über|sicht**, die Übersichten
**über|sicht|lich**
**über|trei|ben**, sie übertreibt,
sie übertrieb, sie hat
übertrieben
die **Über|trei|bung**,
die Übertreibungen
**über|trie|ben**
**über|wa|chen**, sie überwacht
**über|wäl|ti|gen** Ⓜ
er überwältigt
er **über|wand** Ⓝ (➔ überwinden)
**über|wei|sen**, sie überweist,
sie überwies, sie hat
überwiesen
die **Über|wei|sung**,
die Überweisungen
**über|win|den**, er überwindet,
er überwand, er hat
überwunden
sich überwinden
die **Über|win|dung**
**über|zeu|gen**, sie überzeugt
die **Über|zeu|gung**,
die Überzeugungen
**üb|lich** Ⓜ
das **U-Boot** Ⓝ, die U-Boote
**üb|rig** Ⓝ
übrig bleiben, übrig lassen
**üb|ri|gens**
die **Übung**, die Übungen

### Uf

das **Ufer**, die Ufer
das **Ufo**, die Ufos

### Uh

die **Uhr** Ⓜ, die Uhren
Es ist zehn Uhr.
die Uhrzeit
der **Uhu**, die Uhus

### Ul

**ul|kig** Ⓝ
die **Ul|me**, die Ulmen

### Um

**um**, um halb sechs
**um|ar|men**, sie umarmt
die **Um|ar|mung**, die Umarmungen
**um|dre|hen**, er dreht um
**um|fal|len**, er fällt um, er fiel
um, er ist umgefallen
der **Um|fang**, die Umfänge
**um|fang|reich**
die **Um|fra|ge**, die Umfragen
der **Um|gang**
**um|ge|ben**, sie umgibt, sie
umgab, sie hat umgeben
die **Um|ge|bung**, die Umgebungen
**um|ge|hen**, er umgeht,
er umging, er hat umgangen
die **Um|ge|hung** Ⓝ *(= Umleitung)*,
die Umgehungen
**um|ge|kehrt** Ⓝ
der **Um|hang**, die Umhänge
**um|hän|gen** Ⓝ, sie hängt um
**um|her|lau|fen**, er läuft umher,
er lief umher, er ist umher-
gelaufen
**um|keh|ren** Ⓝ, sie kehrt um
**um|kip|pen**, er kippt um
Er hat das Glas umgekippt.
Er ist vor Schwäche
umgekippt.
der **Um|klei|de|raum**,
die Umkleideräume



Ⓝ Nachdenkwort (Verlängern? Verwandtes Wort? qu, sp oder st?)

die **Um|lauf|bahn** Ⓝ, die Umlaufbahnen
der **Um|laut**, die Umlaute
**um|lei|ten**, sie leitet um
die **Um|lei|tung**, die Umleitungen
der **Um|riss** Ⓝ, die Umrisse
**ums** *(= um das)*
der **Um|schlag** Ⓝ, die Umschläge
**um|so**, umso mehr
**um|sonst**
der **Um|stand** Ⓝ, die Umstände
**um|ständ|lich** Ⓝ
sich **um|stel|len**, sie stellt sich um
die **Um|stel|lung**, die Umstellungen
**um|stür|zen** Ⓝ, er stürzt um
der **Um|tausch**
**um|tau|schen**, sie tauscht um
der **Um|weg** Ⓝ, die Umwege
die **Um|welt**
**um|welt|freund|lich** Ⓝ
der **Um|welt|schutz**
die **Um|welt|ver|schmut|zung** Ⓝ
**um|wer|fen**, er wirft um, er warf um, er hat umgeworfen
**um|zie|hen**, sie zieht um, sie zog um, sie ist umgezogen sie hat sich umgezogen
der **Um|zug** Ⓝ, die Umzüge

## Un

**un|ab|hän|gig** Ⓝ
die **Un|ab|hän|gig|keit** Ⓝ
**un|an|ge|nehm** Ⓝ
**un|auf|fäl|lig** Ⓝ
**un|auf|hör|lich**
**un|auf|merk|sam**
**un|aus|steh|lich** Ⓝ
**un|barm|her|zig** Ⓝ
**un|be|ab|sich|tigt** Ⓝ
**un|be|dingt**
**un|be|grenzt**
**un|be|kannt** Ⓝ
**un|be|liebt** Ⓝ
**un|be|quem** Ⓝ
**un|be|schreib|lich** Ⓝ
**un|be|waff|net** Ⓝ
**un|be|wohnt** Ⓝ
**un|be|wusst** Ⓝ
**un|be|zahl|bar** Ⓝ
**und** Ⓜ
**un|dank|bar**
**un|deut|lich**
**un|durch|sich|tig** Ⓝ
**un|emp|find|lich**
**un|end|lich**
die **Un|end|lich|keit**
**un|ent|schie|den**
**un|ent|wegt** Ⓝ
**un|er|fah|ren** Ⓝ
**un|er|müd|lich**
**un|er|träg|lich** Ⓝ
**un|er|war|tet**
**un|fä|hig** Ⓝ
die **Un|fä|hig|keit** Ⓝ
**un|fair** Ⓜ
der **Un|fall** Ⓝ, die Unfälle
**un|fass|bar** Ⓝ
**un|freund|lich** Ⓝ
der **Un|fug** Ⓜ
der **Un|gar**, die Ungarn
die **Un|ga|rin**, die Ungarinnen
**un|ga|risch**
**Un|garn**
die **Un|ge|duld** Ⓝ
**un|ge|dul|dig** Ⓝ
**un|ge|fähr** Ⓜ
**un|ge|heu|er**
das **Un|ge|heu|er**, die Ungeheuer
**un|ge|heu|er|lich**
**un|ge|müt|lich**
**un|ge|nau**
**un|ge|nü|gend** Ⓝ
**un|ge|ra|de**

Ⓜ Merkwort (Keine Regel, merke dir das Wort!)

un|ge|recht
die **Un|ge|rech|tig|keit** Ⓝ, die Ungerechtigkeiten
**un|ge|schickt**
**un|ge|stüm** Ⓝ
**un|ge|sund** Ⓝ
das **Un|ge|tüm**, die Ungetüme

*Ein Ungetüm ist ein überdimensional großes oder außerordentlich hässliches Ding, das oft auch schrecklich schwer und unpraktisch ist.*

**un|ge|wiss** Ⓝ
die **Un|ge|wiss|heit** Ⓝ, die Ungewissheiten
**un|ge|wöhn|lich** Ⓝ
das **Un|ge|zie|fer**
**un|ge|zo|gen**
**un|glaub|lich** Ⓝ
das **Un|glück**, die Unglücke
**un|glück|lich**
**un|gül|tig** Ⓝ
das **Un|heil**
**un|heil|bar**
**un|heim|lich**
**un|höf|lich**
die **Un|höf|lich|keit**
die **Uni|form** Ⓜ, die Uniformen
die **Uni|ver|si|tät** Ⓜ, die Universitäten
das **Uni|ver|sum** Ⓜ, die Universen
**un|klar**
das **Un|kraut**
**un|lös|bar**
**un|mög|lich** Ⓝ
**un|nö|tig** Ⓝ
**un|or|dent|lich**
die **Un|ord|nung** Ⓝ
**un|prak|tisch**
**un|pünkt|lich**
**un|recht**, unrecht haben
das **Un|recht**
jemandem Unrecht tun
die **Un|ru|he**, die Unruhen
**un|ru|hig** Ⓝ
**uns**
die **Un|schuld** Ⓝ
**un|schul|dig** Ⓝ
**un|ser, un|se|re**
**un|si|cher**
die **Un|si|cher|heit**, die Unsicherheiten
**un|sicht|bar**
der **Un|sinn** Ⓜ
**un|sin|nig** Ⓝ
**un|sym|pa|thisch** Ⓜ
**un|ten**
**un|ter**
der **Un|ter|arm**, die Unterarme
**un|ter|bre|chen**, er unterbricht, er unterbrach, er hat unterbrochen
die **Un|ter|bre|chung**, die Unterbrechungen
**un|ter|drü|cken**
sie unterdrückt
**un|ter|ei|nan|der**
untereinanderlegen
untereinander hinschreiben

 Ⓝ Nachdenkwort (Verlängern? Verwandtes Wort? qu, sp oder st?)

die **Un|ter|füh|rung** (N), die Unterführungen
der **Un|ter|gang**, die Untergänge
**un|ter|ge|hen**, die Sonne geht unter, sie ging unter, sie ist untergegangen
der **Un|ter|grund** (N)
**un|ter|halb** (N)
**un|ter|hal|ten**, sie unterhält, sie unterhielt, sie hat unterhalten
sich unterhalten
die **Un|ter|hal|tung**, die Unterhaltungen
das **Un|ter|hemd** (N), die Unterhemden
die **Un|ter|ho|se**, die Unterhosen
**un|ter|ir|disch**
der **Un|ter|kie|fer**, die Unterkiefer
die **Un|ter|kunft**, die Unterkünfte
die **Un|ter|la|ge**, die Unterlagen
die **Un|ter|lip|pe**, die Unterlippen
**un|term** *(= unter dem)*
das **Un|ter|neh|men** (N), die Unternehmen
**un|ter|neh|mungs|lus|tig** (N)
der **Un|ter|richt**
**un|ter|rich|ten**, sie unterrichtet
**un|ters** *(= unter das)*
**un|ter|schät|zen** (N)
er unterschätzt
**un|ter|schei|den**, sie unterscheidet, sie unterschied, sie hat unterschieden
der **Un|ter|schen|kel**, die Unterschenkel
der **Un|ter|schied** (N), die Unterschiede
**un|ter|schied|lich** (N)
**un|ter|schrei|ben**, er unterschreibt, er unterschrieb, er hat unterschrieben
die **Un|ter|schrift**, die Unterschriften
**un|ter|strei|chen** (N), sie unterstreicht, sie unterstrich, sie hat unterstrichen
**un|ter|stüt|zen** (N)
er unterstützt
die **Un|ter|stüt|zung** (N)
**un|ter|su|chen**, sie untersucht
die **Un|ter|su|chung**, die Untersuchungen
die **Un|ter|tas|se**, die Untertassen
die **Un|ter|wä|sche** (N)
**un|ter|wegs** (N)
**un|treu**
die **Un|treue**
**un|un|ter|bro|chen**
**un|ver|ant|wort|lich**
**un|ver|gess|lich** (N)
**un|ver|gleich|lich**

*Eine unvergleichliche Sache ist so einzigartig und besonders, dass sie mit keiner anderen Sache verglichen werden kann.*

**un|ver|hei|ra|tet**
**un|ver|letzt**
**un|ver|nünf|tig**
**un|ver|schämt** (N)
die **Un|ver|schämt|heit** (N), die Unverschämtheiten
**un|ver|ständ|lich** (N)
**un|ver|zeih|lich** (N)
**un|voll|stän|dig** (N)
**un|vor|be|rei|tet**

a b c d e f g h i j k l m n o p q r s t u v w x y z

# **Un** bis **Va**

**un|vor|sich|tig** Ⓝ
**un|vor|stell|bar** Ⓝ
**un|wahr** Ⓝ
**un|wahr|schein|lich** Ⓝ
das **Un|wet|ter**, die Unwetter
**un|wich|tig** Ⓝ
**un|wohl** Ⓝ
**un|zäh|lig** Ⓝ
**un|zer|trenn|lich** Ⓝ

*Wenn du mit einem anderen Menschen oder einem beliebten Haustier eng verbunden bist, d. h. ihn oder es sehr magst und immer alles mit ihm gemeinsam machst, dann seid ihr unzertrennlich.*

**un|zu|frie|den**
die **Un|zu|frie|den|heit**
**un|zu|ver|läs|sig** Ⓝ

### Up

**üp|pig** Ⓝ

### Ur

**ur|alt**
der **Ura|nus**
die **Ur|ein|woh|ner** Ⓝ
der **Ur|en|kel**, die Urenkel
die **Ur|en|ke|lin**, die Urenkelinnen
die **Ur|groß|el|tern** Ⓝ
die **Ur|groß|mut|ter** Ⓝ, die Urgroßmütter
der **Ur|groß|va|ter** Ⓝ, die Urgroßväter
der **Urin** Ⓜ
die **Ur|kun|de**, die Urkunden
der **Ur|laub** Ⓝ, die Urlaube
der **Ur|lau|ber**, die Urlauber
die **Ur|lau|be|rin**, die Urlauberinnen
die **Ur|sa|che**, die Ursachen
der **Ur|sprung** Ⓝ, die Ursprünge
**ur|sprüng|lich** Ⓝ
das **Ur|teil**, die Urteile
**ur|tei|len**, sie urteilt
der **Ur|wald** Ⓝ, die Urwälder
die **Ur|zeit**
vor Urzeiten

### Us

die **USA**

### Uv

die **UV-Strah|len** Ⓝ

# Vv

### Va

die **Va|gi|na** Ⓜ, die Vaginen
der **Vam|pir** Ⓜ, die Vampire
die **Va|nil|le** Ⓜ
das Vanilleeis
der Vanillepudding
die **Va|se** Ⓜ, die Vasen


Ⓝ Nachdenkwort (Verlängern? Verwandtes Wort? qu, sp oder st?)

der **Va|ter** Ⓜ, die Väter
**vä|ter|lich** Ⓝ

**Ve**
**ve|ge|ta|risch** Ⓝ
die **Ve|ge|ta|ti|on** Ⓜ

*Mit Vegetation meint man die Pflanzen und Bäume, die in einer Gegend wachsen.*

das **Veil|chen** Ⓜ, die Veilchen
**veil|chen|blau** Ⓝ
die **Ve|ne** Ⓜ, die Venen
das **Ven|til** Ⓜ, die Ventile
der **Ven|ti|la|tor** Ⓜ, die Ventilatoren
die **Ve|nus** Ⓜ
sich **ver|ab|re|den** er verabredet sich
die **Ver|ab|re|dung**, die Verabredungen
sich **ver|ab|schie|den** sie verabschiedet sich
die **Ver|ab|schie|dung**
**ver|ach|ten**, er verachtet
die **Ver|ach|tung**
die **Ve|ran|da** Ⓜ, die Veranden
**ver|än|dern** Ⓝ, sie verändert
die **Ver|än|de|rung** Ⓝ, die Veränderungen
**ver|an|stal|ten** Ⓝ er veranstaltet
die **Ver|an|stal|tung** Ⓝ, die Veranstaltungen

**ver|ant|wor|ten** sie verantwortet
**ver|ant|wort|lich**
die **Ver|ant|wor|tung**, die Verantwortungen
**ver|är|gern** Ⓝ, er verärgert
die **Ver|är|ge|rung** Ⓝ
das **Verb** Ⓜ *(= Tunwort)*, die Verben
der **Ver|band** Ⓝ, die Verbände der Verbandskasten
**ver|ber|gen**, sie verbirgt, sie verbarg, sie hat verborgen
**ver|bes|sern**, er verbessert
die **Ver|bes|se|rung**, die Verbesserungen
sich **ver|beu|gen**, sie verbeugt sich
**ver|bie|ten**, er verbietet, er verbot, er hat verboten
**ver|bin|den**, sie verbindet, sie verband, sie hat verbunden
die **Ver|bin|dung**, die Verbindungen
**ver|blüfft** Ⓝ
das **Ver|bot**, die Verbote
**ver|bo|ten**
der **Ver|brauch**
**ver|brau|chen**, er verbraucht
der **Ver|brau|cher**, die Verbraucher
die **Ver|brau|che|rin**, die Verbraucherinnen
das **Ver|bre|chen**, die Verbrechen
der **Ver|bre|cher**, die Verbrecher
die **Ver|bre|che|rin**, die Verbrecherinnen
**ver|bren|nen**, sie verbrennt, sie verbrannte, sie hat verbrannt
die **Ver|bren|nung**, die Verbrennungen
der **Ver|dacht**, die Verdachte
**ver|däch|tig** Ⓝ

Ⓜ Merkwort (Keine Regel, merke dir das Wort!)

# Ve

**ver|däch|ti|gen** Ⓝ
er verdächtigt
**ver|dammt** Ⓝ
**ver|dau|en**, sie verdaut
die **Ver|dau|ung**
das **Ver|deck**, die Verdecke
**ver|de|cken**, er verdeckt
**ver|der|ben**, sie verdirbt, sie verdarb, sie hat verdorben
**ver|die|nen**, er verdient
der **Ver|dienst**, die Verdienste
**ver|dop|peln**, sie verdoppelt
**ver|dun|keln**, er verdunkelt
**ver|dün|nen**, sie verdünnt
**ver|duns|ten**
das Wasser verdunstet
die **Ver|duns|tung**
**ver|dutzt**
**ver|eh|ren** Ⓝ, er verehrt
der **Ver|ein**, die Vereine
**ver|ein|ba|ren**, sie vereinbart
die **Ver|ein|ba|rung**, die Vereinbarungen
**ver|ei|ni|gen**, er vereinigt
die **Ver|ei|ni|gung**, die Vereinigungen
**ver|eint**
**ver|fal|len**, die Fahrkarte verfällt, sie verfiel, sie ist verfallen
**ver|fas|sen**, er verfasst
der **Ver|fas|ser**, die Verfasser
die **Ver|fas|se|rin**, die Verfasserinnen
die **Ver|fas|sung**
**ver|fau|len**, das Obst verfault
**ver|fol|gen**, er verfolgt
die **Ver|fol|gung**, die Verfolgungen
**ver|gan|gen**
die **Ver|gan|gen|heit**

**ver|gäng|lich**

*Etwas, das nicht ewig besteht, nennt man vergänglich.*

**ver|ge|ben**, sie vergibt, sie vergab, sie hat vergeben
**ver|geb|lich** Ⓝ
die **Ver|ge|bung**
**ver|ges|sen**, er vergisst, er vergaß, er hat vergessen
**ver|gess|lich** Ⓝ
die **Ver|gess|lich|keit** Ⓝ
**ver|gif|ten**, sie vergiftet
die **Ver|gif|tung**, die Vergiftungen
das **Ver|giss|mein|nicht** Ⓝ, die Vergissmeinnicht *oder* Vergissmeinnichte
der **Ver|gleich**, die Vergleiche
**ver|gleich|bar**
**ver|glei|chen**, sie vergleicht, sie verglich, sie hat verglichen
die **Ver|gleichs|form**, die Vergleichsformen
das **Ver|gnü|gen**
**ver|gnügt** Ⓝ
**ver|gra|ben**, er vergräbt, er vergrub, er hat vergraben
**ver|grö|ßern** Ⓝ, sie vergrößert
die **Ver|grö|ße|rung** Ⓝ, die Vergrößerungen
**ver|haf|ten**, er verhaftet
die **Ver|haf|tung**, die Verhaftungen


Ⓝ Nachdenkwort (Verlängern? Verwandtes Wort? qu, sp oder st?)

sich **ver|hal|ten**, sie verhält sich, sie verhielt sich, sie hat sich verhalten
das **Ver|hal|ten**
das **Ver|hält|nis** Ⓜ, die Verhältnisse
**ver|hält|nis|mä|ßig** Ⓝ
das **Ver|hält|nis|wort** Ⓝ, die Verhältniswörter
**ver|han|deln**, er verhandelt
die **Ver|hand|lung** Ⓝ, die Verhandlungen
sich **ver|has|peln**, sie verhaspelt sich
**ver|hasst** Ⓝ
**ver|hät|scheln** Ⓜ er verhätschelt
**ver|heim|li|chen** sie verheimlicht
**ver|hei|ra|tet**
**ver|hext**
**ver|hin|dern**, er verhindert
die **Ver|hin|de|rung**
das **Ver|hör**, die Verhöre
die **Ver|hü|tung**
sich **ver|ir|ren**, sie verirrt sich
**ver|ja|gen**, er verjagt
der **Ver|kauf**, die Verkäufe
**ver|kau|fen**, er verkauft
der **Ver|käu|fer** Ⓝ, die Verkäufer
die **Ver|käu|fe|rin** Ⓝ, die Verkäuferinnen
der **Ver|kehr** Ⓜ
**ver|kehrs|be|ru|higt** Ⓝ
das **Ver|kehrs|schild** Ⓝ, die Verkehrsschilder
**ver|kehrs|si|cher** Ⓝ
der **Ver|kehrs|un|fall** Ⓝ, die Verkehrsunfälle
**ver|kehrt** Ⓜ
sich **ver|klei|den**, sie verkleidet sich
die **Ver|klei|dung**, die Verkleidungen
sich **ver|knal|len**, er verknallt sich
**ver|kno|tet**
**ver|krampft**
**ver|lan|gen**, er verlangt
das **Ver|lan|gen**
**ver|län|gern** Ⓝ, sie verlängert
die **Ver|län|ge|rung** Ⓝ, die Verlängerungen
**ver|las|sen**, er verlässt, er verließ, er hat verlassen
sich **ver|lau|fen**, sie verläuft sich, sie verlief sich, sie hat sich verlaufen
**ver|le|gen**
die **Ver|le|gen|heit**
der **Ver|leih** Ⓜ, die Verleihe
**ver|lei|hen**, er verleiht, er verlieh, er hat verliehen
die **Ver|lei|hung**, die Verleihungen
**ver|let|zen**, sie verletzt sich verletzen
der **Ver|letz|te** *oder* die **Ver|letz|te**, die Verletzten
die **Ver|let|zung**, die Verletzungen
sich **ver|lie|ben**, er verliebt sich
**ver|liebt** Ⓝ
er **ver|lieh** (➔ verleihen)
**ver|lie|ren**, sie verliert, sie verlor, sie hat verloren
der **Ver|lie|rer**, die Verlierer
die **Ver|lie|re|rin**, die Verliererinnen
er **ver|ließ** (➔ verlassen)
sich **ver|lo|ben** sie haben sich verlobt
der **Ver|lob|te** Ⓝ *oder* die **Ver|lob-te**, die Verlobten
die **Ver|lo|bung**, die Verlobungen
**ver|lo|ckend** Ⓝ
sie **ver|lor** (➔ verlieren)
**ver|lo|ren**, verloren gehen

**ver|lo|sen**, er verlost
der **Ver|lust**, die Verluste
sich **ver|meh|ren** Ⓝ
die Fische vermehren sich
**ver|meid|bar** Ⓝ
**ver|mei|den**, er vermeidet, er vermied, er hat vermieden
**ver|mie|ten**, sie vermietet
der **Ver|mie|ter**, die Vermieter
die **Ver|mie|te|rin**, die Vermieterinnen
**ver|mis|sen**, er vermisst
der **Ver|miss|te** Ⓝ *oder* die **Ver|miss|te**, die Vermissten
das **Ver|mö|gen**
**ver|mu|ten**, sie vermutet
**ver|mut|lich**
die **Ver|mu|tung**, die Vermutungen
**ver|nach|läs|si|gen** Ⓜ
er vernachlässigt
**ver|neh|men** Ⓝ, sie vernimmt, sie vernahm, sie hat vernommen
die **Ver|neh|mung** Ⓝ, die Vernehmungen
**ver|nich|ten**, er vernichtet
die **Ver|nunft**
**ver|nünf|tig**
**ver|pa|cken**, sie verpackt
die **Ver|pa|ckung**, die Verpackungen
**ver|pas|sen**, er verpasst
**ver|pen|nen**, sie verpennt
**ver|pes|ten**
Abgase verpesten die Luft.
**ver|pfle|gen**, sie verpflegt
die **Ver|pfle|gung**
sich **ver|pflich|ten**
er verpflichtet sich
die **Ver|pflich|tung**, die Verpflichtungen
**ver|prü|geln**, er verprügelt

der **Ver|putz**
der **Ver|rat**
**ver|ra|ten**, sie verrät, sie verriet, sie hat verraten
der **Ver|rä|ter** Ⓝ, die Verräter
die **Ver|rä|te|rin** Ⓝ, die Verräterinnen
**ver|rä|te|risch** Ⓝ
sich **ver|rech|nen**, er verrechnet sich
**ver|reg|net** Ⓝ
**ver|ren|ken**, sie verrenkt
die **Ver|ren|kung**, die Verrenkungen
sie **ver|riet** (→ verraten)
**ver|ros|tet**
**ver|rückt**
der **Vers** Ⓜ, die Verse
**ver|sa|gen**, er versagt
das **Ver|sa|gen**
**ver|sam|meln**, sie versammelt
die **Ver|samm|lung** Ⓝ, die Versammlungen
der **Ver|sand** Ⓝ
**ver|säu|men** Ⓜ, er versäumt

*Wenn du eine Verabredung oder einen Termin hast und vergisst hinzugehen, dann hast du die Verabredung bzw. den Termin versäumt.*

das **Ver|säum|nis** Ⓝ, die Versäumnisse
sich **ver|schan|zen**
sie verschanzt sich
**ver|scheu|chen**
er verscheucht

 Ⓝ Nachdenkwort (Verlängern? Verwandtes Wort? qu, sp oder st?)

ver|schie|den
ver|schie|den|ar|tig (N)
die **Ver|schie|den|heit**, die Verschiedenheiten
**ver|schla|fen**, sie verschläft, sie verschlief, sie hat verschlafen
sich **ver|schlech|tern** sein Zustand verschlechtert sich
die **Ver|schlech|te|rung**, die Verschlechterungen
sie **ver|schlief** (➔ verschlafen)
sich **ver|schlu|cken** sie verschluckt sich
der **Ver|schluss** (N), die Verschlüsse
**ver|schmust**
**ver|schmut|zen** er verschmutzt
**ver|schmutzt**
die **Ver|schmut|zung**, die Verschmutzungen
**ver|schnau|fen** sie verschnauft
die **Ver|schnauf|pau|se**, die Verschnaufpausen
**ver|schneit**
**ver|schnupft**
**ver|schrei|ben**, er verschreibt, er verschrieb, er hat verschrieben
**ver|schwen|den** sie verschwendet
**ver|schwen|de|risch**
die **Ver|schwen|dung**, die Verschwendungen
**ver|schwie|gen**
die **Ver|schwie|gen|heit**
**ver|schwin|den**, er verschwindet, er verschwand, er ist verschwunden

**ver|schwitzt**
**ver|schwom|men**
die **Ver|schwö|rung**, die Verschwörungen
das **Ver|se|hen** aus Versehen
**ver|set|zen**, er versetzt versetzt werden
die **Ver|set|zung**, die Versetzungen
**ver|seu|chen** Bakterien verseuchen das Trinkwasser.
**ver|si|chern**, sie versichert
die **Ver|si|che|rung**, die Versicherungen
sich **ver|söh|nen** Er versöhnt sich mit ihr.
die **Ver|söh|nung**, die Versöhnungen
**ver|sor|gen**, sie versorgt
die **Ver|sor|gung**
sich **ver|spä|ten** (N) er verspätet sich
die **Ver|spä|tung** (N), die Verspätungen
**ver|spielt** (N)
**ver|spre|chen** (N) sie verspricht, sie versprach, sie hat versprochen
das **Ver|spre|chen** (N), die Versprechen
er **ver|stand** (➔ verstehen)
der **Ver|stand** (N)
sich **ver|stän|di|gen** (N) er verständigt sich
die **Ver|stän|di|gung** (N)
**ver|ständ|lich** (N)
das **Ver|ständ|nis** (N)
**ver|ständ|nis|voll** (N)
**ver|stär|ken** (N), er verstärkt
der **Ver|stär|ker** (N), die Verstärker

(M) Merkwort (Keine Regel, merke dir das Wort!)

die **Ver|stär|kung** Ⓝ, die Verstärkungen
**ver|staubt** Ⓝ
die **Ver|stau|chung** Ⓝ, die Verstauchungen
das **Ver|steck** Ⓝ, die Verstecke
**ver|ste|cken** Ⓝ, sie versteckt sich verstecken
**ver|ste|hen** Ⓝ, er versteht, er verstand, er hat verstanden
**ver|stei|gern** Ⓝ sie versteigert
die **Ver|stei|ge|rung** Ⓝ, die Versteigerungen
die **Ver|stei|ne|rung** Ⓝ, die Versteinerungen
sie **ver|stieß** Ⓝ (➔ verstoßen)
**ver|stop|fen** Ⓝ, er verstopft
die **Ver|stop|fung** Ⓝ, die Verstopfungen
der **Ver|stoß** Ⓜ, die Verstöße
**ver|sto|ßen** Ⓝ, sie verstößt, sie verstieß, sie hat verstoßen
der **Ver|such**, die Versuche
**ver|su|chen**, er versucht
die **Ver|su|chung**, die Versuchungen
**ver|tei|di|gen**, sie verteidigt
der **Ver|tei|di|ger**, die Verteidiger
die **Ver|tei|di|ge|rin**, die Verteidigerinnen
die **Ver|tei|di|gung**
**ver|tei|len**, er verteilt
die **Ver|tei|lung**
der **Ver|trag** Ⓝ, die Verträge
sich **ver|tra|gen**, er verträgt sich, er vertrug sich, er hat sich vetragen
**ver|träg|lich** Ⓝ
sie **ver|trat** (➔ vertreten)
**ver|trau|en**, sie vertraut
das **Ver|trau|en**
**ver|trau|ens|wür|dig** Ⓝ
**ver|träumt** Ⓝ
**ver|traut**
**ver|trei|ben**, er vertreibt, er vertrieb, er hat vertrieben
die **Ver|trei|bung**, die Vertreibungen
**ver|tre|ten**, sie vetritt, sie vertrat, sie hat vertreten
der **Ver|tre|ter**, die Vertreter
die **Ver|tre|te|rin**, die Vertreterinnen
die **Ver|tre|tung**, die Vertretungen
er **ver|trieb** (➔ vertreiben)
**ver|un|glü|cken** er verunglückt
**ver|un|si|chern** sie verunsichert
**ver|ur|sa|chen**, er verursacht
der **Ver|ur|sa|cher**, die Verursacher
die **Ver|ur|sa|che|rin**, die Verursacherinnen
**ver|ur|tei|len**, sie verurteilt
die **Ver|ur|tei|lung**, die Verurteilungen
**ver|viel|fäl|ti|gen** Ⓜ er vervielfältigt

*Wenn du zum Beispiel mit Hilfe eines Kopiergeräts Kopien eines Textes machst, dann vervielfältigst du den Text.*

**ver|wahr|lost** Ⓜ
die **Ver|wahr|lo|sung** Ⓝ
**ver|waist** Ⓝ
**ver|wal|ten**, er verwaltet
die **Ver|wal|tung**
**ver|wandt** Ⓜ
er **ver|wand|te** (➔ verwenden)


Ⓝ Nachdenkwort (Verlängern? Verwandtes Wort? qu, sp oder st?)

der **Ver|wand|te** (N) *oder* die **Ver-wand|te**, die Verwandten
die **Ver|wandt|schaft** (N), die Verwandtschaften
**ver|war|nen**, er verwarnt
die **Ver|war|nung**, die Verwarnungen
**ver|wech|seln** (M) sie verwechselt
die **Ver|wechs|lung** (N), die Verwechslungen
**ver|wei|gern**, er verweigert
die **Ver|wei|ge|rung**, die Verweigerungen
der **Ver|weis**, die Verweise
**ver|welkt**
**ver|wend|bar** (N)
**ver|wen|den**, er verwendet, er verwendete *oder* verwandte,er hat verwendet *oder* verwandt
die **Ver|wen|dung**, die Verwendungen
**ver|wert|bar**
**ver|wer|ten**, sie verwertet
die **Ver|wer|tung**, die Verwertungen
**ver|wir|ren**, er verwirrt
**ver|wir|rend** (N)
das **Ver|wirr|spiel** (N), die Verwirr-spiele
**ver|wirrt** (N)
die **Ver|wir|rung**, die Verwirrungen
**ver|wöh|nen** (M), sie verwöhnt
**ver|wöhnt** (N)
**ver|wund|bar** (N)
**ver|wun|dert**
**ver|wun|det**
**ver|wüs|ten**, er verwüstet
die **Ver|wüs|tung**, die Verwüstungen
**ver|zau|bern**, sie verzaubert
**ver|zau|bert**

das **Ver|zeich|nis**, die Verzeichnisse
**ver|zei|hen**, er verzeiht, er verzieh, er hat verziehen
die **Ver|zei|hung**
sich **ver|zet|teln**, sie verzettelt sich
der **Ver|zicht**
**ver|zich|ten**, er verzichtet
er **ver|zieh** (→ verzeihen)
**ver|zie|ren**, sie verziert
die **Ver|zie|rung**, die Verzierungen
**ver|zö|gern**, er verzögert
die **Ver|zö|ge|rung**, die Verzögerungen
**ver|zwei|feln**, sie verzweifelt
**ver|zwei|felt**
die **Ver|zweif|lung**
der **Vet|ter** (M), die Vettern

## Vi

**vi|brie|ren** (M) das Handy vibriert
das **Vi|deo** (M), die Videos
die Videokassette
der Videorecorder *oder* Video-rekorder
das **Vieh** (M)
die Viehherde
die Viehzucht
**viel** (M), mehr, am meisten
viel mehr
viele Menschen
eine viel befahrene Straße
**viel|fäl|tig** (M)
**viel|leicht** (M)
**viel|mals** (M)
**viel|sei|tig** (M)
**vier** (M)
die **Vier** (M), die Vieren
eine Vier würfeln
eine Vier schreiben
das **Vier|eck** (N), die Vierecke

(M) Merkwort (Keine Regel, merke dir das Wort!)

# Vi bis Vo

**vier|eckig** Ⓝ
**vier|fach** Ⓝ
**vier|mal** Ⓝ
**vier|te** Ⓝ
das **Vier|tel** Ⓝ, die Viertel
um Viertel nach zwei
die Viertelstunde
**vier|zehn** Ⓝ
**vier|zig** Ⓝ
die **Vil|la** Ⓜ, die Villen
**vi|o|lett** Ⓜ, das Violett
die **Vi|o|li|ne** Ⓜ, die Violinen
**vir|tu|ell** Ⓜ
der **Vi|rus** Ⓜ *oder* das **Vi|rus**, die Viren
das **Vi|sum** Ⓜ, die Visa *oder* Visen
das **Vi|ta|min** Ⓜ, die Vitamine

## Vo

der **Vo|gel** Ⓜ, die Vögel
das Vogelhäuschen
die **Vo|ka|bel** Ⓜ, die Vokabeln
der **Vo|kal** Ⓜ *(= Selbstlaut)*, die Vokale
das **Volk** Ⓜ, die Völker
**voll** Ⓜ, halb voll
ein voll besetzter Bus
sich voll einbringen
voller Angst
ein Fass voll *oder* voller Öl
der **Vol|ley|ball** Ⓜ
Volleyball spielen
**völ|lig** Ⓜ
**voll|jäh|rig** Ⓝ
**voll|kom|men** Ⓝ
die **Voll|kom|men|heit** Ⓝ
das **Voll|korn|brot** Ⓝ, die Vollkornbrote
**voll|la|den** Ⓜ, Er lädt das Auto voll., er lud, er hat vollgeladen
der **Voll|mond** Ⓝ
**voll|stän|dig** Ⓜ
**vom** Ⓜ *(= von dem)*
vom Bahnhof in die Stadt
**von** Ⓜ, jeder von uns
von Berlin nach Leipzig
**von|ein|an|der** Ⓝ
voneinander lernen
**vor** Ⓜ, vor allem
vor der Schule
**vo|ran** Ⓜ
vorangehen
**vo|raus** Ⓜ
allen voraus sein
im Voraus
vorausgehen
die **Vo|raus|set|zung** Ⓝ, die Voraussetzungen
**vo|raus|sicht|lich** Ⓝ
**vor|bei** Ⓜ, vorbei sein
vorbeibringen
**vor|be|rei|ten**, sie bereitet vor
die **Vor|be|rei|tung**, die Vorbereitungen
**vor|be|stel|len** Ⓝ
er bestellt vor
die **Vor|be|stel|lung** Ⓝ, die Vorbestellungen
**vor|beu|gen**, sie beugt vor
die **Vor|beu|gung**
das **Vor|bild** Ⓝ, die Vorbilder
**vor|bild|lich** Ⓝ
**vor|de|re**
der vordere Teil
der **Vor|der|grund** Ⓝ
der **Vor|der|mann** Ⓝ, die Vordermänner
das **Vor|der|rad** Ⓝ, die Vorderräder
**vor|ei|lig** Ⓝ
**vor|ein|an|der**
sich voreinander fürchten
**vor|erst**


Ⓝ Nachdenkwort (Verlängern? Verwandtes Wort? qu, sp oder st?)

der **Vor|fahr** Ⓜ *oder* **Vor|fah|re**, die Vorfahren
die **Vor|fahrt** Ⓝ
der **Vor|fall** Ⓝ, die Vorfälle
die **Vor|freu|de**
**vor|füh|ren** Ⓝ, er führt vor
die **Vor|füh|rung** Ⓝ, die Vorführungen
der **Vor|gän|ger** Ⓜ, die Vorgänger
die **Vor|gän|ge|rin** Ⓜ, die Vorgängerinnen
**vor|ges|tern**
vorgestern Nacht
**vor|ha|ben**, sie hat vor
der **Vor|hang**, die Vorhänge
**vor|her** Ⓜ
die **Vor|her|sa|ge**, die Vorhersagen
**vor|her|sa|gen**, er sagt vorher
**vor|hin** Ⓜ
**vo|ri|ge** Ⓜ
vorige Woche
**vor|kom|men**, es kommt vor, es kam vor, es ist vorgekommen
**vor|läu|fig** Ⓜ
**vor|laut**
**vor|le|sen**, sie liest vor, sie las vor, sie hat vorgelesen
**vor|letz|te**
vorletzte Woche
der Vorletzte, die Vorletzte
**vor|lieb|neh|men** Ⓝ, Er nimmt vorlieb mit ..., er nahm vorlieb, er hat vorliebgenommen
**vorm** Ⓜ *(= vor dem)*
vorm Haus
der **Vor|mit|tag** Ⓝ, die Vormittage
heute Vormittag
eines Vormittags
Montagvormittag
**vor|mit|tags** Ⓝ
der **Vor|na|me**, die Vornamen
**vor|ne** Ⓜ *oder* **vorn**
noch einmal von vorne
vorne beginnen
**vor|nehm** Ⓜ
sich **vor|neh|men** Ⓝ, er nimmt sich vor, er nahm sich vor, er hat sich vorgenommen
**vorn|he|rein**
**vorn|über**
der **Vor|ort**, die Vororte
der **Vor|rat**, die Vorräte
**vor|rä|tig** Ⓝ
der **Vor|rats|schrank**, die Vorratsschränke
die **Vor|run|de**, die Vorrunden
**vors** Ⓜ *(= vor das)*
vors Haus
der **Vor|satz**, die Vorsätze
**vor|sätz|lich** Ⓝ
die **Vor|schau**
der **Vor|schlag** Ⓝ, die Vorschläge
**vor|schla|gen**, sie schlägt vor, sie schlug vor, sie hat vorgeschlagen
die **Vor|schrift**, die Vorschriften
**vor|schrifts|mä|ßig** Ⓝ
das **Vor|schul|al|ter**
die **Vor|schu|le**, die Vorschulen
die **Vor|sicht**
**vor|sich|tig** Ⓝ
**vor|sichts|hal|ber**
die **Vor|sil|be**, die Vorsilben
die **Vor|spei|se** Ⓝ, die Vorspeisen
der **Vor|sprung** Ⓝ, die Vorsprünge

*Der schnellste Läufer bei einem Wettrennen hat vor allen anderen einen Vorsprung.*

a b c d e f g h i j k l m n o p q r s t u v w x y z

**vor|stell|bar** Ⓝ
sich **vor|stel|len** Ⓝ
er stellt sich vor
die **Vor|stel|lung** Ⓝ, die Vorstellungen
**vor|täu|schen** Ⓝ
Sie täuscht Müdigkeit vor.
der **Vor|teil**, die Vorteile
**vor|teil|haft**
der **Vor|trag** Ⓝ, die Vorträge
**vor|tra|gen**, er trägt vor, er trug vor, er hat vorgetragen
**vo|rü|ber**
**vo|rü|ber|ge|hen**, es geht vorüber, es ging vorüber, es ist vorübergegangen
**vo|rü|ber|ge|hend** Ⓝ
das **Vor|ur|teil**, die Vorurteile
der **Vor|ver|kauf**, die Vorverkäufe
die **Vor|wahl** Ⓝ, die Vorwahlen
der **Vor|wand** Ⓝ, die Vorwände
**vor|wärts** Ⓜ
der **Vor|wärts|gang** Ⓝ, die Vorwärtsgänge
**vor|wärts|ge|hen** Ⓝ, sie geht vorwärts, sie ging vorwärts, sie ist vorwärtsgegangen
**vor|wie|gend** Ⓝ
das **Vor|wort**, die Vorworte
der **Vor|wurf**, die Vorwürfe
**vor|wurfs|voll** Ⓝ
**vor|zei|tig** Ⓝ
**vor|zie|hen**, er zieht vor, er zog vor, er hat vorgezogen
der **Vor|zug** Ⓝ, die Vorzüge
**vor|züg|lich** Ⓝ

## Vu

der **Vul|kan** Ⓜ, die Vulkane

# Ww

## Wa

die **Waa|ge** Ⓜ, die Waagen
**waa|ge|recht** Ⓜ *oder* **waag|recht**
**wab|be|lig** Ⓝ *oder* **wabb|lig**
die **Wa|be**, die Waben
**wach**
wach werden
die **Wa|che**, die Wachen
**wa|chen**, er wacht
der **Wa|chol|der**
das **Wachs** Ⓜ
**wach|sam**
**wach|sen** Ⓜ, er wächst, er wuchs, er ist gewachsen
der **Wachs|mal|stift** Ⓝ, die Wachsmalstifte
das **Wachs|tum** Ⓝ
der **Wäch|ter** Ⓝ, die Wächter
die **Wäch|te|rin** Ⓝ, die Wächterinnen
**wa|cke|lig** Ⓝ *oder* **wack|lig**
der **Wa|ckel|kon|takt**, die Wackelkontakte
**wa|ckeln**, es wackelt
der **Wa|ckel pud|ding**
die **Wa|de**, die Waden
der Wadenwickel
die **Waf|fe**, die Waffen
die **Waf|fel**, die Waffeln
das Waffeleisen
**wa|ge|mu|tig** Ⓝ
**wa|gen**, er wagt
der **Wa|gen**, die Wagen
der **Wag|gon** Ⓜ, die Waggons
**wag|hal|sig** Ⓝ



Ⓝ Nachdenkwort (Verlängern? Verwandtes Wort? qu, sp oder st?)

das **Wag|nis** Ⓝ, die Wagnisse

der **Wa|gon** Ⓜ, die Wagons

**Beachte den Unterschied!**

die **Wahl** Ⓜ *(= Entscheidung)* eine Wahl treffen

die **Wahl** Ⓜ *(= Abstimmung)*, die Wahlen zur Wahl gehen die Bundestagswahl

der **Wal** *(= Meeressäugetier)*, die Wale

**wäh|len** Ⓝ, sie wählt

der **Wäh|ler** Ⓝ, die Wähler

die **Wäh|le|rin** Ⓝ, die Wählerinnen

**wäh|le|risch** Ⓝ

das **Wahl|lo|kal** Ⓝ, die Wahllokale

**wahl|wei|se** Ⓝ

der **Wahn|sinn** Ⓜ

**wahn|sin|nig** Ⓝ

**wahr** Ⓜ

**wäh|rend** Ⓜ

**wäh|rend|des|sen** Ⓝ

die **Wahr|heit** Ⓝ, die Wahrheiten

**wahr|neh|men** Ⓝ, sie nimmt wahr, sie nahm wahr, sie hat wahrgenommen

die **Wahr|neh|mung** Ⓝ, die Wahrnehmungen

**wahr|sa|gen** Ⓝ *(= die Zukunft vorhersagen)* er wahrsagt *oder* er sagt wahr

der **Wahr|sa|ger** Ⓝ, die Wahrsager

die **Wahr|sa|ge|rin** Ⓝ, die Wahrsagerinnen

**wahr|schein|lich** Ⓝ

die **Wahr|schein|lich|keit** Ⓝ

die **Wäh|rung** Ⓜ, die Währungen

das **Wahr|zei|chen** Ⓝ, die Wahrzeichen

die **Wai|se** Ⓜ, die Waisen

der **Wal** *(= Meeressäugetier)*, die Wale (➔ Schaue auch unter Wahl!)

der **Wald** Ⓝ, die Wälder der Waldbrand das Waldsterben

der **Walk|man** Ⓜ, die Walkmans *oder* Walkmen

der **Wall** Ⓝ, die Wälle

die **Wal|nuss** Ⓝ, die Walnüsse

das **Wal|ross** Ⓝ, die Walrosse

die **Wal|ze**, die Walzen

**wal|zen**, er walzt

sich **wäl|zen** Ⓜ, er wälzt sich

der **Wal|zer**, die Walzer

er **wand** Ⓝ (➔ winden)

die **Wand** Ⓝ, die Wände

der **Wan|del**

sich **wan|deln**, sie wandelt sich

der **Wan|de|rer** *oder* **Wand|rer**, die Wanderer *oder* Wandrer

die **Wan|de|rin** *oder* **Wand|re|rin**, die Wanderinnen *oder* Wandrerinnen

**wan|dern**, sie wandert

die **Wan|de|rung**, die Wanderungen

a b c d e f g h i j k l m n o p q r s t u v w x y z

# Wa bis We

die **Wand|lung** Ⓝ, die Wandlungen
sie **wand|te** Ⓜ (➔ wenden)
die **Wan|ge**, die Wangen
**wan|ken**, er wankt
**wann** Ⓜ
die **Wan|ne**, die Wannen
das **Wap|pen**, die Wappen
sie **war** (➔ sein)
sie **warb** Ⓝ (➔ werben)
die **Wa|re**, die Waren
er **wä|re** Ⓜ (➔ sein)
er **warf** (➔ werfen)
**warm**, wärmer, am wärmsten das Essen warm machen
die **Wär|me** Ⓝ
sich **wär|men** Ⓝ, er wärmt sich
die **Wärm|fla|sche** Ⓝ, die Wärmflaschen
**warm|her|zig** Ⓝ
das **Warn|drei|eck**, die Warndreiecke
**war|nen**, er warnt
das **Warn|sig|nal**, die Warnsignale
die **War|nung**, die Warnungen
du **warst** (➔ sein)
ihr **wart** (➔ sein)
**war|ten**, sie wartet
der **Wär|ter** Ⓜ, die Wärter
die **Wär|te|rin** Ⓝ, die Wärterinnen
der **War|te|saal** Ⓝ, die Wartesäle
die **War|te|schlan|ge**, die Warteschlangen
das **War|te|zim|mer**, die Wartezimmer
**wa|rum**
die **War|ze**, die Warzen
**was**
das **Wasch|be|cken**, die Waschbecken
die **Wä|sche** Ⓝ
**wa|schen**, sie wäscht, sie wusch, sie hat gewaschen sich waschen
der **Wä|sche|trock|ner** Ⓝ, die Wäschetrockner
der **Wasch|lap|pen**, die Waschlappen
die **Wasch|ma|schi|ne** Ⓝ, die Waschmaschinen
das **Wasch|pul|ver** Ⓝ
sie **wäscht** Ⓝ (➔ waschen)
das **Was|ser**
**was|ser|dicht**
der **Was|ser|fall** Ⓝ, die Wasserfälle
der **Was|ser|hahn** Ⓝ, die Wasserhähne
**wäs|se|rig** Ⓝ *oder* **wäss|rig**
**was|ser|scheu**
die **Was|ser|ver|schmut|zung** Ⓝ
**wa|ten**, er watet
**wat|scheln**
die Ente watschelt
das **Watt** Ⓜ
die **Wat|te**
das **Wat|ten|meer** Ⓝ
**wat|tiert**

## Wc

das **WC**, die WCs

## We

**we|ben**, sie webt, sie webte *oder* wob, sie hat gewebt *oder* gewoben
der **We|ber**, die Weber
die **We|be|rin**, die Weberinnen
der **Web|stuhl** Ⓝ, die Webstühle
der **Wech|sel** Ⓜ, die Wechsel das Wechselgeld
**wech|sel|haft** Ⓝ
**wech|seln** Ⓝ, sie wechselt


Ⓝ Nachdenkwort (Verlängern? Verwandtes Wort? qu, sp oder st?)

der **We|cken** *(= Brötchen)*, die Wecken

**we|cken**, er weckt

der **We|cker**, die Wecker

**we|deln**, Der Hund wedelt mit dem Schwanz.

**we|der**
weder grün noch blau

**weg** Ⓜ

der **Weg** Ⓝ, die Wege

**we|gen**

**weg|ge|hen** Ⓝ, sie geht weg, sie ging weg, sie ist weggegangen

**weg|neh|men** Ⓝ, er nimmt weg, er nahm weg, er hat weggenommen

**weg|wer|fen** Ⓝ, sie wirft weg, sie warf weg, sie hat weggeworfen

**weh** Ⓜ

die **We|he**, die Wehen

**we|hen**, der Wind weht

**weh|lei|dig** Ⓜ

sich **weh|ren** Ⓜ, sie wehrt sich

**wehr|los** Ⓝ

**weh|tun** Ⓝ, es tut weh, es tat weh, es hat wehgetan

das **Weib** Ⓝ, die Weiber

das **Weib|chen** Ⓝ, die Weibchen

**weib|lich** Ⓝ

**weich**
ein weich gekochtes Ei

die **Wei|che**, die Weichen

**wei|chen**, Er weicht nicht von der Stelle., er wich, er ist gewichen

die **Wei|de**, die Weiden

**wei|den**, das Schaf weidet

sich **wei|gern**, er weigert sich

die **Wei|ge|rung**, die Weigerungen

die **Wei|he** *(= rituelle Handlung)*, die Weihen

**wei|hen**, Er weiht eine Kirche.

der **Wei|her**, die Weiher

die **Weih|nacht** Ⓝ

das **Weih|nach|ten** Ⓜ
Frohe Weihnachten!

**weih|nacht|lich** Ⓝ

der **Weih|nachts|abend** Ⓝ

der **Weih|nachts|baum** Ⓝ, die Weihnachtsbäume

das **Weih|nachts|fest** Ⓝ, die Weihnachtsfeste

die **Weih|nachts|zeit** Ⓝ

der **Weih|rauch** Ⓜ

**weil**

die **Wei|le**

der **Wein**, die Weine

die **Wein|bee|re** Ⓝ *(= Rosine)*, die Weinbeeren

**wei|nen**, sie weint

**wei|ner|lich**

**wei|se**

die **Wei|se** *(= Melodie)*, die Weisen

**wei|sen**, Er weist ihr den Weg., er wies, er hat gewiesen

die **Weis|heit**, die Weisheiten

**weiß** Ⓜ
weiß färben
das Weiß

er **weiß** Ⓜ (→ wissen)

**weis|sa|gen**, sie weissagt

*Wenn man jemandem sagt, was ihm in der Zukunft passieren wird, dann weissagt man ihm.*

**weiß|haa|rig** Ⓝ
**weit**
bei Weitem
von Weitem
weit und breit
die **Wei|te**, die Weiten
**wei|ter**
ohne Weiteres
jemandem weiterhelfen
**wei|ter|hin**
**wei|ter|sa|gen**, er sagt weiter
**weit|sich|tig** Ⓝ
der **Weit|sprung** Ⓝ
der **Wei|zen**
**wel|che**
Welches Buch liest du?
**welk**
**wel|ken**, die Blume welkt
die **Wel|le**, die Wellen
der **Wel|len|sit|tich**, die Wellensittiche
**wel|lig** Ⓝ
der **Wel|pe**, die Welpen
die **Welt**, die Welten
die Dritte Welt
das Weltall
**welt|be|rühmt** Ⓝ
der **Welt|meis|ter**, die Weltmeister
die **Welt|meis|te|rin**, die Weltmeisterinnen
der **Welt|re|kord** Ⓝ, die Weltrekorde
**welt|weit**
**wem**
Wem gibst du das?
der **Wem|fall** Ⓝ
**wen**
Wen siehst du?
die **Wen|de**, die Wenden
die **Wen|del|trep|pe**, die Wendeltreppen

**wen|den**, sie wendet, sie wendete *oder* wandte, sie hat gewendet *oder* gewandt
sich an jemanden wenden
**wen|dig** Ⓝ
die **Wen|dung**, die Wendungen
der **Wen|fall** Ⓝ
**we|nig** Ⓜ
ein wenig
zu wenig
eine wenig befahrene Straße
**we|nigs|tens** Ⓝ
**wenn** Ⓜ
Wenn du gehst, sag Bescheid.
ohne Wenn und Aber
**wer**
Wer bist du?
**wer|ben**, er wirbt, er warb, er hat geworben
der **Wer|be|spot** Ⓜ, die Werbespots
die **Wer|bung**
**wer|den**, sie wird, sie wurde, sie ist geworden
der **Wer|fall** Ⓝ
**wer|fen**, er wirft, er warf, er hat geworfen
der **Wer|fer**, die Werfer
die **Wer|fe|rin**, die Werferinnen
die **Werft**, die Werften
das **Werk**, die Werke
die Werkstatt
der Werktag
**werk|tags** Ⓝ
das **Werk|zeug** Ⓝ
der **Wert**, die Werte
viel wert sein
**wert|los**
die **Wer|tung**, die Wertungen
**wert|voll** Ⓝ
das **We|sen**, die Wesen
**we|sent|lich**


Ⓝ Nachdenkwort (Verlängern? Verwandtes Wort? qu, sp oder st?)

die **We|ser**
der **Wes|fall** Ⓝ
**wes|halb** Ⓜ
die **Wes|pe**, die Wespen
der Wespenstich
**wes|sen**
Wessen Ball ist das?
die **Wes|te**, die Westen
der **Wes|ten**
**west|lich**
**wes|we|gen**
der **Wett|be|werb** Ⓝ, die Wettbewerbe
die **Wet|te**, die Wetten
**wet|ten**, sie wettet
das **Wet|ter**
der Wetterbericht
**wet|ter|fest**
*Eine Sache ist wetterfest, wenn sie weder durch Sonne, Regen, Schnee, Eis, Wind oder andere Wettereinflüsse beschädigt werden kann.*

die **Wet|ter|vor|her|sa|ge** Ⓝ, die Wettervorhersagen
der **Wett|kampf** Ⓝ, die Wettkämpfe
das **Wett|ren|nen** Ⓝ, die Wettrennen
**wet|zen** *(= schärfen)*, sie wetzt

**Wi**

er **wich** (➔ weichen)
der **Wicht**, die Wichte
das **Wich|tel|männ|chen** Ⓝ, die Wichtelmännchen
**wich|tig** Ⓝ

die **Wi|ckel|kom|mo|de**, die Wickelkommoden
**wi|ckeln**, sie wickelt
der **Wi|ckel|rock**, die Wickelröcke
der **Wid|der**, die Widder
die **Wi|der|re|de** Ⓜ, die Widerreden
**wi|der|spens|tig** Ⓜ
**wi|der|spre|chen** Ⓜ
er widerspricht, er widersprach, er hat widersprochen
der **Wi|der|spruch** Ⓜ, die Widersprüche
der **Wi|der|stand** Ⓜ, die Widerstände
**wi|der|wil|lig** Ⓜ
**wid|men**, sie widmet
die **Wid|mung**, die Widmungen
**wie**
Wie heißt du?
so schön wie
wie oft
wie viel
**wie|der**
**wie|der|fin|den**, sie findet wieder, sie fand wieder, sie hat wiedergefunden
**wie|der|ho|len**, er wiederholt
die **Wie|der|ho|lung**, die Wiederholungen
**wie|der|se|hen**, sie sieht wieder, sie sah wieder, sie hat wiedergesehen
das **Wie|der|se|hen**, die Wiedersehen
die **Wie|der|ver|ei|ni|gung** Ⓝ, die Wiedervereinigungen
die **Wie|ge**, die Wiegen
**wie|gen**, er wiegt, er wog, er hat gewogen
**wie|hern**, das Pferd wiehert
**Wies|ba|den**

Ⓜ Merkwort (Keine Regel, merke dir das Wort!)

die **Wie|se**, die Wiesen
das **Wie|sel**, die Wiesel
**wie|so**
Wieso weinst du?
das **Wie|wort**, die Wiewörter
der **Wi|kin|ger** Ⓜ, die Wikinger
die **Wi|kin|ge|rin** Ⓜ, die Wikingerinnen
**wild** Ⓝ
das **Wild** Ⓝ
der **Wil|de|rer**, die Wilderer
die **Wil|de|rin**, die Wilderinnen
**wil|dern** *(= ohne Erlaubnis Tiere jagen)*, er wildert
**wild|fremd** Ⓝ
die **Wild|nis** Ⓝ, die Wildnisse
das **Wild|schwein** Ⓝ, die Wildschweine
er **will** Ⓝ (→ wollen)
der **Wil|le**
**will|kom|men** Ⓜ
die **Will|kür** Ⓜ
**will|kür|lich** Ⓝ
du **willst** Ⓝ (→ wollen)
**wim|meln**, es wimmelt
**wim|mern**, das Baby wimmert
die **Wim|per**, die Wimpern
der **Wind** Ⓝ, die Winde
die **Win|del**, die Windeln
sich **win|den**, sie windet sich, sie wand sich, sie hat sich gewunden
**win|dig** Ⓝ
die **Wind|po|cken** Ⓝ
**wind|still** Ⓝ
die **Win|dung**, die Windungen
der **Wink**, die Winke
der **Win|kel**, die Winkel
**win|ke|lig** Ⓝ *oder* **wink|lig**
**win|ken**, er winkt
**win|seln**, der Hund winselt
der **Win|ter**
**win|ter|fest**
**win|ter|lich**
der **Win|ter|schlaf**
der **Win|ter|sport** Ⓝ
der **Win|zer**, die Winzer
die **Win|ze|rin**, die Winzerinnen
**win|zig** Ⓝ
der **Wip|fel**, die Wipfel
die **Wip|pe**, die Wippen
**wip|pen**, er wippt
**wir**
der **Wir|bel**, die Wirbel
**wir|beln**, sie wirbelt
der **Wir|bel|sturm** Ⓝ, die Wirbelstürme
er **wirbt** Ⓝ (→ werben)
er **wird** Ⓝ (→ werden)
er **wirft** (→ werfen)
**wir|ken**, es wirkt
**wirk|lich**
die **Wirk|lich|keit**, die Wirklichkeiten
**wirk|sam**
die **Wir|kung**, die Wirkungen
**wirr** Ⓝ
der **Wir|sing**
du **wirst** (→ werden)
der **Wirt**, die Wirte
die **Wir|tin**, die Wirtinnen
die **Wirt|schaft**
das **Wirts|haus**, die Wirtshäuser
**wi|schen**, sie wischt
**wiss|be|gie|rig** Ⓝ
*Wenn du neugierig bist und viel erfahren möchtest und immer alles ganz genau wissen willst, dann bist du wissbegierig.*

 Ⓝ Nachdenkwort (Verlängern? Verwandtes Wort? qu, sp oder st?)

**wis|sen**, er weiß, er wusste, er hat gewusst
das **Wis|sen**
die **Wis|sen|schaft**, die Wissenschaften
der **Wis|sen|schaft|ler**, die Wissenschaftler
die **Wis|sen|schaft|le|rin**, die Wissenschaftlerinnen
**wis|sens|wert**
**wit|tern** *(= am Geruch wahrnehmen)* Der Hund wittert die Katze.
die **Wit|te|rung**, die Witterungen
die **Wit|we**, die Witwen
der **Wit|wer**, die Witwer
der **Witz**, die Witze
der **Witz|bold** Ⓝ, die Witzbolde
**wit|zig** Ⓝ
**witz|los**

## Wo

**wo** Wo bist du?
**wo|an|ders**
sie **wob** (➔ weben)
**wo|bei**
die **Wo|che**, die Wochen das Wochenende
**wo|chen|lang**
**wö|chent|lich**
**wo|durch**
**wo|für** Wofür brauchst du das?
er **wog** Ⓝ (➔ wiegen)
die **Wo|ge**, die Wogen
**wo|gen** Das Getreide wogt im Wind.
**wo|her** Woher kommst du?
**wo|hin** Wohin gehst du?
**wohl** Ⓜ, besser, am besten
das **Wohl** Ⓜ
das **Wohl|be|fin|den** Ⓝ
sich **wohl|füh|len** Ⓝ er fühlt sich wohl
**wohl|ha|bend** Ⓝ
der **Wohl|stand** Ⓝ
**wohl|wol|lend** Ⓝ
**woh|nen** Ⓜ, sie wohnt
das **Wohn|haus** Ⓝ, die Wohnhäuser
das **Wohn|mo|bil** Ⓜ, die Wohnmobile
der **Wohn|ort** Ⓝ, die Wohnorte
die **Woh|nung** Ⓝ, die Wohnungen
der **Wohn|wa|gen** Ⓝ, die Wohnwagen
das **Wohn|zim|mer** Ⓝ, die Wohnzimmer
der **Wolf**, die Wölfe
die **Wol|ke**, die Wolken der Wolkenkratzer
**wol|kig** Ⓝ
die **Wol|le**
**wol|len**, er will, er wollte, er hat gewollt
**wo|mit**
**wo|mög|lich** Ⓝ
die **Won|ne**, die Wonnen
**wo|ran**
**wo|rauf**
**wo|rin**
der **Work|shop** Ⓜ, die Workshops
das **Wort**, die Wörter die Wortart der Wortbaustein
das **Wör|ter|buch**, die Wörterbücher
die **Wort|fa|mi|lie** Ⓝ, die Wortfamilien
das **Wort|feld** Ⓝ, die Wortfelder
**wört|lich**

# Wo bis Wu

**wort|los**
der **Wort|schatz**
**wo|rü|ber**
Worüber sprecht ihr?
**wo|rum**
Worum geht es?
**wo|von** Ⓜ
Wovon träumst du?
**wo|vor** Ⓝ
Wovor hast du Angst?
**wo|zu**
Wozu brauchst du das?

## Wr

das **Wrack**, die Wracks
**wrin|gen**, sie wringt, sie wrang, sie hat gewrungen

## Wu

**wu|chern**, es wuchert

*Von einer Pflanze, die sehr schnell wächst, sagt man, dass sie wuchert*

er **wuchs** Ⓝ (→ wachsen)
der **Wuchs** Ⓜ
die **Wucht**
**wüh|len** Ⓜ, sie wühlt
die **Wühl|maus** Ⓝ, die Wühlmäuse
**wund** Ⓝ
die **Wun|de**, die Wunden
das **Wun|der**, die Wunder
**wun|der|bar**
die **Wun|der|ker|ze**, die Wunderkerzen
sich **wun|dern**, er wundert sich
**wun|der|schön**
der **Wunsch**, die Wünsche
die **Wün|schel|ru|te**, die Wünschelruten
**wün|schen**, sie wünscht sich etwas wünschen
**wün|schens|wert**
sie **wur|de** (→ werden)
die **Wür|de**
ich **wür|de** (→ werden)
**wür|de|voll** Ⓝ
**wür|dig** Ⓝ
**wür|di|gen**, er würdigt
die **Wür|di|gung**, die Würdigungen
der **Wurf**, die Würfe
der **Wür|fel**, die Würfel
**wür|feln**, sie würfelt
**wür|gen**, er würgt
der **Wurm**, die Würmer
die **Wurst**, die Würste
das **Würst|chen**, die Würstchen
die **Wür|ze**
die **Wur|zel**, die Wurzeln
**wür|zen**, sie würzt
**wür|zig** Ⓝ
sie **wusch** (→ waschen)
**wu|sche|lig** Ⓝ
der **Wu|schel|kopf**, die Wuschelköpfe
er **wuss|te** Ⓝ (→ wissen)
**wüst**
die **Wüs|te**, die Wüsten
die **Wut**
**wü|ten**, er wütet
**wü|tend** Ⓝ
**wut|schnau|bend** Ⓝ


Ⓝ Nachdenkwort (Verlängern? Verwandtes Wort? qu, sp oder st?)

# Xx

die **X-Bei|ne** Ⓜ
**x-bei|nig** Ⓜ *oder* **X-bei|nig**
**x-be|lie|big** Ⓜ
**x-mal** Ⓜ
**x-te** Ⓜ
zum x-ten Mal
das **Xy|lo|fon** Ⓜ, die Xylofone

# Yy

die **Yacht** Ⓜ, die Yachten
der **Ye|ti** Ⓜ, die Yetis
das **Yo|ga** Ⓜ *oder* der **Yo|ga**
das **Yp|si|lon** Ⓜ, die Ypsilons

Ⓜ Merkwort (Keine Regel, merke dir das Wort!)

# Zz

### Za

die **Za|cke** *oder* der **Za|cken**, die Zacken
**za|ckig** Ⓝ
**zag|haft** Ⓜ
**zäh** Ⓜ
**zäh|flüs|sig** Ⓝ
die **Zahl** Ⓜ, die Zahlen
**zähl|bar** Ⓝ
**zah|len** Ⓜ, er zahlt
**zäh|len** Ⓝ, sie zählt
der **Zäh|ler** Ⓝ, die Zähler
**zahl|los** Ⓝ
**zahl|reich** Ⓝ
die **Zah|lung** Ⓝ, die Zahlungen
das **Zahl|wort** Ⓝ, die Zahlwörter
**zahm** Ⓜ
**zäh|men** Ⓝ, er zähmt

*Wenn man ein scheues oder wildes Tier an den Menschen gewöhnt, dann zähmt man es.*

die **Zäh|mung** Ⓝ
der **Zahn** Ⓜ, die Zähne
der Zahnarzt
die Zahnärztin
die Zahnbürste
**zäh|ne|flet|schend** Ⓝ
**zäh|ne|knir|schend** Ⓝ
die **Zahn|pas|ta** Ⓝ, die Zahnpasten
die **Zahn|schmer|zen** Ⓝ
die **Zahn|span|ge** Ⓝ, die Zahnspangen
die **Zan|ge**, die Zangen
sich **zan|ken**, sie zankt sich
das **Zäpf|chen** Ⓝ, die Zäpfchen
**zap|fen**, er zapft
der **Zap|fen**, die Zapfen
die **Zapf|säu|le** Ⓝ, die Zapfsäulen
**zap|pe|lig** Ⓝ *oder* **zapp|lig**
**zap|peln**, sie zappelt
der **Zap|pel|phi|lipp** Ⓝ, die Zappelphilippe *oder* Zappelphilipps
**zap|pen** Ⓜ, er zappt
**zart**
**zart|bit|ter**
**zärt|lich** Ⓝ
die **Zärt|lich|keit** Ⓝ, die Zärtlichkeiten
der **Zau|ber**
die **Zau|be|rei**
der **Zau|be|rer**, die Zauberer
**zau|ber|haft**
die **Zau|be|rin**, die Zauberinnen
das **Zau|ber|kunst|stück** Ⓝ, die Zauberkunststücke
**zau|bern**, sie zaubert
das **Zaum|zeug** Ⓝ
der **Zaun**, die Zäune
der Zaunkönig

### Ze

das **Ze|bra**, die Zebras
der Zebrastreifen
die **Ze|cke**, die Zecken
der **Zeh** Ⓜ *oder* die **Ze|he**, die Zehen



Ⓝ Nachdenkwort (Verlängern? Verwandtes Wort? qu, sp oder st?)

**zehn** Ⓜ
Es ist halb zehn.
die **Zehn** Ⓜ, die Zehnen
die Zehnerkarte
**zehn|mal** Ⓝ
das **Zehn|tel** Ⓝ, die Zehntel
das **Zei|chen**, die Zeichen
die **Zei|chen|set|zung**
die **Zei|chen|spra|che** Ⓝ
der **Zei|chen|trick|film**,
die Zeichentrickfilme
**zeich|nen**, er zeichnet
die **Zeich|nung**, die Zeichnungen
der **Zei|ge|fin|ger**, die Zeigefinger
**zei|gen**, sie zeigt
der **Zei|ger**, die Zeiger
die **Zei|le**, die Zeilen
die **Zeit**, die Zeiten
eine Zeit lang
das Zeitalter
die Zeitform
**zei|tig** Ⓝ
die **Zeit|schrift**, die Zeitschriften
die **Zei|tung**, die Zeitungen
**zeit|wei|se**
das **Zeit|wort**, die Zeitwörter
die **Zel|le**, die Zellen
das **Zelt**, die Zelte
**zel|ten**, er zeltet
der **Ze|ment**
**ze|men|tie|ren**, sie zementiert
der **Zen|ti|me|ter** Ⓜ,
die Zentimeter
der **Zent|ner**, die Zentner
**zent|ner|schwer**
**zen|tral**
die **Zen|tra|le**, die Zentralen
die **Zen|tral|hei|zung**, die Zentral-
heizungen
das **Zen|trum**, die Zentren
der **Zep|pe|lin** Ⓜ, die Zeppeline

**zer|bre|chen**, die Tasse
zerbricht, sie zerbrach,
sie ist zerbrochen
Er hat die Tasse zerbrochen.
**zer|brech|lich**
**zer|fled|dert**
**zer|klei|nern**, sie zerkleinert
**zer|knirscht**
**zer|knül|len**, er zerknüllt
**zer|kratzt**
**zer|le|gen**, sie zerlegt
**zer|quet|schen** Ⓝ
er zerquetscht
**zer|rei|ßen** Ⓝ, sie zerreißt,
sie zerriss, sie hat zerrissen
**zer|ren**, er zerrt
die **Zer|rung**, die Zerrungen
**zer|stö|ren** Ⓝ, sie zerstört
**zer|stö|re|risch** Ⓝ
die **Zer|stö|rung** Ⓝ,
die Zerstörungen
**zer|streut** Ⓝ
die **Zer|streu|ung** Ⓝ,
die Zerstreuungen
**zer|strit|ten** Ⓝ
**zer|zaust**
der **Zet|tel**, die Zettel
das **Zeug** Ⓜ
der **Zeu|ge**, die Zeugen

*Wenn du einen Unfall oder ein Verbrechen beobachtest, dann kannst du als Zeuge der Polizei erzählen, was passiert ist.*

**zeu|gen**
Ein Kind wird gezeugt.
die **Zeu|gin**, die Zeuginnen
das **Zeug|nis** Ⓝ, die Zeugnisse
die **Zeu|gung**

## Zi

die **Zi|cke**, die Zicken
**zi|ckig** Ⓝ
das **Zick|lein**, die Zicklein
der **Zick|zack**
die **Zie|ge**, die Ziegen
der **Zie|gel**, die Ziegel
**zie|hen**, er zieht, er zog, er hat gezogen
die **Zie|hung**, die Ziehungen
das **Ziel**, die Ziele
**zie|len**, sie zielt
**ziel|los**
**ziel|si|cher**
**ziel|stre|big** Ⓝ
**ziem|lich**
sich **zie|ren**, er ziert sich
**zier|lich**
die **Zif|fer**, die Ziffern
die **Zi|ga|ret|te**, die Zigaretten
die **Zi|gar|re**, die Zigarren
das **Zim|mer**, die Zimmer
der **Zim|mer|mann** Ⓝ, die Zimmerleute
**zim|per|lich**
der **Zimt**
die Zimtstange
das **Zink**
das **Zinn** Ⓜ
der **Zins**, die Zinsen
der **Zip|fel**, die Zipfel
**zir|ka**
der **Zir|kel**, die Zirkel
der **Zir|kus**, die Zirkusse
**zir|pen**, die Grille zirpt
**zi|schen**, sie zischt
die **Zi|tro|ne**, die Zitronen
der Zitronenfalter
**zi|tro|nen|gelb** Ⓝ
die **Zi|trus|frucht**, die Zitrusfrüchte
**zit|te|rig** Ⓝ *oder* **zitt|rig**
**zit|tern**, er zittert
die **Zit|ter|par|tie**, die Zitterpartien
die **Zit|ze**, die Zitzen
der **Zi|vi** Ⓜ, die Zivis
**zi|vil** Ⓜ
der **Zi|vil|dienst** Ⓝ

## Zo

der **Zoff** Ⓝ
Zoff haben
sich **zof|fen**, sie zofft sich
er **zog** Ⓜ (➔ ziehen)
**zö|gern**, er zögert
**zö|gernd** Ⓝ
der **Zoll** Ⓝ, die Zölle
der **Zoll|stock** Ⓝ, die Zollstöcke
die **Zo|ne**, die Zonen
der **Zoo** Ⓜ, die Zoos
der **Zopf**, die Zöpfe
der **Zorn**
**zor|nig** Ⓝ
**zot|te|lig** Ⓝ *oder* **zott|lig**

## Zu

**zu**, zu groß
Es steht vier zu drei.
Die Tür ist zu.
**zu|al|ler|erst**
**zu|al|ler|letzt**
das **Zu|be|hör**
**zu|be|rei|ten**, sie bereitet zu
die **Zu|be|rei|tung**
die **Zuc|chi|ni** Ⓜ *oder* der **Zuc|chi|no**, die Zucchini
die **Zucht**, die Zuchten
**züch|ten**, er züchtet
die **Züch|tung**, die Züchtungen



Ⓝ Nachdenkwort (Verlängern? Verwandtes Wort? qu, sp oder st?)

**zu|cken**, sie zuckt
der **Zu|cker**
**zu|cker|krank**
**zu|cker|süß** Ⓝ
**zu|de|cken**, er deckt zu
**zu|ein|an|der**
zueinanderpassen
**zu En|de**
zu Ende gehen
**zu|erst**
die **Zu|fahrt** Ⓝ, die Zufahrten
der **Zu|fall** Ⓝ, die Zufälle
**zu|fäl|lig** Ⓝ
die **Zu|flucht**, die Zufluchten
**zu|frie|den**
**zu|frie|ren**, der See friert zu
der **Zug** Ⓝ, die Züge
die **Zu|ga|be**, die Zugaben
der **Zu|gang**, die Zugänge
die **Zug|brü|cke** Ⓝ, die Zugbrücken
**zu|ge|ben**, sie gibt zu, sie gab zu, sie hat zugegeben
der **Zü|gel**, die Zügel
**zü|gig** Ⓝ
**zu Hau|se** *oder* **zuhause**
zu Hause sein
das **Zu|hau|se**
mein Zuhause
**zu|hö|ren**, er hört zu
der **Zu|hö|rer**, die Zuhörer
die **Zu|hö|re|rin**, die Zuhörerinnen
**zu|klap|pen**, er klappt zu
**zu|knöp|fen**, sie knöpft zu
die **Zu|kunft**
**zu|künf|tig** Ⓝ
**zu|las|sen**, sie lässt zu, sie ließ zu, sie hat zugelassen
**zu|läs|sig** Ⓝ
die **Zu|las|sung**, die Zulassungen
**zu|letzt**
**zu|lie|be**

**zum** *(= zu dem)*, zum Teil
zum Beispiel
zum ersten Mal
**zu|ma|chen**, er macht zu
**zu|min|dest**
**zu|mut|bar**
**zu|mu|ten**, sie mutet zu
**zu|nächst** Ⓜ
der **Zu|na|me**, die Zunamen
**zün|deln**, er zündelt
**zün|den**, sie zündet
**zün|dend** Ⓝ
das **Zünd|holz** Ⓝ, die Zündhölzer
die **Zünd|ker|ze** Ⓝ, die Zündkerzen
die **Zün|dung**, die Zündungen
**zu|neh|men** Ⓝ, er nimmt zu, er nahm zu, er hat zugenommen
**zu|neh|mend** Ⓝ
die **Zu|nei|gung**
die **Zun|ge**, die Zungen
**zu|nich|te|ma|chen** *(= zerstören)*, sie macht zunichte
**zup|fen**, er zupft
das **Zupf|in|stru|ment**, die Zupfinstrumente
**zur** *(= zu der)*
zur Schule gehen
sich **zu|recht|fin|den**
sie findet sich zurecht
**zu|rück**
zurückfahren
**zur|zeit**
die **Zu|sa|ge**, die Zusagen
**zu|sam|men**
die **Zu|sam|men|ar|beit**
**zu|sam|men|ar|bei|ten**
sie arbeiten zusammen
der **Zu|sam|men|bruch**, die Zusammenbrüche

Ⓜ Merkwort (Keine Regel, merke dir das Wort!)

# Zu bis Zw

**zu|sam|men|fas|sen**
er fasst zusammen
die **Zu|sam|men|fas|sung**,
die Zusammenfassungen
der **Zu|sam|men|hang**,
die Zusammenhänge
**zu|sam|men|hän|gen** (N)
es hängt zusammen
**zu|sam|men|schrei|ben**
sie schreibt zusammen,
sie schrieb zusammen,
sie hat zusammengeschrieben
**zu|sam|men|set|zen**
er setzt zusammen
die **Zu|sam|men|set|zung**,
die Zusammensetzungen
der **Zu|sam|men|stoß** (N),
die Zusammenstöße
**zu|sam|men|sto|ßen** (N)
sie stößt zusammen,
sie stieß zusammen,
sie ist zusammengestoßen
**zu|sätz|lich** (N)
**zu|schau|en**, er schaut zu
der **Zu|schau|er**, die Zuschauer
die **Zu|schaue|rin**,
die Zuschauerinnen
die **Zu|schrift**, die Zuschriften
der **Zu|schuss** (N), die Zuschüsse
der **Zu|stand** (N), die Zustände
**zu|stän|dig** (N)
**zu|stim|men** (N), er stimmt zu
die **Zu|stim|mung** (N)
die **Zu|tat**, die Zutaten
**zu|tiefst**
**zu|trau|en**, sie traut zu
das **Zu|trau|en**
**zu|trau|lich**
der **Zu|tritt** (M)
**zu|ver|läs|sig** (M)
die **Zu|ver|läs|sig|keit** (N)
**zu|ver|sicht|lich** (M)
**zu viel** (M)
zu viele Menschen
Er weiß zu viel.
**zu|vor** (M)
zuvorkommen
**zu|vor|kom|mend** (N)
der **Zu|wachs** (N), die Zuwächse
die **Zu|wen|dung**,
die Zuwendungen
**zu we|nig** (N)
das ist viel zu wenig
Es gibt zu wenig *oder* wenige Parkplätze.
**zu|wi|der** (M)
Das ist mir zuwider.

## Zw

er **zwang** (→ zwingen)
der **Zwang**, die Zwänge
**zwang|los**
**zwan|zig** (M)
die Zwanzig
**zwar**
der **Zweck**, die Zwecke
**zweck|los**

*Ein vergeblicher und aussichtsloser Versuch, ein bestimmtes Ziel zu erreichen, ist ein zweckloser Versuch.*



(N) Nachdenkwort (Verlängern? Verwandtes Wort? qu, sp oder st?)

**zwei**
es ist halb zwei
die **Zwei**, die Zweien
eine Zwei schreiben
eine Zwei würfeln
**zwei|far|big** Ⓝ
der **Zwei|fel**, die Zweifel
**zwei|fel|los**
**zwei|feln**, er zweifelt
der **Zweig** Ⓝ, die Zweige
**zwei|tei|lig** Ⓝ
der **Zwerg** Ⓝ, die Zwerge
die **Zwer|gin**, die Zwerginnen
das **Zwerg|ka|nin|chen** Ⓝ, die Zwergkaninchen
die **Zwet|sche**, die Zwetschen
die **Zwetsch|ge**, die Zwetschgen
**zwi|cken**, sie zwickt
die **Zwick|müh|le** Ⓝ, die Zwick-mühlen
der **Zwie|back**, die Zwiebäcke *oder* Zwiebacke
die **Zwie|bel**, die Zwiebeln
der **Zwil|ling**, die Zwillinge
**zwin|gen**, er zwingt, er zwang, er hat gezwungen
der **Zwin|ger**, die Zwinger
**zwin|kern**, sie zwinkert
**zwi|schen**
**zwi|schen|durch**
der **Zwi|schen|fall** Ⓝ, die Zwischenfälle
der **Zwi|schen|raum**, die Zwischenräume
**zwit|schern**
die Amsel zwitschert
**zwölf**
Es ist halb zwölf.
die Zwölf
**zwölf|mal**

**Zy**
der **Zy|klus** Ⓜ, die Zyklen
der **Zy|lin|der** Ⓜ, die Zylinder die **Hand** Ⓝ, die Hände
der **Vul|kan** Ⓜ, die Vulkane

Ⓜ Merkwort (Keine Regel, merke dir das Wort!)

# Wörtersammlungen nach Sachthemen

In diesem Kapitel sind die Wörter nicht alphabetisch geordnet, sondern nach Themen. Viele der 20 behandelten Themen wirst du sicherlich bereits aus dem Unterricht kennen.

Zu jedem Thema findest du eine Wortliste, eine kurze Sachgeschichte und ein großes Bild. Wenn du zu einem bestimmten Thema selbst etwas schreiben möchtest, kannst du auf den entsprechenden Seiten schauen und dir Ideen holen.

In den Sachgeschichten kannst du interessante Informationen lesen. Sie führen kurz in jedes Thema ein. In den Wortlisten findest du bestimmt den treffenden Ausdruck für deinen Aufsatz. Und in den Bildern stecken eine Menge Geschichten, die es zu entdecken gilt und über die du mit deinen Klassenkameraden und Klassenkameradinnen sprechen kannst.

Für alle Kinder ist der erste Schultag etwas Besonderes. Es ist ein Festtag, bei dem alle dabei sein wollen. Die ganze Familie nimmt sich Zeit, um an diesem wichtigen Tag dabei sein zu können. Auch die großen und die kleinen Geschwister kommen mit. Die Großeltern wohnen oft in einer anderen Stadt und schicken dann eine Grußkarte zum Schulanfang.

Früher wohnten Großfamilien zusammen in einem Haus. Dabei lebten oft mehrere Generationen unter einem Dach. Heute leben Familien in ganz unterschiedlichen Formen zusammen. Wenn sich die Eltern getrennt haben, wohnt ein Elternteil manchmal in einer anderen Stadt und die Kinder besuchen die Eltern dann abwechselnd. Für viele Paare ist es heute nicht mehr so wichtig verheiratet zu sein, wenn sie sich Kinder wünschen und eine Familie gründen wollen.

allein erziehend, alleinerziehend
älter
der Bruder
das Einzelkind
die Eltern
die Familie
der Freund, die Freundin
die Geschwister
die Großfamilie
jünger
kinderreich
das Kleinkind
der Lebensgefährte, die Lebensgefährtin
lieben
die Mutter
die Oma
der Opa
das Paar
die Schwester
schwul
der Sohn
die Tochter
der Vater
verheiratet
zusammenleben
die Zwillinge

Die Menschen auf der Welt lebten und arbeiteten früher in ihrem Heimatland. Heute ist es wichtig, mobil zu sein. Das heißt, es muss möglich sein, auch in einem anderen Land leben zu können. Viele unserer Mitbürger mussten aber auch aus ihrem Land fliehen, weil sie verfolgt wurden oder weil dort Krieg herrscht.

Wenn Kinder aus verschiedenen Ländern bei einem Schulfest zusammenkommen, gibt das ein buntes Bild. Man hört die unterschiedlichsten Sprachen und jeder trägt die Kleidung aus seinem Heimatland. An festlich gedeckten Tischen kann man leckeres Essen und Getränke aus fernen Ländern genießen. Ganz neue Düfte steigen da einem in die Nase und oft entdeckt man eine neue Lieblingsspeise! Bei solchen internationalen Begegnungen kann man viel über die Bräuche und Traditionen anderer Kulturen erfahren.

das Aussehen
auswandern
der Brauch
der Bürger, die Bürgerin
einwandern
feiern
das Fest
fremd
die Gemeinsamkeit
die Gesellschaft
der Glaube
die Hautfarbe
die Herkunft
das Herkunftsland
die Identität
die Integration
die Kleidung
die Kultur
miteinander
multikulturell
die Muttersprache
die Nationalität
respektieren
die Tradition
der Unterschied
die Vielfalt

In der Stadt sind die Häuser eng aneinandergebaut. Der Platz zum Bauen ist sehr teuer und viele Menschen wohnen dort auf dichtem Raum zusammen. In der Stadt ist immer viel los und es gibt Interessantes zu sehen, aber manchmal ist die Luft verschmutzt und es ist wegen des Verkehrs sehr laut. Auf dem Land ist es ruhiger und sogar die Hühner haben ein eigenes Häuschen. Aber in Deutschland darf nicht jeder sein Haus so bauen, wie es ihm gefällt, man muss bestimmte Vorschriften einhalten. Die Farbe der Dächer, die Form und die Höhe des Hauses sind vorgeschrieben.

Manche, sehr arme Menschen haben kein Geld, um eine Wohnung zu bezahlen. Diese Obdachlosen suchen dann Schutz unter Brücken oder in Hauseingängen. Ihr Dach ist oft nur ein Pappkarton oder eine alte Decke.

der Balkon
das Baumhaus
der Bewohner, die Bewohnerin
das Einfamilienhaus
der Garten
das Haus
das Hochhaus
das Hotel
die Hundehütte
der Nachbar, die Nachbarin
das Nest
obdachlos
die Obdachlosigkeit
ruhig
der Stall
das Stockwerk
die Terrasse
der Vorort
wohnen
die Wohngegend
das Wohnmobil
der Wohnwagen
die Wohnung
der Wolkenkratzer
das Zelt
zentral

Wenn morgens der Wecker klingelt, gehen die meisten Menschen zuerst ins Badezimmer. Dort machen sie sich frisch und putzen die Zähne. Der Gang zur Toilette muss natürlich auch noch sein. Die Familie lässt sich ihr Frühstück in der Küche schmecken. Die Küche ist oft der Treffpunkt der Familie, denn dort wird gegessen und geredet. Im Wohnzimmer soll es gemütlich sein, damit man sich entspannen oder ungestört ein Buch lesen kann. Kinder hören gerne laute Musik, aber das dürfen sie meistens nur in ihren Kinderzimmern! Die Erwachsenen wollen es sich nämlich auf dem Sofa oder im Sessel bequem machen und ihre Ruhe haben.

Unser Hund hat im Flur sein Körbchen, damit er alles beobachten kann. Wenn niemand zu Hause ist, schleicht er sich aber manchmal auf eines der Betten, obwohl er das nicht darf!

das Badezimmer
das Bett
das Bild
die Dusche
die Einbauküche
die Einrichtung
der Flur
die Garderobe
die Küche
die Möbel
der Ofen
das Regal
renovieren
das Schlafzimmer
der Schrank
das Sofa
streichen
der Stuhl
tapezieren
der Teppich
der Tisch
die Toilette
das Waschbecken
das Wohnzimmer
das Zimmer
die Zimmerpflanze

Wenn wir Besuch haben, gehen wir gerne mit ihm in die Stadt. Unsere Stadt hat eine sehenswerte Altstadt. Dort stehen viele alte Häuser mit schönen Fassaden und eine berühmte Kirche. Viele Touristen kommen, um die vielen Sehenswürdigkeiten zu bestaunen.

Es macht auch Spaß, durch die Gassen zu bummeln und sich die Schaufenster der Geschäfte anzusehen. Die Bürger und Bürgerinnen der Stadt haben viele Einkaufsmöglichkeiten. Vom Bäcker bis zum Blumenladen ist in der Innenstadt alles vorhanden und gut zu Fuß erreichbar.

Besonders schön erlebt man die Stadt auch am Sonntag. Dann sind die Straßen fast menschenleer. Nur einige Spaziergänger drehen ihre gemütlichen Runden durch die Gassen, führen ihre Hunde aus oder essen ein leckeres Eis. In den Grünanlagen spielen die Kinder unter den hohen alten Bäumen.

die Altstadt
die Apotheke
die Arkaden
die Bäckerei
die Bank
belebt
der Blumenladen
der Briefkasten
bummeln
der Bürger, die Bürgerin
das Büro
die Einkaufsmöglichkeiten
der Einwohner, die Einwohnerin
die Eisdiele
das Gebäude
der Geldautomat
das Geschäft
die Großstadt
die Kirche
die Kleinstadt
mittelalterlich
der Passant, die Passantin
das Schaufenster
die Sehenswürdigkeit
das Stadtbild
der Stadtkern

Auf den Straßen in unserer Stadt ist viel Betrieb. Es ist ganz wichtig, dass sich alle Verkehrsteilnehmer an die Regeln halten. Verkehrsschilder und Ampeln regeln den Verkehr. Bei roter Ampel über den Zebrastreifen rennen, kann sehr schlimme Folgen haben. Nicht jeder Autofahrer achtet nämlich auf die Fußgänger oder auf spielende Kinder. Verkehrsschilder zeigen, wie man sich verhalten muss, zum Beispiel wo man halten kann oder wie schnell man fahren darf. Jeder muss auf den anderen Rücksicht nehmen und darf ihn nicht in Gefahr bringen.

Am einfachsten ist es, mit dem Bus zu fahren. Da kann man aus dem Fenster schauen und der Fahrer weiß genau, wohin er fährt. Über seinen Lautsprecher gibt er außerdem immer den Namen der nächsten Haltestelle bekannt, sodass man weiß, wann man aussteigen muss.

die Ampel
aufpassen
belebt
der Busder LKW
die Bushaltestelle
einsteigen
fahren
der Fahrer, die Fahrerin
der Fahrgast
das Fahrrad
der Fußgänger, die Fußgängerin
der Gegenverkehr
der Gehweg

die Geschwindigkeit
halten
die Kreuzung

das Mofa
das Nummernschild
rasen
überqueren
der Verkehr
die Verkehrsregel
das Verkehrsschild
warten
der Zebrastreifen

# Wörtersammlungen nach Sachthemen

Mitten in der Stadt ist eine riesige Baustelle. Dort sollen neue Wohnungen entstehen. Die Bagger graben tiefe Löcher in den Boden. Mit ihren Schaufeln laden sie die Erde auf die bereitstehenden Kipplaster. Diese transportieren dann die Erde auf eine Deponie. Und wenn der Baggerfahrer mal aufs Klo muss, steht für ihn ein Dixi-Klo bereit! Diese blauen Häuschen kann man schnell auf- und abbauen.

Nur die Bauarbeiter dürfen die Baustelle betreten, Fremde haben keinen Zutritt. Die Baustelle ist mit rotweißen Brettern abgesperrt. Es wäre für fremde Zuschauer zu gefährlich, wenn die Raupenfahrzeuge mit ihren quietschenden Ketten über die Baustelle rattern. Auch vom Kran könnten sich Teile lösen und herunterfallen. Bauarbeiter müssen aus Sicherheitsgründen stets einen Helm und Stahlkappenstiefel tragen.

die Absperrung
arbeiten
der Bagger
der Baggerfahrer, die Baggerfahrerin
die Baggerschaufel
der Bauarbeiter, die Bauarbeiterin
der Betonmischer
der Container
das Dixi®-Klo
die Erde
das Gerüst
graben
die Grube
der Helm
das Kettenfahrzeug
kippen
der Kipplaster
der Kran
der Kranführer, die Kranführerin
der Lärm
die Last
der Maurer, die Maurerin
das Rohr
der Schutt
transportieren
der Ziegelstein

# Wörtersammlungen nach Sachthemen

Schule macht Spaß. Man trifft jeden Tag seine Freunde und kann mit ihnen zusammen neue, interessante Sachen lernen. Im Schulranzen trägt man alles, was man täglich braucht. Auch die Sportsachen, Pausenbrote und die Trinkflasche sind wichtig. Manchmal ist der Ranzen ganz schön schwer! Im Klassenzimmer stehen viele Bücher und Hefte, mit denen wir arbeiten können. Aber auch Bastelmaterial und Malkästen braucht man für den Unterricht und für die Pausen. Manchmal dürfen wir am Computer arbeiten. Mit der Tastatur kann an nämlich besonders gut schreiben. Wenn wir zu einem Thema Informationen brauchen, dürfen wir auch das Internet benutzen.

Manche Kinder stören einfach im Unterricht, oder schreien rein, obwohl sie gar nicht dran sind. Deshalb haben wir mit unserer Lehrerin Klassenregeln aufgestellt, an die sich jeder halten muss.

das ABC
die Aufgabe
erklären
das Fach
fleißig
frech
der Füller
das Heft
helfen
interessant
die Klasse
das Klassenzimmer
der Lehrer, die Lehrerin
lernen
malen
das Mäppchen
sich melden
die Partnerarbeit
der Ranzen
rechnen
das Schulbuch
der Schüler, die Schülerin
schreiben
die Tafel
der Unterricht
unterrichten

Samstags findet der Wochenmarkt statt. Dort sind viele bunte Stände, die ihre Waren anbieten. Es ist immer viel los. Ganz neu ist der Stand von Paul, der saure Gurken aus Sachsen verkauft. Daneben schreit der Fischhändler seine Sonderangebote laut über den Platz. Das Gemüse und das Obst kommt ganz frisch von den Bauernhöfen und Gärtnereien in der Umgebung. Es gibt auch Bio-Obst und -Gemüse. Die Händler haben ihre Ware schön ausgelegt und den Marktbesuchern fällt die Auswahl schwer. Überall riecht und duftet es und die Menschen haben fröhliche Gesichter.
Im Sommer bekommt man am Blumenstand frische Gartenblumensträuße von der netten Oma mit dem bunten Kopftuch.

Am besten ist nach dem Einkauf die Bratwurst. Der Geruch war schon die ganze Zeit in der Nase. Erst wenn dieser Leckerbissen aufgegessen ist, gehen wir heim.

die Auswahl
bedienen
bio, biologisch
die Blumen
die Eier
der Fisch
frisch
das Gemüse
günstig
der Händler, die Händlerin
der Honig
kaufen
kosten
der Kunde, die Kundin
der Markttag
das Obst
das Pfund
der Preis
regional
saisonal
der Stand
teuer
verkaufen
wiegen
der Wochenmarkt
zahlen

Endlich ist wieder mal ein schöner warmer Sommerabend. Wir wollen unbedingt im Garten grillen.
Papa ist erstaunlich schnell einverstanden, denn er fühlt sich am Grill als großer Meister. Alle helfen mit, die Speisen vorzubereiten und Stühle, Bänke und Tische aufzustellen. Eine weiße Tischdecke über den Gartentisch, Polster auf die harte Bierbank, den Sonnenschirm aufgespannt und schon sieht alles nach einem Fest aus.
Der Geruch der ersten Grillstücke weht ins Haus. Mmm, wie das duftet! Das Geschirr und das Besteck müssen noch aus der Küche geschleppt werden, dazu der Senf und das Ketchup. Schon nach den ersten Bissen hat sich mein kleiner Bruder mit Ketchup vollgekleckert, das Glas mit Saft ist umgekippt und die Wurst ist ins Gras gefallen. Aber bei einem Grillfest im Garten ist das alles kein Problem!

der Appetit
austeilen
das Besteck
Durst haben
essen
das Essen
genießen
das Geschirr
gesund
das Getränk
grillen
Hunger haben
kauen
kleckern
kochen
die Lebensmittel
lecker
die Mahlzeit
die Manieren
schmatzen
schmecken
schneiden
trinken
umkippen
ungesund
zubereiten

Die Kleidung ist für viele Menschen etwas sehr Wichtiges. In der Steinzeit, als die Menschen noch in einfachen Hütten gelebt haben, diente die Kleidung hauptsächlich als Schutz. Heute schützt der Pullover auch vor Kälte, aber er muss möglichst auch noch ein Muster haben und die Farbe muss modisch sein. Manche Kinder wollen nur ganz bestimmte Marken tragen, das finden sie schick und cool. Andere wollen es bequem und lässig haben und legen mehr Wert auf andere Dinge. Alle möchten sich in ihrer zweiten Haut wohl fühlen.

Der Kleidungsstil ist nicht überall auf der Welt gleich. In vielen Kulturen ist die traditionelle Kleidung ganz anders als bei uns. Die Menschen dort verwenden andere Stoffe und Muster und die Kleidung ist oft besonders farbenprächtig verglichen mit der Kleidung hierzulande.

anprobieren
anziehen
bauchfrei
cool
geblümt
gefallen
gepunktet
gestreift
die Hose
das Kleid
kratzen
kurzärmelig
langärmelig
die Marke
die Mode
modisch
passen
der Pulli
der Rock
schick
die Schuhe
das Top
tragen
unifarben
sich verkleiden
zu groß/klein

Im Wartezimmer des Kinderarztes herrscht dichtes Gedränge. Kinder mit Gipsarm, mit Verband oder mit einer Schnupfennase warten, bis sie an der Reihe sind. Es wird aber nicht langweilig, denn es gibt Bücher und Spielzeug. Manche Kinder schauen etwas ängstlich, aber die Eltern trösten ihre kranken oder verletzten Kinder.

Im Arztzimmer behandelt der Arzt dann die Patienten. Manchmal muss ein Röntgenbild gemacht werden. Das macht die Arzthelferin in einem gut geschützten Raum. Fast alle Kinder haben Angst vor Spritzen. Aber eigentlich piekst es nur ein bisschen. Wenn man Halsschmerzen hat, muss man die Zunge rausstrecken und „Aaa“ sagen, das ist nicht angenehm. Oft verschreibt der Arzt Medikamente, die man mit einem Rezept in der Apotheke kaufen kann. Manchmal muss man aber im Krankenhaus genauer untersucht und behandelt werden.

Angst haben
der Arzt, die Ärztin
die Arzthelferin, der Arzthelfer
behandeln
das Behandlungszimmer
besorgt
gesund
der Gips
helfen
heilen
krank
die Medizin
der Patient, die Patientin
die Praxis
das Rezept
das Röntgenbild
der Schmerz
die Spritze
trösten
untersuchen
das Verbandszeug
verletzt
warten
das Wartezimmer
weh tun, wehtun
weinen

Bei einem Sportfest zeigen die Kinder ihr Können in verschiedenen Sportarten. Fußball und Basketball sind sehr beliebte Spiele. Nur wer fair spielt und die anderen nicht verletzt, kann mitspielen. Wenn man verliert, darf man nicht sauer sein. Vielleicht klappt's nächstes Mal!

Wer schnell rennen kann oder wer gerne springen will, kann in einer Leichtathletikgruppe mitmachen. Natürlich will man der Schnellste oder der Beste sein, damit man bei der Siegerehrung ganz oben auf dem Treppchen steht. Das geht aber meist nur mit viel Training.

Es ist sehr gesund, Sport zu treiben. Wenn man sich zu wenig bewegt, wird man träge und kommt schnell außer Atem. Wissenschaftler haben festgestellt, dass man auch viel besser lernen kann, wenn man immer wieder an die frische Luft geht und seinen Körper fit hält.

anfeuern
fair
fit
sich freuen
gewinnen
jubeln
klatschen
die Mannschaft
der Mitspieler, die Mitspielerin
der Pokal
der Schiedsrichter, die Schiedsrichterin
schwitzen
die Siegerehrung
der Spaß
spielen
das Spielfeld
Sport treiben
die Sportart
teilnehmen
trainieren
sich verletzen
verlieren
der Wettkampf
das Ziel
zuschauen
der Zuschauer
die Zuschauerin

Auf einem Bauernhof ist zu jeder Jahreszeit etwas los. Pflügen, säen, düngen, dreschen, ernten, das Vieh versorgen: der Bauer und seine Mitarbeiter haben immer viel zu tun. Die meisten Landwirte haben sich heute für ein Spezialgebiet entschieden. Viehzucht, Obstanbau oder Getreideanbau sind solche Möglichkeiten. Die Verbraucher wollen sich inzwischen gesünder ernähren, deshalb verzichten viele Bauern auf den Einsatz von Kunstdünger und Schädlingsbekämpfungsmitteln und bauen stattdessen biologisch an.

Für Menschen aus der Stadt sind „Ferien auf dem Bauernhof" ein schönes Erlebnis. Vor allem wenn man mithelfen darf, die Kühe zu melken und die Ställe auszumisten oder man auch mal auf dem Traktor mitfahren kann. Ausschlafen ist allerdings nicht möglich, denn der Hahn kräht jeden Morgen schon sehr früh!

anbauen
der Anhänger
der Bauer, die Bäuerin
das Bauernhaus
bewässern
biologisch
der Brunnen
düngen
die Ernte
ernten
das Feld
füttern
der Gemüsegarten
das Getreide
das Heu
der Heuballen
der Hof
die Landwirtschaft
der Mähdrescher
der Misthaufen
die Scheune
der Stall
der Traktor
das Vieh
die Vogelscheuche
züchten

# Wörtersammlungen nach Sachthemen

Im Wald leben viele kleine und große Tiere, so zum Beispiel Rehe, Dachse, Spechte, Ameisen aber auch Wildschweine. Bei den Wildschweinen heißt die Mutter Bache und den Vater nennt man Keiler. Die kleinen gestreiften Jungen heißen Frischlinge und kommen in Mitteleuropa in der Zeit zwischen März und Mai zur Welt. Die Weibchen und ihre Jungen leben meist in Gemeinschaften zusammen. Nur männliche Wildschweine sind meistens Einzelgänger.

Wildschweine sind echte Allesfresser. Sie durchwühlen bei der Nahrungssuche den Boden nach essbaren Wurzeln, Würmern, Mäusen, Schnecken und Pilzen. Ein ganz besonderer Leckerbissen sind Trüffel, eine Art Pilz, der unter der Erde wächst und den Wildschweine mit ihrem hervorragenden Geruchssinn aufspüren. Wie alle Schweine, schmatzen auch Wildschweine laut, wenn sie fressen!

die Ameisenstraße
der Ast
der Bach
der Baumstamm
das Blatt
das Eichhörnchen
die Eule
der Farn
das Geweih
der Hochsitz
der Jäger, die Jägerin
der Laubbaum
die Lichtung
der Mischwald
der Nadelbaum
der Pilz
das Reh
der Schatten
der Specht
die Tanne
der Tannenzapfen
wandern
der Wanderweg
der Wegweiser
das Wildschwein
der Zweig

Wasser ist für unser Leben sehr wichtig. Es befindet sich auf der Erde in einem ständigen Kreislauf. Wir müssen darauf achten, das Wasser nicht zu verschmutzen und nicht zu stark in die natürlichen Abläufe einzugreifen. Wir brauchen es zum Beispiel zum Trinken, Waschen, Bewässern oder um daraus Energie zu gewinnen. Im Meer zu baden oder auf dem Wasser Sport zu treiben macht außerdem große Freude.

In weiten Teilen der Erde ist das Wasser jedoch sehr knapp, zum Beispiel dort, wo wenig Regen fällt und oft jahrelang Dürre herrscht. In diesen Ländern ist Wasser fast wertvoller als Gold. Wir sind gewohnt, dass frisches, sauberes Wasser aus dem Wasserhahn fließt. In armen Ländern jedoch haben Menschen in ihren Häusern keinen Wasseranschluss. Sie müssen sehr weit laufen, um sauberes Wasser zu bekommen.

angeln
die Brandung
die Düne
die Ebbe
der Felsen
der Fluss
der Flussverlauf
die Flussmündung
die Flut
die Gezeiten
die Klippe
der *oder* die Krake
die Küste
das Meer
die Meerestiere
die Quelle
schwimmen
das Schiffswrack
der Seetang
der Strand
tauchen
das Ufer
unterwasser
die Wasserkraft
das Wasserkraftwerk
die Welle

Als die Menschen das Feuer entdeckten, änderte sich sehr vieles in ihrem Leben. Sie konnten sich gegen gefährliche Tiere schützen, sie konnten in der Nacht sehen und sie konnten andere Mahlzeiten zubereiten. Das Feuer durfte möglichst nie ausgehen, deshalb wurde es Tag und Nacht bewacht. Mit dem Feuer kamen auch Gefahren. Wenn man mit dem Feuer nicht richtig umgeht, können große Brände entstehen. Beim Grillen am Lagerfeuer haben sich schon manche die Finger verbrannt!

Wenn wir heute Helligkeit oder Licht brauchen, müssen wir nur den Schalter drücken. Über den Strom, der von den Elektrizitätswerken in die Häuser geleitet wird, werden die Lampen zum Leuchten gebracht. Das kostet viel Geld und Energie, deshalb sollte man sparsam damit umgehen. Kerzenlicht kann ja auch mal ganz gemütlich sein.

anzünden
dämmern
die Dämmerung
dunkel
das Feuerwerk
die Flamme
die Glühbirne
glühen
die Glut
hell
heizen
der Heizkörper
die Hitze
die Kerze
die Laterne
die Lava
leuchten
das Leuchtfeuer
löschen
das Mondlicht
der Rauch
der Sonnenschein
der Stern
die Straßenbeleuchtung
die Taschenlampe
der Vulkan

Alle reden vom Wetter. Jeden Tag hört man im Radio oder im Fernsehen die Wettervorhersage an. Für manche Menschen ist es wichtig zu wissen, auf welches Wetter man sich einstellen muss. Wenn zum Beispiel Unwetter mit Sturm und Hochwasser drohen, müssen die Häuser und die Menschen geschützt werden. Oft sind die Menschen aber machtlos gegen die Gewalt und die Macht der Wettererscheinungen.

Weil die Menschen sehr oft in die Natur eingreifen und viele schädliche Stoffe durch Abgase in die Luft gelangen, kann sich das Klima verändern. Dies hat wiederum Auswirkungen auf alle Lebewesen und Kreisläufe in der Natur. Das Wetter wird außerdem bestimmt durch die Lufthülle, genannt Atmosphäre, die um die Erde herum liegt. Wenn das Gas Ozon in dieser Hülle fehlt, spricht man vom Ozonloch.

bewölkt
der Blitz
eisig
freundlich
das Gewitter
das Glatteis
das Hochwasser
die Kälte
die Klimaveränderung
der Niederschlag
der Regenbogen
regnen
sonnig
der Sturm
stürmisch
die Überschwemmung
das Unwetter
die Unwetterschäden
verschneit
wehen
das Wetterextrem
die Wetterlage
die Wettervorhersage
die Windbö, die Windböe
windig
der Wirbelsturm

Wenn sich die Menschen in früheren Zeiten von einem Dorf zum anderen etwas mitteilen wollten, schickten sie einen Boten los, der möglichst schnell laufen konnte. Später waren diese Boten auf Pferden unterwegs. Mit der Postkutsche konnte man reisen, aber es wurden auch Mitteilungen und Pakete verschickt. Danach übernahm die Post das Versenden von Briefen und telefonischen Nachrichten.

Durch moderne Technologien ist es heute möglich, mit der ganzen Welt in Verbindung zu sein. Fast jeder hat inzwischen ein Handy, mit dem man auch fotografieren, Musik hören und sogar im Internet surfen kann. Das Internet ist ein elektronisches Netz, mit dem man mit Menschen in allen Ländern in Kontakt treten kann. Im Internet findet man außerdem allerlei Informationen, die früher nur in Büchern oder am Schalter zu bekommen waren.

der Brief
der Chat
chatten
der Computer
drahtlos
die E-Mail
das Handy
herunterladen
das Internet
klicken
die Kommunikation
die Maus
der MP3-Player
das Netz
online
der PC
der Postbote, die Postbotin
die Satellitenschüssel
die Schneckenpost
simsen
die SMS
surfen
die Technologie
das Telefon
telefonieren
die Verbindung

Schon immer fragten sich die Menschen, ob es wohl Leben auf anderen Planeten gibt. Mit Fernrohren schauten die Forscher schon in alten Zeiten zu den Sternen, um herauszufinden, wie sie mit der Erde zusammenhängen. Diese Sterne sind aber Lichtjahre von der Erde entfernt, eine Strecke, die man sich fast nicht vorstellen kann. Die meisten dieser Sterne sind außerdem viel größer als die Erde. Forscher, die sich mit diesen Dingen beschäftigen, nennt man Astronomen.

Mit Raketen konnten dann die ersten Himmelskörper erforscht werden, die nicht so weit von der Erde entfernt sind. Es war eine große Sensation, als der erste Mensch den Mond betrat. Heute wohnen Astronauten manchmal mehrere Monate lang in einer Weltraumstation, die in ca. 350 km Höhe in einer bestimmten Umlaufbahn stetig um unsere Erde kreist.

der Astronaut, die Astronautin
die Entfernung
die Erde
erforschen
der Himmel
der Komet
das Lichtjahr
die Milchstraße
der Mond
der Planet
die Rakete
der Raumanzug
der Satellit
schweben
der Schweif
schwerelos
die Schwerelosigkeit
der Spaceshuttle
der Stern
das Sternbild
die Sternschnuppe
das Teleskop
das Ufo
das Universum
das Weltall
die Weltraumstation

# Kleine Lexika

## Wortfelder

Wörter, die etwas Ähnliches bedeuten, gehören zu einem Wortfeld. Die Wörter **flüstern**, **mitteilen** und **antworten** zum Beispiel gehören zum Wortfeld „sagen“ sowie die Wörter **aushändigen**, **reichen** und **spenden** zum Wortfeld „geben“ gehören.

Dieses Kapitel hilft dir, immer den treffenden Ausdruck zu finden. In den 12 Wortfeldern findest du verschiedene Ausdrücke für bestimmte, häufig benutzte Wörter. Mit ihrer Hilfe kannst du vermeiden, dass du beim Schreiben immer wieder die gleichen Wörter wiederholst. Deine Geschichten werden dadurch interessanter und lebendiger!

## Wortfamilien

Wörter, die den gleichen Wortstamm haben, gehören zu einer Wortfamilie. Die Wörter **fahren**, **anfahren**, **Fahrt** und **Fähre** zum Beispiel sind miteinander verwandt, da sie alle den Wortstamm „fahr" haben.

Nach den Seiten mit den Wortfeldern findest du in diesem Kapitel auch 10 Wortfamilien. Die Wortfamilien helfen dir beim Rechtschreiben sicherer zu werden, da du dir die Schreibweise des Wortstammes merken musst.

## essen

| | |
|---|---|
| einnehmen | Der Patient muss Medikamente einnehmen. |
| fressen *(bei Tieren)* | Wer weiß, was Elefanten am liebsten fressen? |
| futtern | Herr Fritz futtert frische Pfannkuchen. |
| genießen | Georg genießt gerade ein Schokoladenhörnchen. |
| mampfen | Die Kinder mampften Marmeladenbrote. |
| probieren | Wer will von der Torte probieren? |
| verdrücken | Der Spitzenstürmer verdrückt einen ganzen Topf voll Nudeln. |
| verschlingen | Der Wolf verschlang die Ente mit einem Bissen. |
| verschlucken | Pass auf, dass das Baby nichts verschluckt! |
| vertilgen | Die Räuberbande vertilgte einen ganzen Hammel. |
| zu sich nehmen | Spät abends soll man nichts mehr zu sich nehmen. |

## geben

| | |
|---|---|
| anvertrauen | Wem vertraut der König den goldenen Schlüssel an? |
| aufdrängen | Frau Lila drängt dem Gast ein Stück Kuchen auf. |
| aushändigen | Der Sportlehrer händigt den Schülern die Urkunden aus. |
| darbieten | Im Theater wird gerade ein Gruselstück dargeboten. |
| reichen | Zum Nachtisch wurden Himbeeren gereicht. |
| schenken | Der Bäcker schenkte dem Kind eine Brezel. |
| servieren | Die Oma servierte ihrem Enkel Eier mit Speck. |
| spenden | Wer spendet für die Erdbebenopfer? |
| überlassen | Ulf überließ Udo sein altes Fahrrad. |
| überreichen | Der Rektor wird den Gewinnern den Pokal überreichen. |
| unterstützen | Einige Eltern unterstützten das Klassenfest mit Kuchen und Konfetti. |

## gehen

| | |
|---|---|
| humpeln | Der gefaulte Stürmer humpelte vom Platz. |
| laufen | Das ist so nah, da können wir laufen. |
| marschieren | Die Klasse marschiert direkt zum Bahnhof. |
| rennen | Wenn du rennst, bekommst du den Bus noch! |
| schleichen | Auf leisen Sohlen schlich Bill durch die Nacht. |
| schlurfen | Hör auf zu schlurfen! Heb die Füße beim Gehen! |
| stapfen | Bibbernd stapfte der Weihnachtsmann durch den Schnee. |
| schlendern | Nach der Schule schlenderte Kai durch die Stadt. |
| spazieren | Nanna und Bert spazierten am Sonntag zur Eisdiele. |
| trippeln | Kannst du wie ein Spatz trippeln? |
| wandern | Gözde wandert am liebsten mit ihrem Opa. |
| waten | Sie watete durch das hüfthohe Wasser zum anderen Ufer. |

## lachen

| | |
|---|---|
| sich freuen | Der Sprinter freute sich unbändig über den Sieg. |
| gackern | Die Zuschauer gackerten bei der Darbietung des Clowns. |
| giggeln | Leila giggelte, dass sie fast vom Stuhl fiel. |
| glucksen | Wenn Ida Comics liest, gluckst sie immer. |
| grinsen | Die bösen Buben grinsten scheinheilig. |
| johlen | Das Publikum johlte vor Begeisterung. |
| juchzen | Der Säugling juchzte und riss die Ärmchen in die Luft. |
| kichern | Als Frau Strubbel den Raum betrat, kicherte die halbe Klasse. |
| lächeln | Der kleine Michel lächelte verschmitzt. |
| strahlen | Selma strahlte, als sie ihr neues Fahrrad erblickte. |
| schmunzeln | Warum schmunzelst du? |

## machen

| | |
|---|---|
| basteln | Marc und Kadir basteln einen Drachen. |
| bauen | Die Kinder bauten eine Hütte für ihren Hund. |
| hinbekommen | Wie bekommt man es hin, dass das Radio angeht, wenn jemand ins Zimmer kommt? |
| erledigen | Pablo hat die Aufgabe gewissenhaft erledigt. |
| errichten | Der König ließ sich einen prächtigen Palast errichten. |
| fabrizieren | Ina fabrizierte eine Wespenfalle aus einer Coladose. |
| fertigen | Viele Computer werden in Asien gefertigt. |
| gestalten | Wer gestaltet das Plakat fürs Sommerfest? |
| herstellen | In dieser Fabrik werden Solarzellen hergestellt. |
| tun | Was soll ich nur tun? |
| zubereiten | Ich werde euch ein köstliches Mahl zubereiten. |

## sagen

| | |
|---|---|
| antworten | Bitte laut und deutlich antworten! |
| äußern | Er äußerte Bedenken zu dem Plan. |
| aussprechen | Wie spricht man dieses Wort aus? |
| berichten | Der Reporter berichtet über das Fußballspiel. |
| erklären | Lina erklärt Nelly die Aufgabe. |
| erzählen | Ali erzählt seiner Mutter, was er heute gemacht hat. |
| flüstern | Kirsten flüsterte ihr ein Geheimnis ins Ohr. |
| mitteilen | Ich teile dir später mit, wann ich ankomme. |
| murmeln | Lisa murmelte leise die Antwort. |
| plappern | Das Kleinkind plappert vor sich hin. |
| reden | Unser Lehrer redet wie ein Wasserfall! |
| rufen | „Bleib hier, Anna!“ rief die Mama. |

## sehen

| | |
|---|---|
| anschauen | Hannes schaut sein neues Buch an. |
| anstarren | „Starr die Leute nicht so an!“ mahnte Papa. |
| bemerken | Plötzlich bemerkte er einen Dachs im Gebüsch. |
| beobachten | Der Zeuge beobachtete, wie der Täter flüchtete. |
| besichtigen | Wir haben das alte Schloss besichtigt. |
| betrachten | Sie betrachtet sich im Spiegel. |
| entdecken | Hasan entdeckte zwei Fehler in seinem Aufsatz. |
| gaffen | Viele Leute gafften an der Unfallstelle. |
| mustern | Er musterte den Gefangenen misstrauisch. |
| sichten | Nach zehn Tagen auf See sichteten sie endlich wieder Land. |
| spähen | Tanja späht durchs Schlüsselloch. |

## weinen

| | |
|---|---|
| feuchte Augen kriegen | Bei dem Film haben die meisten feuchte Augen gekriegt. |
| flennen | Der flennt immer, wenn er mal verliert. |
| greinen | Das Baby fing an zu greinen. |
| heulen | Mensch, hör endlich auf zu heulen! |
| jammern | David jammerte, bis sein Vater nachgab. |
| klagen | Die Betrogenen klagten laut ihr Leid. |
| schluchzen | Alle schluchzten beim Abschied. |
| schreien | Der Säugling schrie vor Hunger. |
| Tränen vergießen | An ihrem Grab wurden viele Tränen vergossen. |
| trauern | Sie trauerten noch lange um ihre Freundin. |
| wimmern | Du kannst noch so viel wimmern, der Zahn muss raus! |

## froh

| | |
|---|---|
| angetan | Frau Klee verkündete angetan die Testergebnisse. |
| begeistert | Alle betrachteten begeistert Lenas Erfindung. |
| erleichtert | Paul war erleichtert. Er hatte die Prüfung bestanden. |
| fröhlich | Weißt du, warum Marie heute so fröhlich ist? |
| glücklich | An seinem Geburtstag war Nick sehr glücklich. |
| guter Dinge | Alles hatte prächtig geklappt und man war guter Dinge. |
| heiter | Heiter setzten sich alle an die Festtafel. |
| selig | Nach dem Sieg lag sich die Mannschaft selig in den Armen. |
| vergnügt | Immer wenn Linda vergnügt ist, singt sie. |
| zufrieden | Nach getaner Tat lehnte sich Lilly zufrieden zurück. |
| zuversichtlich | Samuel machte sich zuversichtlich ans Werk. |

## traurig

| | |
|---|---|
| bedrückt | Was ist los? Du wirkst so bedrückt heute. |
| betrübt | Bist du betrübt, weil wir heute nicht ins Kino gehen? |
| deprimiert | Kopf hoch! Das ist doch kein Grund, deprimiert zu sein. |
| enttäuscht | Nach dem langweiligen Spiel ging Andi enttäuscht nach Hause. |
| frustriert | Katja gab frustriert auf. |
| geknickt | Anne wird geknickt sein, wenn sie das erfährt. |
| mutlos | Mutlos ließ er den Kopf hängen. |
| niedergeschlagen | Niedergeschlagen zerriss Anselm den Brief. |
| unglücklich | Es bringt nichts, unglücklich zu sein. |
| verstimmt | Verstimmt schaltete Lina den Fernseher aus. |
| zerknirscht | Zerknirscht gingen die Verlierer vom Platz. |

## dann

| | |
|---|---|
| abschließend | Wir werden abschließend ein Lied singen. |
| als nächstes | Als nächstes malte Lisa ein Zahnrad an die Tafel. |
| anschließend | Wenn du da mitfährst, wird dir anschließend schlecht sein. |
| danach | Erst wird geübt! Danach darfst du rausgehen. |
| daraufhin | Herr Ernst schlug auf den Tisch. Daraufhin schwiegen alle. |
| hinterher | Es gibt hinterher etwas zu essen. |
| im Anschluss | Wir werfen erst die Post ein und holen im Anschluss daran Emma ab. |
| in der Folge | In der Folge hatte keiner mehr Lust zuzuhören. |
| später | Später werden wir ins Kino gehen. |
| zum Schluss | Zum Schluss bestreue den Kuchen mit Puderzucker. |

## plötzlich

| | |
|---|---|
| auf einmal | Auf einmal sprangen Räuber aus den Büschen. |
| augenblicklich | Tina trat augenblicklich das Gaspedal durch. |
| da | Uwe schlief ein. Da brüllte ihn der Lehrer an. |
| in diesem Augenblick | In diesem Augenblick brach der Ast, auf dem Ben saß. |
| im Nu | Im Nu waren alle klitschnass. |
| kaum ..., da | Kaum hatten wir die Scheune erreicht, da brach das Unwetter los. |
| ruckartig | Die schöne Fahrt fand ruckartig ein Ende. |
| schlagartig | Das Gespräch verstummte schlagartig. |
| überraschend | Es fing überraschend an zu regnen. |
| unvermittelt | Felix fing unvermittelt an zu lachen. |
| unvermutet | Unvermutet stand ein hutzeliges Männlein im Raum. |

## bauen

| | |
|---|---|
| Anbau | Der Anbau von Biogemüse kann sehr lohnend sein. |
| aufbauen | Lass uns erst einmal das Zelt aufbauen. |
| Bau | Unter der alten Eiche hat ein Fuchs seinen Bau. |
| Bauer | Wenn wir durchs Kornfeld laufen, schimpft der Bauer. |
| Bauer | Im Bauer zwitscherte ein Kanarienvogel. |
| bäuerlich | Wir verbringen die Ferien in bäuerlicher Umgebung. |
| Bauwerk | Weißt du was für ein Bauwerk hier errichtet wird? |
| bebauen | Die Ferieninsel darf nicht weiter bebaut werden. |
| Gebäude | Die Schule wird in ein neues Gebäude umziehen. |
| Umbau | Nach dem Umbau bekam jedes Kind ein eigenes Zimmer. |
| verbauen | Man hat uns die Aussicht verbaut. |
| Vorbau | Unter dem Vorbau kann man herrlich grillen. |

## binden

| | |
|---|---|
| anbandeln | Jo versucht mit allen anzubandeln. |
| Band | Die Katze trug ein rotes Band um den Hals. |
| Bändel | Die Bändel haben sich verknotet. |
| Bindung | Dieser Skischuh passt nicht in die Bindung. |
| bindend | Denk dran, dein Versprechen ist bindend. |
| Buchbinder | Ein Buchbinder könnte das alte Buch reparieren. |
| Schlüsselbund | Warum haben Lehrer immer so einen dicken Schlüsselbund? |
| unterbinden | Die Polizei konnte weitere Unruhen unterbinden. |
| Verband | Welche Aufgaben hat ein Fußballverband? |
| verbinden | Wie können wir die Balken miteinander verbinden? |
| verbinden | Erst reinigte, dann verband der Arzt die Wunde. |
| verbindlich | Wenn du das Fahrrad kaufen willst, brauche ich eine verbindliche Zusage. |

## brechen

| | |
|---|---|
| aufbrechen | Bald wird's dunkel. Wir sollten aufbrechen. |
| aufbrechen | Sie brachen die Schatztruhe mit einem Stemmeisen auf. |
| Brecher | Die Brecher warfen das Schiff hin und her. |
| Bruch | Bei der Landung ging das Fahrwerk zu Bruch. |
| Einbruch | Der Einbruch wurde gleich morgens bemerkt. |
| Eisbrecher | Der Eisbrecher bahnte eine Fahrrinne durch die zugefrorene See. |
| erbrechen | Das Baby hat seinen Brei erbrochen. |
| Schiffbrüchige | 14 Schiffbrüchige konnten gerettet werden. |
| Steinbruch | Betreten des Steinbruchs verboten! |
| Tagesanbruch | Bei Tagesanbruch müssen wir wieder weg sein. |
| Verbrecher | Die Polizei ertappte den Verbrecher auf frischer Tat. |
| zerbrechlich | Vorsicht! Das Kunstwerk ist zerbrechlich. |

## denken

| | |
|---|---|
| Andacht | Die Andacht wurde durch lautes Hupen gestört. |
| Andenken | Fred hat sich ein Andenken aus dem Urlaub mitgebracht. |
| ausdenken | Denk dir eine spannende Geschichte aus. |
| bedenken | Bedenke, dass deine Oma nicht mehr die Jüngste ist. |
| bedenklich | Sein Verhalten ist sehr bedenklich. |
| bedacht | Sie spricht immer vorsichtig und bedacht. |
| Denker | Auf dem Marktplatz steht die Statue eines großen Denkers. |
| Gedächtnis | Astrid hat ein erstaunliches Gedächtnis. |
| Gedanke | Das ist ein guter Gedanke! |
| nachdenklich | Toby sieht sehr nachdenklich aus. |
| unbedenklich | Dieses Medikament ist unbedenklich. |
| Verdacht | Hat die Polizei schon einen Verdacht? |

## fahren

| | |
|---|---|
| Abfuhr | Frau Schmidt hat den Störern eine Abfuhr erteilt. |
| Einfahrt | Einfahrt Tag und Nacht freihalten! |
| Fähre | Um auf die Insel zu kommen, muss man mit einer Fähre übersetzen. |
| Fahrer | Bitte stör den Fahrer nicht. |
| Fahrt | Auf der Fahrt durch Schweden haben wir viele Elche gesehen. |
| Fahrzeug | Das Fahrzeug ist nicht verkehrstauglich. |
| Fuhre | Noch eine Fuhre, und alles Heu ist in der Scheune. |
| Gefahr | Der verunglückte Bergsteiger ist außer Gefahr. |
| gefährden | Durch seine Faulheit gefährdet er seinen Erfolg. |
| umfahren | Wir versuchen den Stau zu umfahren. |
| umfahren | Beim Einparken hat er den Pfosten umgefahren. |
| Verfahren | Kennst du ein sicheres Verfahren, um schnell reich zu werden? |

## fallen

| | |
|---|---|
| Abfall | Wir haben gelernt, den Abfall zu trennen. |
| abfällig | Mit abfälligen Äußerungen sollte man vorsichtig sein. |
| falls | Schick mir eine SMS, falls du absagen musst. |
| befallen | Die Pflanze ist von Blattläusen befallen. |
| Einfall | Alina hatte einen hervorragenden Einfall. |
| Fall | Der Detektiv übernahm den Fall sehr gerne. |
| fällen | Der Baum auf dem Schulhof wird morgen gefällt. |
| Gefälle | Pass auf, die Straße hat ein starkes Gefälle! |
| gefallen | Welches Bild gefällt dir am besten? |
| Gefallen | Könntest du mir bitte einen Gefallen tun? |
| Überfall | Hände hoch, das ist ein Überfall! |
| Unfall | Leas Oma fährt sehr gut. Sie hatte noch nie einen Unfall. |

## kennen

| | |
|---|---|
| Anerkennung | Ihre Leistung verdient Anerkennung. |
| bekannt | Der Täter ist noch nicht bekannt. |
| Bekannte | Toms Bekannter hat ein Krokodilbaby in der Badewanne. |
| Bekanntschaft | In Ingos Bekanntschaft gibt es viele Musiker. |
| bekennen | Der Angeklagte bekannte sich zur Tat. |
| erkennen | Knut erkannte Felix als Erster. |
| Erkennungszeichen | Gib das Erkennungszeichen, und wir lassen dich rein. |
| Kenner | Kenner wissen immer, wo's am besten schmeckt. |
| kenntlich | Er ist kenntlich durch einen Leberfleck auf der Nase. |
| Kenntnis | Valja hat umfassende Kenntnisse in der Physik. |
| verkennen | Ihr Genie wurde lange verkannt. |

## nehmen

| | |
|---|---|
| Annahme | Deine Annahme ist völlig richtig. |
| angenehm | Hier sitzt es sich sehr angenehm. |
| annehmen | Die Nachbarn haben das Paket angenommen. |
| Aufnahme | Anettes Kamera macht tolle Aufnahmen. |
| aufnehmen | Wer ist bereit, Gäste aufzunehmen? |
| Benehmen | Du hast überhaupt kein Benehmen! |
| einnehmend | Gianna hat ein sehr einnehmendes Wesen. |
| Genehmigung | Man darf hier nur mit einer Genehmigung grillen. |
| übernehmen | Niemand wollte die Verantwortung übernehmen. |
| übernehmen | Übernimm dich nicht! |
| vernehmen | Der Verdächtige wurde fünf Stunden lang vernommen. |
| vernehmlich | Martha räusperte sich vernehmlich. |

## setzen

| | |
|---|---|
| Ansatz | Das hast du im Ansatz ganz gut gemacht. |
| Aufsatz | Wir müssen einen Aufsatz über unser Lieblingstier schreiben. |
| besessen | Wie besessen machte Claudia sich an die Arbeit. |
| besetzen | Tut mir leid, hier ist schon besetzt. |
| besitzen | Die Müllers besitzen ein Ferienhaus in Italien. |
| entsetzt | Entsetzt betrachtete Phil den Schaden. |
| Gesäß | Der Junge bekam einen Klaps aufs Gesäß. |
| Gesetz | Das Gesetz ist manchmal sehr streng. |
| Satz | Was steht in diesem Satz? |
| Sitz | Ist der Sitz neben dir noch frei? |
| sitzen | Wie lang dauert es noch? Ich kann nicht mehr sitzen. |
| Sitzung | So eine Sitzung ist ganz schön langweilig. |

## sprechen

| | |
|---|---|
| ansprechend | Wir haben unser Klassenzimmer sehr ansprechend gestaltet. |
| Besprechung | Der Rektor ist noch in einer Besprechung. |
| Einspruch | Der Angeklagte legte Einspruch ein. |
| Fürsprecher | Irma hat einflussreiche Fürsprecher. |
| Gespräch | Vielen Dank für das interessante Gespräch. |
| Sprache | Wie viele Sprachen sprichst du? |
| sprachlich | Dein Aufsatz ist sprachlich perfekt. |
| Sprecher | Man hat den Sprecher kaum verstanden. |
| Sprechstunde | Der Arzt hat von 8-13 Uhr Sprechstunde. |
| Sprichwort | Sprichwörter beinhalten oft viel Wahres. |
| Spruch | Mein Opa hat immer einen passenden Spruch parat. |
| versprechen | Frau König hat uns eine Überraschung versprochen. |

## Das muss ich wissen

### Wortarten

**Substantiv/Nomen = Namenwort**

Nomen sind **Namen** für Menschen, Tiere, Pflanzen, Dinge, Gefühle und so weiter.
Die meisten Nomen gibt es im **Singular** (Einzahl) und im **Plural** (Mehrzahl): **ein** Hund, **drei** Hunde.

**Adjektiv = Wiewort/Eigenschaftswort**

Adjektive beschreiben, **wie** etwas ist (zum Beispiel groß, dick, gelb, lästig). Mit Adjektiven kannst du **vergleichen**:

| | |
|---|---|
| Grundstufe: | Ich bin **groß**. |
| Höherstufe/Mehrstufe: | Ali ist **größer**. |
| Höchststufe/Meiststufe: | Paula ist am **größten**. |

**Verb = Tunwort/Zeitwort**

Verben sagen, was jemand **tut** oder was **geschieht**:
Das Lama **spuckt**.
Es **regnet** in Strömen.

Verben sagen dir, **wann** etwas geschieht, geschehen ist oder geschehen wird:

| | |
|---|---|
| Präsens (Gegenwart): | Horst **schnarcht**. |
| Präteritum/Imperfekt (1. Vergangenheit): | Horst **schnarchte**. |
| Perfekt (2. Vergangenheit): | Horst hat **geschnarcht**. |
| Futur (Zukunft): | Horst wird **schnarchen**. |

**Artikel = Begleiter**

Artikel stehen zusammen mit einem Nomen. Es gibt:

| | |
|---|---|
| **bestimmte Artikel**: | **der** Ball, **die** Frau, **das** Buch, **die** Häuser |
| **unbestimmte Artikel**: | **ein** Auto, **eine** Katze |

**Pronomen = Fürwort**

Pronomen stehen für Nomen:
Maja spielt Gitarre. ➡ **Sie** spielt Gitarre.
Ich mag Ole. ➡ Ich mag **ihn**.